OLGA

FERNANDO MORAIS

OLGA

9ª reimpressão

COMPANHIA DE BOLSO

Grafia atualizada segundo o Acordo Ortográfico da Língua Portuguesa de 1990, que entrou em vigor no Brasil em 2009.

Capa
Jeff Fisher

Preparação
Stella Weiss

Revisão
Renato Potenza Rodrigues
Diana Passy

Índice remissivo
Flávia Yacubian

Atualização ortográfica
Verba Editorial

Dados Internacionais de Catalogação na Publicação (CIP)
(Câmara Brasileira do Livro, SP, Brasil)

Morais, Fernando
Olga / Fernando Morais. — 1ª ed. — São Paulo : Companhia das Letras, 2008.

ISBN 978-85-359-1225-8

1. Benario-Prestes, Olga, 1908-1942 I. Título.

08-03441 CDD-335.4092

Índice para catálogo sistemático:
1. Mulheres combatentes comunistas : Biografia 355.4092

EDITORA SCHWARCZ S.A.
Rua Bandeira Paulista, 702, cj. 32
04532-002 — São Paulo — SP
Telefone: (11) 3707-3500
www.companhiadasletras.com.br
www.blogdacompanhia.com.br

FERNANDO MORAIS

OLGA

9ª reimpressão

COMPANHIA DE BOLSO

Grafia atualizada segundo o Acordo Ortográfico da Língua Portuguesa de 1990, que entrou em vigor no Brasil em 2009.

Capa
Jeff Fisher

Preparação
Stella Weiss

Revisão
Renato Potenza Rodrigues
Diana Passy

Índice remissivo
Flávia Yacubian

Atualização ortográfica
Verba Editorial

Dados Internacionais de Catalogação na Publicação (CIP)
(Câmara Brasileira do Livro, SP, Brasil)

Morais, Fernando
Olga / Fernando Morais. — 1ª ed. — São Paulo : Companhia das Letras, 2008.

ISBN 978-85-359-1225-8

1. Benario-Prestes, Olga, 1908-1942 I. Título.

08-03441 CDD-335.4092

Índice para catálogo sistemático:
1. Mulheres combatentes comunistas : Biografia 355.4092

EDITORA SCHWARCZ S.A.
Rua Bandeira Paulista, 702, cj. 32
04532-002 — São Paulo — SP
Telefone: (11) 3707-3500
www.companhiadasletras.com.br
www.blogdacompanhia.com.br

Para o Carlinhos Wagner,
com muita saudade

sete meses no Rio de Janeiro — e em alguns casos obtive depoimentos torrenciais.

De Berlim parti para Milão, onde dediquei tempo integral ao Archivio Storico del Movimento Operaio Brasiliano (mantido pela Fundação Giangiacomo Feltrinelli e guardado pelas unhas e os dentes de José Luís del Roio), no qual está depositada boa parte da memória operária e comunista brasileira. As entrevistas e investigações feitas na Europa e no Brasil remetiam-me a outros endereços: o National Archives e os arquivos do Departamento de Estado, em Washington — e o primeiro recesso parlamentar disponível foi dedicado às pesquisas nos Estados Unidos. Com a ajuda de Ralph Waddey, funcionário anglo-baiano do Departamento de Estado, e abusando da infindável paciência de Richard Gould, diretor do Departamento Legislativo e Diplomático do National Archives, fiz um fascinante mergulho na papelada que me custou a modesta quantia de cinquenta centavos de dólar cada cópia xerográfica: além de incontáveis documentos secretos referentes à vida de minhas personagens, havia material abundante sobre a repressão à revolta comunista de 1935 no Brasil. Ironicamente eu iria encontrar, no coração de Washington, relatos copiosos sobre as torturas infligidas pela polícia brasileira ao dirigente comunista alemão Arthur Ewert, pistas indiscutíveis sobre a ação de espiões na direção do Partido Comunista brasileiro e detalhes sobre o desmantelamento da revolta de 1935 — tudo isso escrito por um agente do governo norte-americano. Para meu espanto, pude ver depositados em Washington (e disponíveis a cinquenta cents) documentos internos do Partido Comunista brasileiro desconhecidos aqui e que tinham sido misteriosamente baldeados para os Estados Unidos.

De volta ao Brasil, retomei as entrevistas, revi datas e dados com Prestes e com outros entrevistados e continuei à cata de sobreviventes de 1935 que pudessem dar depoimentos ou, pelo menos, ajudar-me a conferir as informações de que dispunha. Foi nessa época que me lembrei de uma frase de um antigo chefe de reportagem, que costumava dizer que "ao repórter, como ao goleiro, não basta trabalhar direito — é preciso ter sorte". Eu tive, e muita. Foram golpes de sorte, por exemplo, que me levaram a duas personagens desta história, Tuba Schor e Celestino Paraventi. Ela eu descobri casualmente: seu filho Nelson foi o médico que realizou o parto de minha ex-mulher, quando nasceu Rita, nossa filha — e ao saber que eu escrevia sobre a vida de Olga, colocou-me em contato com a mãe. Quanto a Paraventi, foi ele quem me descobriu: ao assistir a uma entrevista que eu dera ao repórter Ney Gonçalves Dias, na TV Manchete, sobre o livro em curso, ele procurou seu sobrinho José Gregori, meu colega de bancada na Assembleia Legislativa, para oferecer-me seu delicioso depoimento sobre a passagem de Olga por São Paulo.

No Rio de Janeiro, o fotógrafo e pesquisador Paulo César de Azevedo, que já vinha colaborando com o meu trabalho através de pesquisas em arquivos públicos, decidiu requerer oficialmente ao Ministério das Relações Exteriores autorização para consultar documentos reservados referentes à deportação de Olga. Um ano de espera e de reiteradas reclamações, entretanto, não foram suficientes para que as portas da burocracia do Itamaraty se abrissem. Eu já havia recebido do professor Ricardo Maranhão cópias de documentos que comprovavam o comprometimento de diplomatas brasileiros com a Gestapo, mas senti-me no direito de obter, oficialmente, toda a correspondência sobre o assunto. Foi preciso que interviesse pessoalmente na demanda o próprio chanceler Ramiro Saraiva Guerreiro para que eu pudesse receber, ainda que previamente censurado, o material solicitado.

Ao contrário do que ocorrera no Itamaraty até a intervenção de Saraiva Guerreiro, obtive do Superior Tribunal Militar (STM) todas as facilidades para pesquisar em seus arquivos. A partir da intermediação de seu sobrinho e meu velho amigo Flávio Bierrenbach, o almirante de esquadra Júlio de Sá Bierrenbach, presidente do STM, determinou que se liberasse rigorosamente tudo o que havia nos arquivos do tribunal sobre a revolta de 1935, incluindo aí documentação inédita, que se encontrava lacrada desde o encerramento daquele que foi o primeiro processo do Tribunal de Segurança Nacional. Vladimir Sacchetta, meu grande colaborador na parte brasileira deste livro, passou uma semana em Brasília vasculhando setenta volumes para selecionar centenas de documentos e ilustrações que, dias depois, seriam fotografados e reproduzidos por Paulo César de Azevedo. Sacchetta, além disso, já me franqueara o arquivo de seu pai, Hermínio Sacchetta, e toda a documentação sobre o tema que havia recolhido em Londres, no Public Record Office.

A leitura de toda essa papelada me obrigaria a uma nova viagem, dessa vez a Buenos Aires, onde a boa vontade do correspondente da revista *Veja*, José Meirelles Passos, aproximou-me de Rodolfo Ghioldi, o velho dirigente do Partido Comunista argentino e do Comintern. Apesar de devastado por um enfisema pulmonar que quase o impedia de falar (e que o mataria meses depois), Ghioldi recebeu-me em companhia de sua mulher, Carmen, para cinco horas de entrevista gravada, ao fim das quais presenteou-me com uma verdadeira relíquia que guardava no fundo de um cofre: um envelope contendo fotografias inéditas, feitas no Brasil em 1935.

A falta de dinheiro e de tempo para empreender novas viagens obrigou-me a utilizar o correio e o telefone internacional para conferir dados ou buscar novas informações — foi assim que recorri ao professor Boris Koval, do Instituto do Movimento Operário, em Moscou, ao Memorial Yad Vashem, em Israel, e, por mais duas vezes, a Richard Gould, do National Archives. Simultaneamente, minha conta de telefone engordava com interurbanos dados a vários pontos do país para reconfirmar datas e dados ou mesmo para buscar as exatas palavras usadas num determinado diálogo. A tudo isso acrescentei documentos que chegavam às minhas mãos remetidos por anônimos militantes comunistas de vários pontos do país, que, alertados por notas de jornais ou notícias de televisão sobre meu trabalho, generosamente tomavam a iniciativa de me procurar, interessados não só em me ajudar, mas em enriquecer a verdadeira arqueologia em que me meti para reconstituir com a maior fidelidade possível esta história de amor e de intolerância.

Este livro não é a *minha versão* sobre a vida de Olga Benario ou sobre a revolta comunista de 1935, mas aquela que acredito ser a *versão real* desses episódios. Não vai impressa aqui uma só informação que não tenha sido submetida ao crivo possível da confirmação. Qualquer incorreção que for localizada ao longo desta história, entretanto, deve ser debitada exclusivamente à minha impossibilidade de confrontá-la com versões diferentes. E certamente haverá incorreções, até porque eu próprio cheguei a iniciar investigações a partir de versões aparentemente verdadeiras, mas que depois seriam desmentidas por novas pesquisas ou entrevistas. Um exemplo: tenho em minhas mãos o depoimento de uma sobrevivente de Ravensbrück que jura ter visto Olga ser fuzilada naquele campo de concentração. A segurança das declarações leva-me a crer que ela de fato viu alguma mulher sendo fuzilada lá e supôs tratar-se de Olga. A verdade, no entanto, é que Olga *não* foi fuzilada em Ravensbrück. Outro exemplo: um eminente historiador brasileiro assegurou-me que Paul Gruber nunca passou de uma personagem de ficção inventada pelo Comintern para confundir os serviços de inteligência capitalistas. De novo, fatos, documentos e testemunhos comprovaram que Gruber não só existiu em carne e osso como desempenhou papel importante no desfecho da revolta de 1935. E houve, ainda, situações em que, colocado diante de versões contraditórias sobre determinado episódio, fui levado por investigações e evidências a optar por uma delas. Não apenas como referencial, nesses casos, mas para introduzir-me por inteiro na época em que esta história se passa, recorri à extensa bibliografia que vai ao final deste volume, de importância capital para quem pretenda conhecer melhor o período. As raras passagens deste livro em que foi necessária a recriação referem-se sempre a cenários de determinados fatos — nunca a fatos em si. E, ainda assim, a recriação se deu a partir de depoimentos de testemunhas.

Antes de entregar os originais à gráfica, submeti meu trabalho aos olhos de três dos mais brilhantes e impiedosos jornalistas deste país — Luís Weis, Raimundo Rodrigues Pereira e Ricardo Setti — e à mão vigilante de Vladimir Sacchetta, indiscutivelmente uma das maiores autoridades no estudo da memória do movimento operário brasileiro. E, por fim, recebi a ajuda do talentoso Claudio Marcondes, encarregado de homogeneizar a grafia de palavras e de fazer a preparação do texto que iria para a composição. Claudio acabou por propor alterações essenciais para a clareza deste livro. Roubei deles preciosas horas de trabalho e lazer — e não me arrependi: a partir de suas críticas, observações e objeções, sentei de novo à máquina para corrigir os erros.

Embora a responsabilidade por tudo o que você vai ler agora seja exclusivamente minha, eu devo este livro à colaboração generosa dos entrevistados (cujos nomes vão relacionados ao final), de cada um dos nomes citados ao longo desta apresentação, e a Abelardo Blanco, Abel Cardoso Júnior, Alberto Dines, Alexandre Lobão, Ali Ahmad, Ana Maria de Castro, Beatriz Sardenberg, Bernd Wünning, Birgit Koyne, Bruno Kiesler, Célia Valente, Christiane Barckhausen, Daphne F. Rodger, Dieter Koyne, Edith Heise, Edmond Petit, Eric Nepomuceno, Flávio Kothe, Gerhard Desombre, Giocondo Dias, Heitor Ferreira Lima, Herbert Rösser, Horst Brasch, Inês Etienne Romeu, Jamile Salomão, Jasmina Barckhausen, John W. F. Dulles, José Antônio Penteado Vignolli, José Carlos Bruni, José Eduardo de Faro Freire, José Sebastião Witter, Karen Elsab Barbosa, Karl Burkert, Kerry Fraser, Leôncio Martins Rodrigues, Lothar Günther, Lutz Ellrodt, Manoel Moreira, Marco Aurélio Garcia, Márcia Madrigali, Maria Beatriz Paula Dias, Maria da Guia Santiago, Maria Vitória Menezes Camargo, Marisa Teixeira Pinto, Marisa Zanatta, Martina John, Moacir Werneck de Castro, Nicolau Tuma, Pedro Alves de Brito, Peter Skomroch, Régis Barbosa, Régis Fratti, Ricardo Gontijo, Ricardo Zarattini, Rita Magalhães Marques, Roberto Braga, Roberto Drumond, Samuel Krakowski, Samuel Soares, Sérgio Micelli, Siegfried Köllner, Sílvia Oliva Araújo, Sílvio Tendler, Suely Campos Cardoso, Susana Camargo, Tibério Canuto, Vera Maria Tude de Souza, Werner Bönecke e Werner Thiele.

F. M.
Agosto de 1985

BERLIM, ALEMANHA
ABRIL DE 1928

TUDO ACONTECEU EM MENOS DE UM MINUTO.

Pontualmente às nove horas da manhã de 11 de abril de 1928, o guarda Gunnar Blemke atravessou o salão de audiências revestido de mogno da prisão de Moabit, no centro de Berlim, levando pelo braço, algemado, o professor comunista Otto Braun, de 28 anos. Não que Otto fosse considerado um preso perigoso; as algemas se justificavam por ser um acusado de "alta traição à pátria", encarcerado havia um ano e meio, aguardando julgamento. O guarda caminhou com ele em direção à mesa onde se encontrava o secretário superior de Justiça, Ernst Schmidt, que deveria interrogar Otto Braun. A seu lado, o escrivão Rudolph Nekien lutava para não cochilar sobre a máquina de escrever. Na outra ponta do salão, bem em frente à mesa de Schmidt, um pequeno auditório destinado ao público e aos advogados, e isolado por um balaústre de madeira, estava ocupado por meia dúzia de adolescentes, moças e rapazes. "Pensei que fossem estudantes de direito", diria o guarda mais tarde. Blemke estufou o peito diante da autoridade e anunciou:

— Apresentando o preso Otto Braun.

Nesse instante ele sentiu algo duro encostado em sua nuca. Virou a cabeça e viu uma pistola negra apontada contra seu rosto por uma linda moça de cabelos escuros e olhos azuis, que exigiu com voz firme:

— Solte o preso!

No auditório, os jovens dividiram-se em dois grupos e se atiraram sobre o secretário Schmidt e o escrivão Nekien, que foi derrubado com violência. Schmidt deu um salto, conseguiu bater a ponta do sapato sobre o botão de alarme instalado no chão — e recebeu uma coronhada no rosto, dada por um garoto enorme, de barba ruiva e cabelos escorridos até quase os ombros. A jovem de olhos azuis que comandava o grupo mantinha a pistola apontada para a cabeça do guarda. Depois de desarmá-lo, caminhou de costas em direção à porta, protegendo o preso com seu corpo e gritando para seus companheiros:

— Para a rua! Para a rua! Quem se mexer leva chumbo!

O guarda e os dois funcionários foram colocados de cara contra a parede. Com gestos rápidos, a moça mandou que o grupo saísse. O bando já disparava rumo ao portão principal, levando o preso para a calçada, quando seu último grito ecoou na sala:

— O primeiro a se mover leva chumbo!

E sumiu pelo corredor. Após saltar os degraus da escada na porta da prisão, o grupo se dispersou, cada um fugindo por uma rua diferente. A jovem guardou a pistola na sacola de lã a tiracolo e atravessou correndo o parque Fritz-Schloss para, no outro extremo, ao lado de um ginásio de esportes, atirar-se num pequeno furgão verde que a esperava de portas abertas. Na direção ia um jovem narigudo e atrás, sentado no fundo da carroceria e com as mãos ainda algemadas, estava Otto Braun, encolhido e assustado.

O calhambeque ameaçava desmontar pelas ruas de Berlim. Agora precisavam sair das imediações da prisão, cujas sirenes de alarme podiam ser ouvidas a quarteirões. O carro tomou o rumo sul da cidade. Evitando as ruas mais movimentadas, margeou o pequeno Cemitério Blücher e cruzou o canal Schiffarts. Quando entrou no bairro de Neukölln, a moça, Otto e o narigudo puderam afinal respirar aliviados. Em Neukölln estavam em casa.

Na hora do almoço, uma edição extra do diário *Berliner Zeitung am Mittag* já dava detalhes, sob escandalosa manchete, do que chamava de "ousada cena de faroeste" ocorrida de manhã em Moabit. O jornal anunciava em primeira mão o nome da linda jovem que comandara o "assalto comunista": Olga Benario.

"Ousada cena..."

À noite, no pequeno apartamento que a Juventude Comunista conseguira na rua Zieten para escondê-los, Olga lia e relia, ao lado de seu namorado Otto Braun, o noticiário dos jornais e parava sempre na mesma expressão. De fato, *ousadia* era o único substantivo capaz de traduzir não apenas o que havia feito naquela manhã, mas o sentimento que movia a maioria dos adolescentes comunistas do bairro operário de Neukölln. Olhando para a rua através das cortinas do quarto à meia-luz, ela contemplava mais uma manifestação desse estado de espírito. Meia hora antes as tropas da polícia haviam percorrido a região, colando em postes e muros o enorme cartaz que o promotor superior de Justiça da Alemanha mandara imprimir às pressas, oferecendo a recompensa de 5 mil marcos a quem desse informações sobre o paradeiro do escritor Otto Braun e da datilógrafa Olga Benario. Agora ela podia ver lá embaixo, na rua, o nanico Gabor Lewin e a agitada Emmy Handke, seus companheiros, arrancando todos os cartazes.

Que outro nome dar, senão *ousadia*, para o que acontecia a poucas quadras dali, no salão dos fundos da Cervejaria Müller? Indiferentes ao cerco que a polícia montara em Neukölln para apanhar os dois, os militantes do Rot Front, a Frente Vermelha da Juventude Comunista, decidiram fazer um ato político para comemorar a libertação de Braun. A primeira a falar foi uma garota de trancinhas. Às centenas de pessoas que se aglomeravam no salão — moças, rapazes, velhos operários com suas mulheres e crianças de colo —, ela comunicou que todos os envolvidos na libertação de Braun estavam em segurança, e arrancou aplausos demorados quando revelou que a ação fora realizada com armas descarregadas.

— Não tínhamos a intenção de ferir ninguém... Se houvesse alguma reação por parte dos fascistas de Moabit, certamente a esta hora estaríamos pensando em libertar, além do professor Braun, nossos companheiros que invadiram a prisão. A verdade é que um bando de garotos com armas descarregadas colocou de joelhos os fascistas que mantêm na prisão milhares de trabalhadores alemães...

Às onze da noite, uma tropa de choque invadiu a Cervejaria Müller e evacuou o salão a golpes de cassetete. De seu quarto,

Olga podia ver o alvoroço que a escaramuça provocou na rua Zieten. Ao seu lado, Otto dormia, indiferente à excitação que tomava conta da companheira. O noticiário do rádio ligado em volume quase inaudível aumentou a insônia da moça: todos os programas comentavam o fato do dia — a invasão da prisão de Moabit. Mas tanto os jornais como o rádio transmitiam uma certeza tranquilizadora: de todos os participantes da ação, só ela fora identificada pela polícia.

Sobre os outros havia, no máximo, vagas descrições físicas. Assim, Rudi König era apresentado como "um moreno forte, de cabelo escovinha, que agarrou o escrivão Nekien pela garganta"; Margot Ring era "uma ruiva gordinha, de quinze anos no máximo"; aquele que as testemunhas identificavam como "o grandalhão de cabelos longos que deu a coronhada na cabeça do secretário da Justiça" era o doce Erich Jazosch; um funcionário do tribunal que se encontrava à porta da prisão na hora da fuga descrevera Erik Bombach como "uma criança de um metro e meio de altura, carregando uma pistola em cada mão"; a magrela Klara Seleheim, por causa do cabelo aparado rente, era tratada como "alguém que não sabemos se é uma mocinha ou um rapaz", como dizia um locutor.

Se desconhecia a identidade daqueles jovens, sobre Olga e Otto a polícia sabia tudo. Por isso, as semanas seguintes foram de grande tensão para os dois. O cerco policial apertava e, por maior que fosse a solidariedade das famílias operárias de Neukölln, aumentavam também os riscos de prisão. Pacatas casas de metalúrgicos e padeiros eram transformadas em aparelhos para que os jovens pudessem esconder-se por quatro, cinco dias. A segurança deles ficou a cargo do Departamento de Ordem, uma seção *geheim* (secreta) e semimilitarizada da Juventude Comunista. Experimentados em proteger a organização contra ataques terroristas de direita ou da polícia, o Departamento de Ordem funcionava como uma célula clandestina dentro da Juventude Comunista legal. Eram seus membros que se encarregavam de arranjar novos aparelhos e de transferir Olga e Otto de uma casa para outra quando pressentiam a aproximação da polícia.

As sessões de cinema em Berlim passaram a ser precedidas, assim que as luzes se apagavam, da exibição de um slide reproduzindo o cartaz com as fotos de Olga e Otto e a oferta de 5 mil marcos a quem informasse sobre o paradeiro deles. O público, invariavelmente, explodia em aplausos para os dois jovens e, invariavelmente, acendiam-se as luzes e o cinema era ocupado por policiais armados. Quando a escuridão retornava, começavam as vaias, os assovios e as bolas de papel voando. O que mais intrigava a polícia é que ninguém apareceu para candidatar-se a uma recompensa equivalente a dois anos de salário de um trabalhador.

Nos primeiros dias de julho, o juiz Franz Vogt, do Supremo Tribunal, convocou a imprensa ao seu gabinete — ao lado do salão de audiências que havia sido invadido três meses antes — para apresentar um novo cartaz-comunicado, assinado pelo promotor superior de Justiça da Alemanha. Nele, o Poder Judiciário retirava a recompensa de 5 mil marcos, "pois, segundo informações fornecidas pela polícia, as citadas pessoas conseguiram fugir, dirigindo-se para o exterior".

Dessa vez a polícia acertara: dias antes, Olga e Otto haviam viajado de carro, acompanhados por membros do Departamento de Ordem da Juventude Comunista, até a cidade de Stettin, na fronteira com a Polônia. De lá embarcaram num trem rumo a Moscou. No momento em que o juiz Vogt recebia os repórteres em Berlim, o casal encontrava-se dentro do trem, na fronteira da Polônia com a URSS, exibindo passaportes falsos a um jovem soldado soviético de traços orientais, que ostentava um capacete branco com a estrela vermelha. Emocionada por estar "entrando em território proletário", Olga não resistiu à tentação de um aceno carinhoso para aquele "soldado do povo". Para sua decepção, o soldado fingiu que não viu. O trem arrancou lentamente em direção a Moscou.

BUENOS AIRES, ARGENTINA
ABRIL DE 1928

APÓS DUAS SEMANAS MONTADO no lombo de um boi, atravessando o pantanoso chaco paraguaio, o capitão Luís Carlos Prestes, de trinta anos, aproximava-se em uma balsa do porto de Buenos Aires. Miúdo, com menos de um metro e sessenta, os doze meses que acabara de passar na cidadezinha de La Gaiba, no Oeste boliviano, haviam deixado Prestes com péssima aparência. A barba longa e cerrada escondia o rosto magro, de maçãs saltadas, ainda ressentido de repetidas crises de impaludismo. A chegada à capital portenha marcava definitivamente o fim de uma aventura que ficaria gravada para sempre na história do seu país, o Brasil.

Um ano antes, levando nos ombros a divisa de general revolucionário, e tendo ao lado seu companheiro de epopeia, o general Miguel Costa, Prestes conduzira até o exílio boliviano sua tropa de 620 homens. Lá entregara seu arsenal ao major Carmona Rodó, representante do governo de La Paz: noventa fuzis Mauser, quatro metralhadoras pesadas (uma das quais inutilizada), dois fuzis-metralhadoras descalibrados e cerca de 8 mil balas. Com a deposição voluntária das armas, lavrada numa pequena ata subscrita pelo major boliviano e os dois militares brasileiros, chegava ao fim uma campanha de dois anos e seis meses de duração, em que foram percorridos, a pé ou em lombo de burro, nada menos que 25 mil quilômetros através de doze estados brasileiros. Embora exilados e desarmados, todos, sem exceção, sabiam que entravam para a história de cabeça erguida. Ao cabo da jornada, aquele exército de esfarrapados ficara conhecido em todo o continente como “a invicta Coluna Prestes” — o contingente rebelde que afrontara as tropas bem armadas e os generais do presidente Artur Bernardes sem sofrer uma única derrota. Para as centenas de milhares de brasileiros que com ela travaram contato direto ou que dela tiveram notícia, seu chefe, o general Luís Carlos Prestes, era o Cavaleiro da Esperança.

O mineiro Artur da Silva Bernardes tomara posse na Presidência da República em 1922 sob estado de sítio — provocado pelo levante militar do Forte de Copacabana, no Rio de Janeiro, conhecido como "Dezoito do Forte" — e sob estado de sítio governaria durante os quatro anos de seu mandato. Extremamente autoritário, Bernardes afastou do poder as oligarquias descontentes, decretou a intervenção federal nos estados da Bahia e do Rio de Janeiro, e seu relacionamento difícil com a corporação militar acabou por gerar conspirações que explodiram durante todo o seu governo. A repressão aos movimentos rebeldes quase sempre era pretexto para a adoção de medidas autoritárias de caráter geral — como a duríssima lei de imprensa assinada em novembro de 1923, conhecida como "Lei Infame" — que atingiam as liberdades democráticas como um todo.

Foi nesse clima que surgiu a Coluna — embora Prestes, pessoalmente, não a tivesse visto nascer. Quando o general Isidoro Dias Lopes e o então major Miguel Costa levantaram suas tropas em São Paulo, no dia 5 de julho de 1924, ele servia como capitão-engenheiro no Batalhão Ferroviário de Santo Ângelo, cidadezinha do Rio Grande do Sul próxima à fronteira com o Uruguai. Os dois militares paulistas pretendiam marchar contra a capital federal, então no Rio de Janeiro, buscar apoio entre os militares das guarnições cariocas e depor o governo Bernardes. Acuados em São Paulo por tropas federais, os dois seguiram para o Sul à frente de 2 mil homens, em direção a Foz do Iguaçu, no Paraná. Na madrugada de 28 para 29 de outubro, o capitão Prestes deixa um curto bilhete despedindo-se da mãe, dona Leocádia, e comanda a insurreição do Batalhão Ferroviário de Santo Ângelo em apoio aos revoltosos paulistas, articulando rebelião simultânea no Terceiro Regimento de Cavalaria da cidade de São Luís, a oitenta quilômetros de distância.

Alertado a tempo, o governo consegue apagar parte do rastilho que se espalhava pelo estado e aborta os levantes dos quartéis de Uruguaiana, Alegrete e Cachoeira, frustrando o plano de Prestes de tomar todo o Rio Grande do Sul. Seguindo então para São Luís, Prestes ali instala seu quartel-general. Em seguida ocupa as cidades de São Nicolau, Santo Ângelo, Santiago do Boqueirão e São Borja. Ao contabilizar armas e homens, ele se dá conta da fragilidade militar dos rebeldes: não passam de 1500, entre civis e militares. As armas nem sequer são suficientes para a metade dos combatentes: oitocentos fuzis Máuser e uns poucos fuzis-metralhadoras. Para enfrentá-los já estavam a caminho de São Luís as tropas do governo: 14 mil soldados, treinados e bem armados.

A desigualdade de forças provoca a primeira manifestação do gênio militar que seria a marca de Prestes ao longo dos dois anos seguintes. Ele faz chegar aos ouvidos do inimigo a notícia de que concentraria suas forças em São Luís, ao mesmo tempo em que começa a despachar a tropa rumo ao norte. Quando os efetivos oficiais tomam a cidade, não há mais um só rebelde no lugar: Prestes estava com seus homens a duzentos quilômetros de distância, vadeando as matas do rio Uruguai. Para chegar a Foz do Iguaçu, onde pretendia juntar-se aos revoltosos de São Paulo, ele é obrigado a se valer muito mais da astúcia do que da força; sem perder um só homem, consegue infligir consideráveis baixas às forças governamentais apenas com armadilhas e emboscadas. Mesmo em combate, cada tiro disparado por seus comandados tem que ser autorizado por ordem superior, para economizar a munição. A chegada triunfal de Prestes e seus homens a Foz do Iguaçu, no dia 1º de abril de 1925, dá novo ânimo aos paulistas ali acantonados, reduzidos por obra de sucessivas deserções quase à metade do contingente que saíra de São Paulo em 5 de julho. Investidos da patente de general, Luís Carlos Prestes e Miguel Costa juntam suas forças e rompem a pé o sertão brasileiro, na esperança de pôr fim "ao despotismo dos bernardescos" — nome com que tratavam os seguidores do presidente da República.

Avançando como podia, a serpente humana ziguezagueava pelo país. Quando conseguiam potrear manadas de cavalos em alguma fazenda, os soldados de Prestes montavam por algumas semanas, ou meses. Se não encontravam cavalos, seguiam a pé. Se havia comida, comiam; porém, o mais comum era viajarem por dias com pouca água e quase sem alimento, sustentando-se com farinha e rapadura. Inúmeras vezes o estoque de remédios da tropa era integralmente utilizado para atender às miseráveis populações encontradas pelo caminho. A tragédia das condições de vida dessa gente que a Coluna cruzava pelo interior horrorizava os comandantes, ambos nascidos em famílias da classe média: mesmo tendo convivido com a pobreza do Sul, defrontavam-se com um Brasil ainda mais faminto, miserável, atrasado. Ao ver criancinhas arrancando raízes do chão para fazer a única refeição do dia, Prestes se convencia ainda mais da necessidade de mudar a face do país.

A Coluna engrossava a cada povoado. A rígida disciplina imposta à tropa por Prestes tornava os soldados respeitados pelo povo. Em geral, as primeiras medidas tomadas após a ocupação de uma cidade eram a libertação dos presos e a queima dos arquivos dos cartórios, onde estavam os documentos que "comprovavam" o monopólio das propriedades da terra pelos latifundiários e a exploração dos direitos dos camponeses. À exceção dos casos de sentenciados por crimes brutais, como estupro seguido de morte, os presos eram postos em liberdade após breve entrevista com os oficiais da Coluna. Contra a vontade de Prestes, um contingente de meia centena de mulheres acompanhava a tropa em sua marcha pelo país. A pressão da soldadesca vencera e o comandante não conseguiu impedir que elas seguissem. Muitas pariram filhos ao longo da marcha, crianças que haviam sido geradas no começo da jornada.

Apesar da invencibilidade militar, a falta de um programa político claro, propondo algo mais que a derrubada de Artur Bernardes, ia aos poucos minando o moral dos oficiais e soldados. Afinal, haviam se passado quase dois anos e milhares de quilômetros tinham sido percorridos, mas os próprios comandantes, a começar de Prestes, sabiam que a Coluna, ainda que vitoriosa, não mudaria as estruturas sociais do Brasil simplesmente derrubando o ditador. Do coração do Nordeste a Coluna desceu em direção ao Sul do Mato Grosso, praticamente refazendo o trajeto inicial da subida. Quando as tropas chegaram a San Mathias, na Bolívia, para depor o que restara de suas armas nas mãos do major Carmona Rodó, o caderno de notas de Lourenço Moreira Lima, o historiador oficial da Coluna, registrava, em números exatos: de São Luís, no Rio Grande do Sul, até ali, tinham sido vencidas 3742,5 léguas. Ou seja, 24 947,5 quilômetros.

Nos primeiros meses em território boliviano, Prestes cuidou dos interesses da tropa, repatriando os soldados que desejavam retornar ao Brasil e tratando de conseguir trabalho para os que não queriam ou não podiam voltar. Marx, Lênin e o triunfo da Revolução Bolchevique no outro lado do mundo, dez anos antes, eram nomes e notícias sem muito significado para o capitão exilado. Até o dia que, no final de 1927, recebe na cidade boliviana de Puerto Suárez, a poucos quilômetros da fronteira com o Brasil, a visita de Astrojildo Pereira, um dos fundadores, em 1922, do Partido Comunista — Seção Brasileira da Internacional Comunista, o primeiro nome oficial da organização. As peripécias da Coluna haviam causado grande sensação entre os opositores do governo brasileiro, inclusive os comunistas. A bagagem de Astrojildo vai entupida de livros, quase todos em francês, das edições L'Humanité: obras de Marx e Lênin, resoluções da Internacional Comunista, textos de Engels e exemplares avulsos do periódico *Correspondance Internationale*, editado pelo comando da Internacional Comunista, sediado em Moscou. Depois de dois dias de conversas com Prestes, Astrojildo entrega-lhe os livros e se despede com um dissimulado convite:

— Nesses volumes o senhor encontrará um pouco da ciência que trará as soluções para os problemas do nosso tempo: o marxismo.

Prestes não assume qualquer compromisso com o partido. Quer primeiro conhecer a tal ciência, e passa os primeiros meses de 1928 aproveitando o tempo disponível para mergulhar na farta literatura comunista que recebera. Nessa época começa a pensar em sair da Bolívia e tentar destino melhor para seus companheiros. Acaba decidindo transferir-se para a vizinha Argentina. Além de ficar mais perto do Rio Grande do Sul — e, portanto, da efervescência política brasileira —, o clima existente no país era mais democrático do que o existente na Bolívia. E, claro, na Argentina mais desenvolvida economicamente, havia melhores ofertas de trabalho para ele e para o que restara de sua tropa. No final do primeiro semestre de 1928 estão todos instalados em Buenos Aires.

Já sem a barba que lhe varria o peito no tempo da Coluna, Prestes torna-se o centro das atenções dos revolucionários de vários países que, de passagem por Buenos Aires, aconselham-se com o mitológico comandante da Coluna invicta. Paraguaios, chilenos, uruguaios e bolivianos e — para espanto de Prestes, da mãe e das quatro irmãs que viviam com ele — até turistas brasileiros apareciam por lá, acompanhados de guias de agências de viagens, para ver o "fenômeno" de perto. A casa era, igualmente, um centro de conspiração de patrícios seus que lutavam para derrubar o governo brasileiro.

Prestes se aproxima e torna-se amigo do jornalista Rodolfo Ghioldi, dirigente do Partido Comunista argentino e do Comintern. E, numa das muitas reuniões na casa deste, na calle México, em Buenos Aires, fica conhecendo um certo Kleiner, também chamado de Rústico — na verdade, codinomes de Augusto Guralsky, enviado especial da Terceira Internacional para contatar na Argentina o capitão brasileiro, cujo trabalho político interessava aos dirigentes soviéticos. Os contatos com o Partido Comunista brasileiro também se tornam mais frequentes e, em 1929, o prestígio de Prestes no Brasil é tal que o partido o convida para disputar as eleições à Presidência da República, no ano seguinte. Contudo, ele só aceita discutir o convite se a candidatura resultar de um consenso entre os tenentes da Coluna — e o plano malogra.

Em março de 1930 é eleito o paulista Júlio Prestes para suceder a Washington Luís na Presidência, num pleito típico da República Velha, com voto a descoberto, fraudes e um contingente restritíssimo de eleitores. Mas ele não toma posse. Uma insurreição, que começa de forma espontânea na Paraíba e é conduzida nacionalmente pela Aliança Liberal, leva Getúlio Vargas ao Palácio do Catete. Luís Carlos Prestes sente imediatamente as consequências da mudança no Brasil ao ser preso em Buenos Aires e libertado em seguida. Junto com a mãe e as irmãs exila-se em Montevidéu e, da capital uruguaia, pede filiação ao Partido Comunista. Porém, o partido que o cortejara meses antes agora o rejeita. Os dirigentes comunistas brasileiros — que pouco antes haviam destituído o secretário-geral Astrojildo Pereira, acusando-o de opor-se ao "obreirismo" proposto pelo Comintern — impedem que Prestes seja aceito.

O presidente Getúlio Vargas tenta cooptá-lo, oferecendo-lhe a patente de capitão do Exército que lhe fora cassada, mas Prestes rejeita a proposta e recebe de seus tenentes a patente honorária de general. Cada dia mais, ele se convence de que só uma revolução popular poderá mudar os destinos do Brasil. E é com esse projeto na cabeça que aceita um convite da Terceira Internacional para mudar-se, com a família, para a União Soviética. Sem barba e sem bigode, trajando um discreto terno cinza e levando à mão um elegante chapéu de feltro, Luís Carlos Prestes embarca no navio *Eubée*, que larga do porto de Montevidéu, no dia 1º de outubro de 1931, com destino a Moscou.

1. NA FORTALEZA VERMELHA

COM OS CORPOS MOÍDOS após 72 horas no trem, Olga e Otto chegaram ao Hotel Desna, na capital soviética. Ao contrário do Lux, destinado a receber estrangeiros ilustres que aportavam em Moscou, não havia nenhuma pompa no Desna, que era limpo e discreto. Ao preencher a ficha de entrada, Olga notou que, por curiosa coincidência, exatamente cinco anos antes ela entrara pela primeira vez em uma organização comunista.

Foi no verão de 1923, em Munique, sua cidade natal, poucos meses depois de seu 15º aniversário. A Juventude Comunista havia sido proibida pela polícia e entrara na clandestinidade. Seus militantes, adolescentes de no máximo dezoito anos, resolveram então criar o Grupo Schwabing, que se reunia uma vez por semana numa velha serraria nos subúrbios da capital da Baviera. Certa tarde, a reunião é interrompida por barulhos suspeitos do lado de fora. Os encarregados da segurança saem, temendo a chegada da polícia, e deparam com a jovem magrela, alta, de trancinhas escuras, pedindo para fazer parte do Schwabing. Convidada a entrar na serraria, Olga é submetida a uma sabatina pelos líderes do grupo. Quando indagam seu endereço e o nome dos pais, ela responde:

— Sou filha do advogado Leo Benario. Mas não tenho culpa disso.

Para a maioria dos comunistas alemães, não apenas a direita era considerada inimiga. Eles colocavam no mesmo saco e tratavam com o mesmo desprezo os social-democratas — e o dr. Benario era um social-democrata. Para os jovens comunistas do Schwabing, filhos de operários, aquela era uma presença inusitada: nunca, até então, um jovem da burguesia bávara tinha batido às suas portas para pedir filiação.

O preconceito era injustificado. Embora fosse um dos juristas mais respeitados da Baviera e personalidade influente no Partido Social-democrata local, o advogado judeu Leo Benario era um liberal de ideias avançadas. A própria Olga diria mais tarde que havia se transformado numa comunista não pela leitura da teoria marxista, mas folheando os processos em que o pai defendia os trabalhadores de Munique. "Ali vi de perto a miséria e a injustiça que só conhecia, superficialmente, nos livros", repetia sempre. Em contraste com sua consideração pelo pai, nas poucas vezes em que se referia à mãe, ela o fazia com frieza e economia de palavras. Filha de abastada família judaica, Eugénie Gutmann Benario era uma elegante dama da alta sociedade que via com horror a perspectiva de sua filha tornar-se comunista. A importância da avó materna em sua vida era ainda menor. Olga lembrava-se apenas de um prosaico presente que dela recebera, durante a crise que sobreviera com a Primeira Guerra Mundial — uma galinha garnisé, útil numa época em que os ovos estavam racionados —, e da pergunta com que a velha sistematicamente reagia a toda novidade que a neta lhe trouxesse da rua, como num presságio da tragédia que se abateria sobre a Alemanha: "Isso é bom ou mau para os judeus?".

Ao falar do pai, Olga nunca escondia o carinho que sentia por ele. Era, sim, um burguês social-democrata; mas diferenciado. Ao dr. Benario recorriam invariavelmente os trabalhadores que pretendiam fazer demandas judiciais contra os patrões e que não tinham dinheiro para pagar advogados. Com Leo Benario, pagava quem pudesse. Para os que nada podiam pagar, trabalhava de graça. "E com mais afinco", costumava lembrar Olga. A observação da clientela que frequentava a elegante residência da Karlplatz, no centro da cidade, levava a jovem a interessar-se cada vez mais pela sorte daquela gente. Pelo escritório do pai passavam diariamente, e discutiam à frente da adolescente, os mais abastados e os mais miseráveis habitantes de Munique. "A luta de classes ia me visitar todos os dias em casa", ela brincava.

E visitas não faltavam — trazidas pela dramática situação econômica que decompunha o país desde o fim da Primeira

Guerra. A brutal espiral inflacionária chegou a tal ponto que um dólar, que em meados de 1922 valia mil marcos, passou a custar 350 milhões de marcos já no ano seguinte. O ativo operariado alemão estava à beira da miséria e a classe média se proletarizava velozmente. A aparente falta de saída para a crise fazia com que os sindicatos de trabalhadores, controlados na maioria por comunistas e social-democratas, perdessem força junto à população operária. Olga acreditava que tinha a solução, pelo menos a sua solução: dedicar-se mais e mais à causa comunista. Já na primeira tarefa que lhe deram, naquele verão de 1923, ela mostrou aos garotos do Schwabing que não estavam diante de uma burguesinha entediada. Destacada para uma colagem clandestina de cartazes, Olga, aos quinze anos, revelou-se a mais eficiente da turma, aí incluídos os mais velhos e mais fortes. Eficiente e ousada: pela primeira vez também o centro, e não só a periferia de Munique, amanheceu pichado. Ela chegara a locais movimentados, onde a presença de policiais assustava até os militantes mais experientes. "Medo e prudência são palavras que ela não conhece", disseram os novos amigos no dia seguinte.

A integração deu-se em pouco tempo. Além de decidida e corajosa, ela trazia do lar burguês algo que faltava aos filhos de operários: uma excelente formação escolar. Muitos dos clássicos, de que a maioria ali só tinha ouvido falar em palestras, ela já os havia lido. E em pouco tempo notaram outra forte característica, que os mais resistentes a sua presença no Schwabing atribuíram ao "radicalismo próprio dos filhos da burguesia": a intolerância contra qualquer pessoa que não fosse militante comunista. Inúmeras vezes ela seria advertida pelos mais velhos para evitar comportamentos que não passavam de provocações juvenis, como andar pelas ruas exibindo no peito um broche vermelho com a foice e o martelo dourados.

No final de 1923, quando trabalhava como vendedora na Livraria Georg Müller, ela ouviu falar pela primeira vez no professor Otto Braun. A partir da descrição que faziam dele, sobretudo as mulheres, Olga passou a fantasiar, criando um mito em torno do jovem, bonito e inteligente Otto que, comentavam em voz baixa, trabalhava secretamente como agente dos soviéticos. Quando, por fim, uma amiga comum promove o encontro dos dois, Olga tem uma surpresa. Na verdade, o que ela imaginava de Otto era a caricatura de um revolucionário de folhetim: barba crescida, roupa desalinhada, cabelos longos e desalinhados. No café onde se conhecem ela depara com um homem elegante, fumando cachimbo, gravata meticulosamente amarrada, cabelos repartidos e fixados com brilhantina, calça passada com capricho, botinas de camurça escovadas.

Embora tivesse apenas 22 anos, sete a mais do que ela, Otto já era um militante experiente. Inclusive naquilo que mais a encantava, a ação armada. Na frustrada revolução popular de 1919, uma tentativa de repetir o fenômeno russo de dois anos antes, ele fora enviado pelo partido a uma missão secreta, cujo objetivo era interceptar e desbaratar um comboio de tropas que o governo central enviara para tomar Munique, então capital da "República da Baviera". Não obstante o êxito de sua tarefa, continuaram sendo enviados reforços contra os insurgentes e Munique ainda resistiria por mais um mês, com Otto à frente de um grupo de combatentes. Perdera a guerra, mas gabava-se de ter dado cabo de uns tantos "social-democratas direitistas". A batalha de Munique chegara ao final com Otto na prisão — a sua primeira e mais curta prisão.

Os encontros entre os dois tornaram-se frequentes e o fascínio recíproco cada vez maior. Ela imaginava estar diante de um homem perfeito, que conseguia juntar uma sólida formação teórica com a experiência militar. Sem contar que era um rapaz belíssimo. Otto também estava encantado com aquela figura, meio menina, meio mulher, alguém com uma sede de ação e de teoria como ele nunca vira antes. O final da tarde passou a ser esperado com ansiedade por ambos. Quando faltava meia hora para Olga deixar o balcão da livraria, ele aparecia com seu cachimbo e cachecol elegante para conversas que se estendiam até a madrugada.

Otto começou a orientar as leituras de Olga e a indicar-lhe, além dos teóricos indispensáveis à sua formação comunista, alguns jornais e revistas de grupos marxistas de Berlim. E se surpreendia com a insistência com que ela pedia manuais de estratégia militar, depoimentos de grandes generais e relatos de batalhas famosas. A militarista que os suaves olhos azuis ocultavam já emergira nas reuniões do Grupo Schwabing, criticando frequentemente o desinteresse dos outros pelas técnicas militares e a ausência de treinamento regular para todos os militantes. "Nós vamos sentir falta dessa experiência quando estivermos cara a cara com o inimigo", advertia. Suas desavenças com os rapazes do grupo, entretanto, só se tornavam ásperas quando percebia que estava recebendo tarefas secundárias pelo fato de ser uma garota. Ao final da discussão, Olga resmungava para quem quisesse ouvir: "Quero que vocês saibam que nestes momentos ser mulher é uma chateação!".

Quanto mais lia os clássicos marxistas e militava no Schwabing, mais firme tornava-se sua decisão de trocar Munique por Berlim. A clientela fina e perfumada da Livraria Georg Müller, as discussões com os pais e a própria casa começam a ficar insuportáveis. As notícias da agitação política na capital, que lia nos jornais de Berlim, incendiavam sua imaginação. Uma fantasia que tinha nome próprio: Neukölln, o bairro operário de Berlim, a "Fortaleza Vermelha" da esquerda alemã. Depois de meses de insistência com Otto, ela afinal recebeu dele um aceno. Foi num fim de tarde em que os dois passeavam de mãos dadas por um parque nos arredores de Munique. Ele próprio não parecia estar muito seguro do acerto do convite:

— Consultei o partido e é possível mudarmos para Berlim. Mas e sua família? Como você vai resolver isso com seu pai?

Ela enfureceu-se com a pergunta:

— Viajo na hora que o partido decidir!

Na verdade, não era apenas a política que a empurrava para Berlim. Ela estava apaixonada por Otto. Os fins de semana que passaram juntos em cabanas cobertas de neve revelaram-lhe o homem doce, carinhoso e paciente que se escondia por trás do grave professor de marxismo. Passar os dias ao lado dos jovens operários comunistas de Neukölln e as noites nos braços de

Otto era tudo o que Olga Gutmann Benario queria para sua vida naqueles dias.

Só depois de ter na mão o bilhete de trem de segunda classe, e arrumado suas roupas na pequena mala de madeira, é que ela informou aos pais que viajaria na mesma noite. Foi um jantar silencioso, do qual a mãe não quis participar. Olga tentou, bravamente, partir sem brigar com o velho Leo. Depois de quase três horas de discussão, ela finalmente levantou-se. O beijo de despedida que o pai lhe deu à porta de casa dizia que no fundo ele, em seu lugar, talvez fizesse o mesmo.

Vinte e quatro horas depois, da janela do sótão de um pequeno sobrado, Olga contemplou a rua Weser: então ela estava ali, no coração de Neukölln. Para quem passara a infância e a adolescência no confortável bangalô dos Gutmann Benario, na Karlplatz, em Munique, aquele cômodo minúsculo estava muito longe de merecer o nome de apartamento. Três passos dados com suas longas pernas eram suficientes para trombar com as paredes. Como mobília, duas camas, uma mesinha de canto, uma cadeira e uma cômoda com gavetas, que fazia as vezes de guarda-roupa. Nos vãos entre um e outro móvel, tábuas apoiadas em tijolos vergavam sob tantos livros, papéis e documentos. Por algum tempo, esta seria a casa de Olga e Otto. Percebendo a surpresa da namorada diante da modéstia das acomodações, ele ironizou:

— Nesse quarto já começamos economizando o dinheiro do despertador.

É que o bonde começava a circular às seis da manhã e passava debaixo da janela do apartamento, fazendo um barulho capaz de acordar os defuntos. Em sua primeira manhã berlinense, Olga tomou consciência de que a mudança não era apenas de endereço e de cidade. Durante o café da manhã — algumas bolachas e uma garrafa de leite —, Otto revelou-lhe que seu trabalho clandestino para o partido implicava certos cuidados que envolveriam a ambos. Abriu uma pasta de couro e tirou alguns documentos de identidade, explicando pacientemente a uma Olga maravilhada com o clima de mistério:

— Como eu, a partir de agora você terá uma nova identidade. Meus registros na polícia estão sob o nome de Arthur Behrendt, caixeiro-viajante nascido em Augsburg em 28 de setembro de 1898. E desde ontem você passou a ser Frieda Wolf Behrendt, minha mulher, nascida em 27 de setembro de 1903, em Erfurt. Aqui estão os seus documentos e um atestado de que residimos atualmente no número 11 da rua Erhard, na cidade de Leipzig. Muito cuidado e boa sorte, senhora Behrendt.

Otto disse mais: seu trabalho ilegal provavelmente os manteria afastados por semanas, às vezes meses. Aproximou-se dela, com um carinho:

— Isso significa que, embora vivendo juntos, tão cedo não poderemos casar.

Ela reagiu agressiva:

— Então é bom que você saiba que eu *não quero* me casar.

Foi preciso pouco tempo para que Olga deixasse de ser a adolescente de Munique para se transformar numa mulher. Em tudo — menos na aparência de menina que lhe davam as tranças, destacando ainda mais seus belos olhos. No mais, uma mulher: na vida com Otto, na militância diária, no progresso fulminante que fazia dentro dos quadros da Juventude Comunista de Neukölln.

Alguns meses após chegar a Berlim, ela já era a secretária de Agitação e Propaganda da mais importante base operária do Partido Comunista alemão, o bairro vermelho de Neukölln. Durante o dia, reuniões, passeatas e atividades de rua. À noite, intermináveis assembleias nos fundos do velho prédio da rua Zieten, onde funcionava a cervejaria da família Müller. O mesmo salão que durante o almoço era tomado por trabalhadores das imediações para a rápida refeição de batata-salsicha-e-cerveja, à noitinha virava sede da Juventude Comunista do bairro. Ninguém precisava de senha para entrar. Como a maioria daquela gente ainda não tinha idade para beber, Müller reagia maquinalmente quando aparecia alguma cara nova diante do gasto balcão de mármore. Apertando os olhos entre o vasto bigodão e a calva que lhe tomava a cabeça, dizia apenas:

— Juventude? Dê a volta pelo corredor, é lá nos fundos.

Olga já conhecia bem, de histórias que ouvira em Munique, tanto a cervejaria como seu dono. Mais do que isso, sabia até o canto em que, durante muitos anos, Rosa Luxemburgo e Karl Liebknecht — dois destacados dirigentes do Partido Comunista alemão, assassinados em 1919 — conspiraram politicamente. Quando piorava a situação financeira dos Müller — Wilhelm, a mulher e uma filha —, a notícia corria pelo meio operário, até mesmo de fora de Neukölln. Durante algumas semanas, as cervejarias da região se esvaziavam em benefício de Müller; a freguesia se multiplicava, até que suas finanças voltassem ao normal. E o mesmo salão dos fundos, onde se realizavam atos políticos, assembleias e reuniões clandestinas, duas vezes por semana era transformado, das oito e meia às onze e meia da noite, em sala de aula. Às terças-feiras, semana sim, semana não, Olga ensinava rudimentos de teoria marxista aos seus companheiros. Ali se conseguia o prodígio de realizar quatro, cinco reuniões simultâneas, tratando de temas diferentes. Muitas vezes ela tinha de ser ríspida e exigir que alguém escolhesse outra hora para rodar panfletos no mimeógrafo que a organização mantinha num canto do salão.

Dia após dia, trabalho duro: panfletagens na estação ferroviária de Göllitzer, passeatas de apoio às greves nas fábricas do bairro, ou de protesto contra a imposição de horas extras de trabalho. Tudo isso no escasso tempo que lhe sobrava do emprego de onde vinham os poucos marcos que a sustentavam em Berlim: das oito da manhã às seis da tarde, Olga era datilógrafa da Representação Comercial Soviética, um emprego que lhe fora conseguido pelo partido. Embora o trabalho lá fosse muito tedioso, comparado com suas atividades na Juventude Comunista, ela se orgulhava de poder trabalhar "ao lado dos revolucionários". Mesmo sabendo que isso provavelmente era mera fantasia, Olga via em cada um daqueles pacatos burocratas de paletó e gravata "um bolchevique de aço".

O tempo exigido por uma vida tão febril tinha que ser roubado de alguma coisa. E, às vezes, sua vida amorosa com Otto parecia empobrecer. As poucas horas da semana em que conseguiam ficar juntos, em geral já pela madrugada, acabavam sendo gastas em... trabalho. Não só para ficar mais tempo com o companheiro, mas também pelo aprendizado político, Olga conseguiu, após muita insistência, ser sua secretária. Era ela, então, quem datilografava os extensos textos teóricos que Otto ditava ou deixava prontos, manuscritos, sobre a cama. Nessa tarefa ela começou a compreender melhor a luta que se avizinhava em seu país, o desenvolvimento da revolução em outros países e, é claro, a estrutura interna do Partido Comunista alemão.

O amor e a admiração que tinham um pelo outro não diminuíra — ao contrário, queriam-se cada vez mais. No entanto, a atividade política, somada à paixão pela militância, reduzia a minutos o tempo que tinham para namorar. E quando discutiam nunca era por divergências políticas, mas por algo que chegava a irritar Olga: o ciúme que Otto sentia dos rapazes da Juventude Comunista. Ciúme justificado, diria qualquer um de seus sessenta companheiros do grupo de Agitação e Propaganda. A cada dia Olga tornava-se mais atraente. Até o jeito meio desengonçado de andar dava-lhe um encanto especial. Além disso, uma característica aguçava ainda mais o desejo dos rapazes: sua independência. Olga era dona de seu nariz e fazia apenas o que acreditava ser importante. Na política e na vida pessoal.

Essa independência, porém, não a impedia de aprender cada vez mais com Otto. Este não lhe ensinava apenas as teorias de Marx, Lênin, Engels e Karl Liebknecht. Conselhos que, dados por alguma amiga, teriam como resposta um palavrão, na boca de Otto vinham com outro sentido. Não era apenas um comunista experiente quem falava. Em doses homeopáticas, Otto Braun convenceu Olga de que uma militante não precisava ser descuidada e mal vestida — no pequeno e improvisado toucador do casal, junto à pia do quarto, os poucos vidros de colônia e perfume eram dele. Nas conversas na cama, noite adentro, crescia uma mulher mais tolerante com os não comunistas. E, mais do que isso, Olga aos poucos ia deixando de lado seus preconceitos moralistas contra companheiros que fumassem, bebessem ou gastassem o pouco tempo livre nos grandes salões de baile, sábado à noite. Com o tempo ela própria já começou a se sentir atraída pelas diversões do grupo.

De um sentimento, entretanto, nem mesmo os conselhos de Otto conseguiram livrá-la: o horror ao casamento formal, sacramentado em cartório. Ela associava a ideia do casamento ao que considerava a pior deformação burguesa: a dependência econômica da mulher, o sexo obrigatório, a convivência forçada. Quando alguém indagava por que não se casava com Otto, já que aparentemente viviam tão bem, ela tinha a resposta pronta:

— Não nos casamos exatamente por isto: porque nos amamos. Eu jamais serei propriedade de alguém.

Mas que não se confundisse essa compreensão das relações homem-mulher com qualquer outra liberalidade. Quando ouvia alguma amiga contar como vantagem que levara para a cama tantos rapazes, ela perdia a serenidade. Nesses momentos emergia uma Olga intolerante, quase puritana:

— Saiba que ceder aos instintos é multiplicar o bordel burguês. E quem diz isso não sou eu; é Lênin.

Conversa encerrada. Como contestar Lênin? E se no grupo alguém tivesse comportamento que considerasse "imoral", Olga não hesitava em levar o problema à direção da Juventude Comunista, e isso na avançada Berlim dos anos 1920.

Essa face rígida não impedia que continuasse despertando paixões entre os jovens de Neukölln. Paixões e, claro, ciúme. Como o de Ruth, que obrigou o namorado Martin Weiser, um jovem aprendiz de ourives, a abandonar o grupo de estudos marxistas dirigido por Olga no subúrbio de Falken.

Nesse grupo, Olga conheceu outro rapaz que também se encantaria por ela, o tipógrafo Kurt Seibt. Kurt era empregado de uma gráfica e acabara de filiar-se ao sindicato da categoria. Inspirado por Olga, entrou para a Juventude Comunista e passou a ser uma espécie de assistente da professora. Como ela, Kurt acreditava que a militarização clandestina da organização era o passo seguinte após os cursos teóricos e a organização dos jovens nos bairros operários. Por orientação dela, Kurt encarregou-se da organização das milícias jovens em cada um dos quarteirões do bairro de Kreuzberg, próximo a Neukölln. Apesar de importante, o novo posto trazia a desvantagem de mantê-lo afastado da atraente professora.

Quando se encontrou de novo com Olga, depois de assumir a nova missão, Kurt pediu-lhe autorização para organizar uma brigada que reprimisse pela força um grupo de jovens nazistas que importunava o trabalho em Kreuzberg. Os insultos, as interrupções das aulas, os sacos de excrementos e urina que atiravam dentro das salas de reunião só seriam contidos a socos, argumentava Kurt. Olga relutou bastante e tentou dissuadi-lo da ideia, insistindo em que deveria tentar atrair os jovens nazistas para as suas ideias, em vez de espancá-los. Mas, ao perceber que a doutrinação pouco adiantava, ela própria decidiu participar da intervenção. Bastou uma única sessão de sopapos, ministrados por moças e rapazes, e os nazistas sumiram.

2. FRIEDA BEHRENDT É PRESA

NO INÍCIO DE 1926, o Partido Comunista reconheceu formalmente os resultados do trabalho de Olga em Neukölln e promoveu-a ao cargo de secretária de Agitação e Propaganda não só do bairro — a fortaleza vermelha de Berlim —, mas da Juventude Comunista em toda a capital alemã. Juntamente com Gunter Erxleben, um garoto bem mais jovem que ela, com a estudante Dora Mantay e outros líderes, Olga passava as noites organizando grupos de pichação, panfletagem e piquetes de apoio a movimentos de operários nas portas das fábricas.

Suas intervenções eram sempre marcadas por ideias engenhosas e imaginativas. Era preciso inventar meios de burlar a polícia e evitar que a repressão sobre os comunistas fosse muito dura. Quando estourou naquele ano uma greve de motoristas de táxi em Berlim, as manifestações de rua foram proibidas, mas assim mesmo a Juventude Comunista decidiu organizar uma passeata de solidariedade aos grevistas. Como não podiam sair em conjunto da cervejaria de Müller, pois seriam reprimidos antes que chegassem ao centro da cidade, Olga preparou um plano para enganar os policiais. Às três horas da tarde, quando o movimento era mais intenso nas principais ruas, o centro de Berlim foi sendo tomado, aos poucos, por dezenas de casais de jovens namorados, espalhados pelas esquinas, olhando vitrines, parados nas portas de bares e sorveterias. Em um dado momento alguém assoviou alto e os casais, obedecendo à ordem, tomaram a rua. Estava montada a passeata, que momentos depois seria dispersada a golpes de cassetete da cavalaria e jatos de água das carroças-pipa da polícia. Durante a repressão, era comum que das janelas das casas surgissem bandeiras vermelhas: tanto comunistas, com a foice e o martelo no alto, saudando os jovens, como nazistas, com a suástica negra no centro, apoiando a ação policial.

Refregas como essa ocorriam às dezenas em Berlim. A atividade política da esquerda crescia na mesma proporção em que a direita se organizava. O Nationalsozialistische Deutsche Arbeiterpartei, Partido Nacional Socialista Alemão dos Trabalhadores — ou, simplesmente, Partido Nazista — aumentava sua pregação junto à classe média e a setores do operariado. Em contrapartida, os comunistas procuravam multiplicar suas células. A revolução tinha triunfado havia menos de dez anos na Rússia, mas o isolamento político e a distância geográfica da capital da recém-nascida União das Repúblicas Socialistas Soviéticas, somados ao crescimento do Kommunistische Partei Deutschland, o Partido Comunista alemão, faziam com que Berlim deixasse de ser apenas a capital do comunismo alemão, ou europeu, para tornar-se a meca da insurreição social.

O grau de estruturação do Partido Comunista na sociedade era comparável ao de um Estado. Com centenas de milhares de militantes espalhados por todo o país, o partido mantinha editoras de livros em todas as grandes cidades (nem sempre ligadas oficialmente aos comunistas) e publicava várias revistas semanais e dezenas de jornais diários (regionais e nacionais), impressos em papel produzido por indústrias do próprio partido. A tiragem das publicações comunistas, oficiais ou não, superava de longe a circulação total da imprensa independente e dos outros partidos políticos. Incontáveis clubes e associações de mulheres, jovens e intelectuais — quase todos de "fachada", sem qualquer ligação oficial com a organização — funcionavam sob orientação tanto do partido como diretamente da cúpula da Terceira Internacional em Moscou.

Internamente, a estrutura do Partido Comunista alemão assemelhava-se à de um governo. Dispunha de correio próprio, divisões de espionagem política e industrial e gráficas destinadas exclusivamente à produção de documentos falsos. A segurança das sedes do partido, dos documentos e dos dirigentes era garantida por uma espécie de Ministério da Defesa em miniatura.

Para cada área de produção da sociedade — indústria, agricultura, transportes, energia — existia um departamento correspondente na estrutura partidária, com especialistas de todos os tipos. Duas divisões, entretanto, mereciam especial atenção por parte da direção do Partido e do Comintern: a responsável pelo enfrentamento com o Partido Social-democrata e aquela que supervisionava a atuação da Juventude Comunista.

Dentro da Juventude Comunista, o trabalho realizado pelo núcleo de Neukölln era sempre apresentado como um exemplo de eficiência e dedicação à causa comunista. E a estrela mais fulgurante de Neukölln, a jovem Olga Benario, era quem mais preocupava a direção naquele momento. Temendo que a polícia desconfiasse da dupla identidade de Otto, e que tentasse chegar a ele por intermédio da namorada, o partido aumentou a segurança em torno dela. O ritmo de suas atividades foi reduzido e ela foi proibida de participar de qualquer ação arriscada. "Se põem a mão em você", advertiam-na, "Otto cairá em seguida." Além disso, ela própria tornara-se um alvo importante para a polícia: semanas antes fora escolhida para ser a secretária política da direção da Juventude Comunista em Neukölln, o cargo mais importante depois do de secretário-geral.

Os receios de que Olga fosse usada como isca não se concretizaram. Pior: tudo aconteceu exatamente ao contrário do previsto. Certo dia, no começo de outubro de 1926, Olga saiu mais tarde de uma reunião na cervejaria. Já passava da meia-noite, mas ela decidiu voltar a pé para sua nova casa, um pequeno apartamento no número 25 da rua Jung. Entrou e permaneceu encapotada até o aquecedor esquentar um pouco o quarto. Por volta de duas horas da madrugada, ouviu baterem à porta e imaginou que Otto tivesse esquecido a chave. Abriu e deparou-se com dois policiais. O mais velho exibiu-lhe um documento timbrado e perguntou:

— A senhorita é Olga Gutmann Benario?

— Sim, sou — respondeu atônita.

— Por ordem do doutor Vogt, juiz do Supremo Tribunal, a senhorita está presa. Queira nos acompanhar.

No carro da polícia, a caminho do Departamento de Investigações, ela pôde ler o mandado de prisão preventiva. Com base na Lei de Proteção da República, prendiam-na sob suspeita de ter cometido vários crimes: "preparação de empreendimento altamente traiçoeiro", "tentativa de alteração pela violência da Constituição vigente", e "participação em associação clandestina e hostil ao Estado, para tentar minar a forma republicana de governo". Apesar do tom ameaçador das acusações, que pela lei poderiam deixá-la mofando no xadrez por uns bons anos, Olga percebeu, pela conversa dos dois guardas, que não era ela o alvo. Na verdade, quem eles de fato procuravam já havia sido preso naquela manhã: Otto Braun.

Logo nos primeiros interrogatórios ela notou que o interesse da polícia pelas atividades de Braun era muito grande e que a acusação que pesava sobre ele era mais grave do que supunha: "suspeita de alta traição à pátria". Olga sabia que esse era o termo jurídico que os promotores da polícia política utilizavam para enquadrar os acusados de passar documentos secretos a países estrangeiros, ou fazer espionagem em favor de outro governo.

Durante duas semanas, a prisioneira foi mantida incomunicável e submetida a interrogatórios desde o amanhecer até a madrugada, com rápidas interrupções para o que chamavam de refeições. A calma e a frieza com que negava todas as acusações, as falsas e as verdadeiras, impacientavam e irritavam os policiais que operavam em rodízio. A primeira notícia do mundo exterior veio de Munique: através de advogados que trabalhavam no Departamento de Investigações, o pai mandou-lhe um recado. Se ela concordasse, ele poderia deslocar-se até a capital para defendê-la na Justiça. E se o envolvimento da filha não fosse grave, ele poderia conseguir sua libertação graças a amigos influentes do Partido Social-democrata. Olga percebeu que não havia maldade na oferta do pai, mas apenas preocupação com seu destino. Ainda assim, recusou polidamente a ajuda.

Logo que a incomunicabilidade foi suspensa, recebeu a primeira visita. A Juventude Comunista de Neukölln fez uma coleta entre os militantes, simpatizantes e amigos de Olga e elegeu Gabor Lewin, um dos membros da direção, para visitá-la e levar-lhe um riquíssimo farnel. O pacote, minuciosamente vistoriado na entrada da prisão de Moabit, continha doces, biscoitos, panquecas, frutas e conservas compradas na confeitaria mais refinada da cidade. Nos poucos minutos da visita, ouviu um atarantado relatório sobre as atividades da Juventude Comunista e as providências que tomavam para protestar contra as duas prisões. Sempre aos sussurros, Olga respondeu com um resumo da acusação e dos riscos que pesavam não tanto sobre ela, mas principalmente sobre Otto, suspeito de espionagem e traição. Burlando o carcereiro, que a cada momento enfiava a cabeça na sala, Olga rabiscou uma mensagem dirigida aos jovens do partido e que seria lida em assembleia naquela mesma noite, na Casa Karl Liebknecht, a sede oficial de atos públicos do Partido Comunista alemão.

No começo de dezembro, Olga começou a temer que sua prisão pudesse significar algo de mais sério. A total ausência de informações sobre o andamento de seu processo, e principalmente sobre o de Otto, deixava-a apreensiva. Na manhã de 2 de dezembro, exatos dois meses após sua prisão, o carcereiro abriu a porta da cela e ordenou:

— Pode arrumar suas coisas. A senhorita está em liberdade, por ordem do promotor do Supremo Tribunal.

Olga juntou as duas mudas de roupa que deixara dobradas num canto da cela, rabiscou um "de acordo" ao pé da ordem de soltura e em menos de cinco minutos estava na rua. Correu para casa e logo ao entrar percebeu que naqueles dois meses a polícia tivera tempo suficiente para revistar cada cantinho das estantes, da velha cômoda, de tudo. Manuscritos de Otto, livros, algumas de suas próprias anotações, tudo havia sido confiscado pela polícia política. Deitou-se e dormiu por quase 24 horas. Acordou sobressaltada na manhã seguinte com pancadas na porta. "São eles de novo", imaginou. Quando soltou a tranca, o quarto foi invadido por mais de vinte garotas e rapazes da Juventude Comunista. Olga passou uma água no rosto e ficou as horas seguintes contando, repetidas vezes, como tinham sido os dois meses em Moabit.

Os dias passavam sem notícias de Otto Braun. Todas as noites, ao dormir, Olga sentia um aperto no peito vendo os objetos do namorado sobre a estante: os cachimbos, a bolsa de fumo, dois pares de botas, uma echarpe de seda pendurada no trinco do banheiro. Aquela ausência era diferente das anteriores, quando sabia que ele podia surgir a qualquer momento, abraçá-la em silêncio, puxá-la para a cama — e só muito tempo depois é que começariam a contar as novidades. Agora ela sentia um forte pressentimento de que ficaria sem Otto por muito tempo.

Entretanto, a atividade política era o melhor remédio contra a angústia e a ansiedade. Atirou-se na agitação, dedicando-se a um trabalho que não implicava riscos de nova prisão: a preparação de encontros da Juventude Comunista fora de Berlim. A saudade e a preocupação eram, contudo, muito fortes, e duas semanas depois de libertada ela decidiu ousar. Pegou o telefone e discou para o gabinete do juiz Vogt, diretor da prisão de Moabit. Quando a secretária pediu-lhe que esperasse um instante até o juiz atender, ela tapou o fone com a mão e comentou com sua amiga Frieda:

— Acho que estou virando uma pessoa importante. O fascista do Vogt vai me atender!

Se Vogt, ao dignar-se a atender o telefonema de uma subversiva, esperava por alguma informação importante sobre o processo de Otto, enganou-se. Olga queria autorização para visitar o namorado pelo menos uma vez por mês, reivindicava o direito de levar-lhe alimentação especial regularmente e, por fim, requeria licença para uma visita extra no Natal que se aproximava. Irritado com o atrevimento da ex-presa, Vogt respondeu-lhe apenas que fizesse um requerimento por escrito e o entregasse na portaria da prisao. E desligou o telefone. O pedido datilografado foi entregue na mesma tarde e, para surpresa dos funcionários da prisão, pela própria Olga. Na manhã seguinte ela receberia pelo correio, frustrada, o taxativo despacho assinado não por Vogt, mas pelo comissário Kling, um funcionário subalterno da prisão: Otto Braun não era um preso político, mas um acusado de alta traição e, portanto, não tinha direito a alimentação especial; no Natal, segundo a lei, ele poderia, como qualquer preso comum, receber visitas e alimentos num pacote de cinco quilos no máximo; quanto ao pedido de visita regular, estava recusado. Olga leu o ofício furiosa. Amassou o pedaço de papel, jogou-o no lixo e disse em voz alta, para si mesma:

— É, parece que Otto só sai de Moabit se o arrancarmos de lá.

Olga sabia que o ano de 1927 prometia ser tumultuado. O cerco do governo ao Partido Comunista apertava, embora a organização estivesse na legalidade. Várias centenas de presos políticos abarrotavam os presídios e, não obstante o crescimento econômico do país em relação à crise de quatro anos antes, multiplicavam-se os focos de miséria nos bairros operários. A solidariedade nacional e internacional aos presos era grande, mas, do ponto de vista material, sustentar tantas famílias era algo impensável.

E, o que era pior para Olga, Otto não podia ajudá-la a pensar nas saídas políticas para a crise que ameaçava o país. Nas duas únicas oportunidades em que o "fascista Vogt" autorizara visitas, eles mal puderam conversar no salão de audiências de Moabit. Supondo que do encontro pudesse vazar alguma informação importante, o juiz colocou dois guardas de plantão a centímetros do casal, ouvindo ostensivamente o que sussurravam.

O ano começara mal para ambos. Por meio de ofício carimbado com um "ultrassecreto" no meio da folha, o Departamento I do Ministério do Interior, responsável pela área de inteligência e informação, transmitira à direção da polícia nacional, sediada na cidade de Leipzig, a suspeita de que Frieda Wolf Behrendt e Arthur Behrendt fossem, na verdade, Olga Gutmann Benario e Otto Braun, "amantes e cúmplices em um processo de alta traição" que tramitava nos tribunais berlinenses. Os serviços de informação solicitavam dados mais precisos sobre "os dois casais", tais como fotografias, cópias de todos os documentos e verificação dos endereços dados por eles. Como recomendação final, determinavam que as investigações fossem conduzidas "em caráter absolutamente secreto".

Em resposta, o relatório sumário de Heinz Junghans, comissário superior de polícia, não deixou qualquer dúvida quanto à veracidade das suspeitas. Otto Braun e Arthur Behrendt eram a mesma pessoa, assim como Olga Benario e Frieda Wolf Behrendt. Além disso, o informe policial declarava que o endereço dado pelo casal ao registrar os documentos falsos — a tal casa número 11 da Erhardtstrasse, em Leipzig — simplesmente não existia. Junghans terminava advertindo que a perfeição dos documentos frios de Braun e Olga levava à suspeita de que ambos tiveram acesso a uma gráfica sofisticada, capaz até mesmo de imprimir passaportes e dinheiro. Se até então apenas Otto estava envolvido até a raiz dos cabelos, a partir daquele momento Olga deixava de constar nos autos apenas como sua "secretária" ou "namorada".

O agravamento da situação judicial da filha logo chegou aos ouvidos do advogado Leo Benario, em Munique, que decidiu agir dessa vez sem consultá-la. Através de requerimento dirigido ao procurador Neumann, chefe dos promotores públicos do Supremo Tribunal de Justiça, o pai formulou um comovente apelo solicitando a exclusão da filha do processo movido contra Otto Braun.

Subscrevendo-se como "responsável perante a lei e advogado de minha filha menor", o jurista insistia em que, se de fato houvera participação da garota no suposto crime, ela certamente não podia ter consciência do que fazia, por não ter sequer completado dezoito anos à época do delito. "Numa espécie de solicitude romântica para com os trabalhadores, esta jovem, completamente inexperiente na vida política e econômica", escreveu o pai, "pretendia ajudar, por conta própria, a esta classe do povo, e especialmente à juventude da mesma." Leo Benario esclareceu que Olga não havia deixado a casa da família em Munique para militar no Partido Comunista em Berlim, mas porque haviam prometido a ela um emprego na capital. Disse que não tentara retê-la em casa pela força, pois "tais medidas, hoje em dia, são inúteis com os jovens, e a aplicação da força provavelmente teria levado a resultado oposto". Terminava o ofício reiterando o pedido de exclusão da filha, e encerrava a petição com uma sutil ironia: "Se é que Olga teve alguma cumplicidade com Otto, foi apenas na máquina de escrever — e ainda assim faltava-lhe consciência do que fazia".

A resposta seca do promotor-chefe dava mostras de que o Judiciário alemão não se sensibilizara com os argumentos paternos do dr. Benario. Um despacho de poucas linhas tirou do advogado as últimas esperanças de livrar a filha da enrascada: "Uma vez aberto o inquérito contra sua filha Olga Benario, não há como suspender o processo", determinou o procurador Neumann.

Os meses seguintes transcorreram sem que a Justiça desse a público qualquer notícia sobre o processo. No final do ano, Olga leu nos jornais que o Supremo Tribunal tinha finalmente marcado para maio o julgamento de Braun como "cabeça do processo de alta traição à pátria". Agora sem meias palavras, ele era tratado explicitamente como "espião a serviço da União Soviética". Olga apavorou-se, pois sabia que aquele não seria, jamais, um processo regular. A nomeação de um homem de extrema direita, como o juiz Vogt, para a chefia do tribunal que julgaria Otto, era parte de uma articulação governamental para "passar o arado" nos comunistas, como ela costumava dizer nos atos públicos. Com o julgamento, o que se pretendia era comprometer o Partido Comunista aos olhos da opinião pública, imputando-lhe atos de traição à Alemanha e de espionagem em favor da União Soviética. "Nem todos os advogados do mundo, juntos, conseguirão impedir que Otto seja condenado a vinte anos de prisão", ela falava para si mesma pelas ruas da cidade, as mãos enfiadas nos bolsos do casacão de lã, o jornal com as notícias do processo sob o braço. "E, se ninguém pode evitar sua condenação, só há uma saída: Otto não pode ser julgado", concluía Olga. A ideia reanimou-a. Ela sorriu e apressou o passo em direção à cervejaria dos Müller: "É isso, Otto Braun não será julgado por um tribunal fascista".

Olga não ignorava o quanto de fantasia sustentava esse raciocínio, que aquilo era um mecanismo interior para aplacar o pânico diante da iminente condenação do namorado. Afinal, Moabit não era uma prisão qualquer, mas uma fortaleza que ocupava toda uma quadra na região central de Berlim. Dificilmente um visitante de fora poderia imaginar, vendo o prédio da rua, que a elegante e sólida construção de janelas góticas fosse uma prisão de alta segurança. Além de uma dezena de celas, no subsolo ou protegidas por muralhas de tijolos no lado oeste do edifício, Moabit abrigava meia dúzia de salões de audiência e instrução judicial no térreo, todos de frente para a rua Turms, onde ficava a entrada principal do complexo carcerário. Para evitar que os presos, em dias de audiências ou interrogatórios, circulassem na área aberta ao público e aos advogados, construíram-se pequenas saletas contíguas aos salões, ligadas às celas por corredores subterrâneos. Embora o sistema de segurança fosse rigoroso, Olga sabia que, caso existisse uma única chance de arrancar Otto de Moabit, essa chance estaria ali, no breve instante em que fosse transferido da sala de espera para o salão de audiências. E isso aconteceria dali a poucas semanas, na última audiência de Otto antes do julgamento.

Olga caminhava pelas ruas imaginando planos, assaltos, sequestros, e se espantava com a indiferença dos outros à sua angústia. "Não é possível, Dora", resmungava com a colega de militância, "nossa gente deve estar anestesiada. Há um revolucionário sob o risco de passar décadas num cárcere gelado pelo crime de querer libertar o seu povo, e essa gente que passa a nossa volta talvez nem saiba quem é o escritor Otto Braun." Desde o momento em que despertava até voltar para casa, tarde da noite, ela não conseguia pensar noutra coisa: Otto não podia ficar em Moabit até o julgamento.

Olga ainda não sabia, então, que esse desejo não era apenas seu. Fantasia ou não, outros companheiros planejavam a mesma coisa. Mais de uma vez disseram que "Olga e o partido parecem pensar com uma só cabeça", e agora a frase seria de novo confirmada. Na última semana de março ela foi chamada reservadamente à sede do partido por um funcionário da seção de contraespionagem. Depois de esperar alguns minutos caminhando pelos corredores, foi introduzida na sala do comando do Parteischutzgruppen, o corpo de segurança dos dirigentes. Ali recebeu instruções no sentido de selecionar meia dúzia de militantes do Departamento de Ordem da Juventude Comunista e orientá-los para uma delicada e perigosa missão, que chefiaria pessoalmente no dia 11 de abril, daí a quinze dias: um assalto armado para tirar Otto Braun da prisão de Moabit.

3. À SUA FRENTE, O CAVALEIRO DA ESPERANÇA

Poucos dias depois de se instalarem no Hotel Desna, Olga e Otto foram transferidos para o edifício de apartamentos reservado aos jovens estrangeiros que se encontrassem em Moscou a serviço do KIM, o Kommunisti Internationali Molodoi, uma versão do Comintern para a Juventude Comunista Internacional. Embora as instalações fossem mais modestas do que as do hotel, esses alojamentos tinham a vantagem de colocá-los em contato com jovens de vários países, propiciando-lhes, concretamente, uma visão do caráter internacionalista da Revolução Russa. Dezenas de idiomas e dialetos se confundiam num burburinho de eslavos, latinos, negros e orientais oriundos das várias repúblicas soviéticas e de todos os cantos do planeta.

Os dois receberam um pequeno quarto com banheiro, guarda-roupa e cômoda e, mal acabaram de se instalar, foram informados de que, devido à forte tensão por que haviam passado, na clandestinidade de Berlim e na viagem até Moscou, teriam direito a três semanas de férias no mar Negro, aproveitando o verão. Eles próprios determinariam a data da partida, mas antes da viagem seriam submetidos a exames médicos — recomendação feita sobretudo a Otto, suspeito de estar anêmico.

Os primeiros dias no alojamento do KIM foram suficientes para perceber que eram conhecidos da maioria dos estudantes que ali viviam. Ou melhor: não que fossem conhecidos, mas ali se sabia com detalhes a história da linda alemã que invadira Moabit para arrancar das mãos do juiz o seu namorado, um jovem dirigente comunista. Olga e Otto se divertiam, no refeitório, quando entreouviam alguém recontando a ação, a cada versão acrescida de lances mais fantasiosos.

Duas semanas após desembarcarem em Moscou, o guia que

os acompanhava levou-os para assistir, depois do jantar, ao encerramento de um dos cursos políticos dados pelo KIM. Quando os três entraram no superlotado auditório da Juventude Comunista Internacional, Olga imaginou que aquele deveria ter sido um luxuoso teatro da época czarista, tal a suntuosidade do lugar e a abundância de mármores, tapetes e cortinas de veludo azul caindo de um teto altíssimo. Não se encontravam mais poltronas vazias, e os três tiveram que se juntar aos grupos espremidos nos corredores laterais. Quando a cerimônia aproximava-se do final, a moça que presidia os trabalhos pediu silêncio para fazer uma comunicação importante. A seguir, chamou ao palco "a camarada Olga Sinek", codinome que usaria durante toda a sua estada na URSS, "recém-chegada de Berlim, onde comandara a libertação do professor Otto Braun". O salão veio abaixo. Sob palmas de centenas de moças e rapazes ela caminhou até o palco e, a princípio meio nervosa, relatou brevemente os acontecimentos de 11 de abril. Desinibida pelos aplausos que recebia enquanto falava, terminou com uma confissão:

— Eu gostaria que soubessem que ali eu cumpri duas tarefas: uma do partido e outra do meu coração.

Foi a consagração. A partir daquele dia, o tempo passou a ser escasso para atender a todos que lhe pediam para contar a ação de Moabit. Transformada pelos dirigentes do KIM numa espécie de exemplo do jovem comunista ideal, Olga se desdobrava para atender aos compromissos que a direção assumia por ela: falar em fábricas, fazendas estatais, escolas e programas de rádio. A viagem de descanso foi sendo adiada, e dois meses após sua chegada à União Soviética ela soube que tinha sido eleita para o Comitê Central da Juventude Comunista Internacional. O novo cargo significava também novas obrigações, e a primeira delas era frequentar um curso intensivo de inglês e francês e, nas horas livres, melhorar seus conhecimentos de russo.

Ela não tinha um minuto para Otto. Quando, certa noite, este contou-lhe que terminara todos os exames médicos e sugeriu que partissem imediatamente para as férias, ela o surpreendeu com uma recusa:

— Acho que você terá que ir sozinho. O trabalho no KIM está absorvendo todo o meu tempo e nesse momento não posso e nem quero sair de Moscou.

Para espanto de Olga, Otto reagiu com uma explosiva crise de ciúmes. Revoltada, ela repetiu, uma vez mais, que não seria jamais propriedade de quem quer que fosse. Ele esbravejava, querendo saber de que país era o jovem que certamente estava virando a cabeça dela. Enfurecida, antes de sair e bater a porta com violência, ela apontou debochadamente para o pequeno busto de Lênin sobre uma mesinha, e disse apenas:

— Seu tolo! O jovem que te provoca essa ciumeira é russo mesmo, e já está morto. É esse aí...

Sempre que reapareciam os acessos de ciúme de Otto, Olga saía para caminhar sozinha pelas ruas de Moscou, com saudades do começo do namoro, em Munique e Berlim. E começava a rodar pelos quiosques de jornais e revistas da rua Gorki, procurando algum exemplar atrasado do *Bandeira Vermelha*, órgão oficial do Partido Comunista alemão, para esquecer as birras do namorado. O jornal, que aparecia irregularmente nas bancas ou nos organismos políticos de Moscou, era o único meio de obter informações sobre a Alemanha e, muito especialmente, Neukölln. De sua antiga "fortaleza vermelha", as notícias esparsas davam conta de lutas cada vez mais difíceis entre os jovens da Juventude Comunista e os "fascistas da polícia", em que seus amigos quase sempre saíam feridos ou presos. Toda vez que lia coisas assim, Olga ficava ainda mais convencida de que tivera razão ao insistir para que a Juventude Comunista militarizasse parte de seus militantes. Sua certeza de que a luta não seria apenas política era tão forte que passou a requerer autorização, junto ao Birô Político do KIM, para ingressar em cursos paramilitares na URSS, em vez de frequentar apenas as classes teóricas.

Tanto pediu e tanto insistiu com seus superiores que, meses depois, foi convocada para uma temporada fora da capital. Durante o período que passou em Borisoglebsk — localidade a quinhentos quilômetros ao sul de Moscou, em direção ao mar Cáspio —, ela aprendeu a atirar com armas pesadas e leves e a cavalgar, incorporada a uma unidade regular do Exército Vermelho. Dez semanas depois, de volta a Moscou, Olga encontraria em seu quarto uma carta ressentida de Otto, queixando-se mais uma vez do pouco tempo de que dispunham para ficar juntos. Ela sentia que continuava a amá-lo, mas a convivência tornava-se cada dia mais difícil. Otto era um homem adorável, sem dúvida um verdadeiro comunista, mas nas relações afetivas "comportava-se como um legítimo pequeno-burguês".

Foi durante uma dessas crises, no começo de 1931, que Olga teve uma agradável surpresa. Seu velho e querido amigo da Juventude Comunista de Neukölln, o pequenino Gabor Lewin, que chefiara as patrulhas que arrancaram dos postes os cartazes de "procurados" depois da ação de Moabit, não resistiu à saudade e decidiu visitar sua antiga companheira em Moscou. Na verdade, a chance de encontrá-la era ínfima: não falava uma sílaba de russo e como endereço dela tinha uma vaga indicação de que vivia "num prédio perto do rio Moscou". Apesar disso, Gabor chegou confiante à capital soviética, determinado a encontrar-se com sua grande paixão platônica de anos antes. Ele perambulou pelas ruas de Moscou como um louco, procurando transeuntes com feições judaicas. "Afinal, o iídiche é parecido com o alemão e se encontrar algum patrício aqui", imaginou, "conseguirei trocar com ele algumas palavras." Não conseguiu. No quarto dia de peregrinação, viu um chofer de táxi que parecia ter "um certo ar de judeu, com um nariz tão grande quanto o meu". Através de mímica e misturando alemão e iídiche, tentou sem sucesso conversar com ele. O passageiro que acabava de entrar no táxi, entretanto, era um oficial do Exército Vermelho... que falava alemão. Minutos depois, Gabor Lewin estava na porta do alojamento do KIM. Olga reconheceu a perseverança do amigo e conseguiu-lhe hospedagem e comida por dez dias — dez dias que gastaram conversando, ele atualizando-a sobre as atividades da Juventude em Neukölln e ela contando o turbilhão em que sua vida se transformara na capital soviética.

A visita de Gabor e suas notícias de Berlim aumentaram a curiosidade de Olga a respeito de sua própria situação judicial na Alemanha. Meses depois da partida do amigo, ela montou um estratagema para saber como andava sua ficha na polícia berlinense. Como seu passaporte vencera poucas semanas antes, dirigiu-se à embaixada alemã em Moscou para solicitar a revalidação do documento. O cônsul alemão, Von Twardowski, comunicou-se com a Chancelaria em Berlim pedindo instruções e aproveitou para transmitir algumas informações à polícia política: pelo passaporte vencido, não era possível saber como Olga entrara na URSS (ela dissera no consulado que o visto de entrada na União Soviética havia sido concedido numa folha solta e entregue à polícia aduaneira ao entrar no país); ela era portadora de uma "autorização de residência para estrangeiros", ou seja, não se naturalizara soviética; Olga devia ter bons advogados em Moscou, pois chegou à embaixada munida de uma cópia de certidão da anistia de agosto de 1928, da qual pretendia se beneficiar; e, finalmente, alegava trabalhar como secretária do Instituto Marx-Engels, na capital soviética.

A resposta de Berlim informava que sua ficha policial engordara muito desde 1928. A Justiça alemã havia transferido para ela, de modo arbitrário, todas as acusações que levaram Braun à prisão — inclusive a de "alta traição à pátria". Olga ficou sabendo também que a anistia de 1928 não beneficiava nem a ela nem a Otto Braun. Contudo, dizia a papelada enviada ao consulado, mesmo se tratando de "comunista procurada" e de pessoa de "alta periculosidade", ela não havia renunciado ou sido despojada da cidadania alemã. Assim, um mês após entrar com o pedido, Olga recebeu em Moscou um passaporte alemão novinho em folha.

No final de 1931, Olga seria escalada para sua primeira missão internacional: intervir, em nome do KIM, na Juventude Comunista francesa, e ajudar a escolher novos dirigentes para a Comissão Executiva da Juventude, em Paris, de modo que a organização tivesse orientação menos sectária que a de então. A notícia de que ela ficaria fora da URSS por tempo indeterminado foi a gota d'água para Otto. Os dois vinham se encontrando cada vez menos e, embora vivessem juntos e compartilhassem o quarto, não era incomum passarem até dois meses sem se ver. Ela propôs então que se separassem e, ao concordar, Otto contou-lhe que vinha se envolvendo com outra mulher em Moscou. Os dois acertaram então que, quando ela retornasse da viagem à França, Otto já teria desocupado o quarto. Ao se despedirem, Olga percebe em si, pela primeira vez, o sentimento que tanto condenava no companheiro: ciúme.

E foi remoendo-se de ciúme que ela, com o nome falso de Eva Kruger, tomou o trem em Moscou que, depois de uma série de baldeações, haveria de deixá-la em Paris. Na estação ferroviária da capital soviética, Olga encontrou-se com Ilze Unger, garota de sua idade e antiga companheira da Juventude Comunista de Neukölln. As duas tomariam o mesmo trem, mas tinham destinos e missões diferentes: Ilze havia sido encarregada por Walter Ulbricht, dirigente do Partido Comunista alemão exilado em Moscou, de levar para Berlim documentos secretos com orientação do Comintern para a direção do partido, que ela transportava junto ao corpo. Como medida de segurança, decidiram viajar separadas. Na fronteira da URSS com a Polônia, Ilze, para despistar, flertou com os guardas da alfândega polonesa. Um deles, desconfiado, interpelou-a:

— Você não é Olga Benario? Quero ver seus documentos.

As duas eram de fato muito parecidas: ambas eram altas, tinham olhos azuis, cabelos escuros e a mesma idade. Ilze identificou-se e disse ao soldado que não, que não era a comunista procurada pela polícia:

— Ao contrário: nem eu nem meu noivo, que mora em Moscou, gostamos dos comunistas.

Cinco bancos atrás, Olga ouvia tudo e levantou um pouco mais sobre o rosto o livro que fingia ler.

Na França ela não se limita a transmitir a orientação do KIM aos jovens comunistas, mas participa de manifestações de rua até ser detida. Colocada em liberdade, semanas depois volta a ser presa e é deixada pela polícia na fronteira com a Bélgica. Ajudada por comunistas belgas, ela chega a Londres — e acaba sendo presa outra vez durante uma manifestação no centro da capital britânica. Uma ficha policial é aberta nos arquivos do Intelligence Service — o serviço secreto inglês. As impressões digitais deixadas pela jovem Eva Kruger em Londres fariam, anos depois, com que sua pasta fosse substancialmente recheada com acusações mais graves do que a de protestar em praça pública.

De volta a Moscou, é recebida com a notícia de que o Quinto Congresso da Juventude Comunista Internacional acabara de aclamá-la como membro do seu Presidium, o mais alto degrau na hierarquia de uma organização comunista. A escolha unânime de seu nome se dera na assembleia final do congresso, composta por jovens comunistas de mais de cinquenta países. O prêmio pela promoção viria logo em seguida: Olga fora escolhida pelo Comintern, entre centenas de candidatas, para fazer o curso de paraquedismo e pilotagem de aviões na Academia Zhukovski da Força Aérea, sediada em Moscou. Sempre registrada com o nome de Olga Sinek, ela foi incluída numa turma mista de alunos do primeiro ano. Discreta, nada revelou de si ou do seu passado. Nem mesmo para sua melhor amiga no curso, Tamara Kojevnikova, uma georgiana quatro anos mais moça que ela e que a tratava pelo carinhoso apelido de Olya — Olguinha, em russo. Apenas o sotaque denunciava sua origem alemã. Também ali, Olga encontraria jovens de vários países do mundo, dessa vez dedicando-se exclusivamente ao treinamento militar.

Ao tomar chá com um grupo deles, na cantina dos oficiais, após um treinamento simulado de voo, Olga ouviu um jovem latino-americano — argentino ou boliviano — contar para os colegas, em um russo hesitante, a história que lera no seu país sobre uma aventura revolucionária na América do Sul. Era a história de um batalhão de mil e poucos homens que percorrera a pé mais de 25 mil quilômetros, enfrentando as tropas regulares de um governo "ditatorial". O relato, contado em detalhes pelo oficial estrangeiro, mesclado de lances heroicos e batalhas sangrentas, terminava com os guerrilheiros chegando ao fim sem derrubar o governo, mas também sem sofrer uma única derrota. O grupo, chamado de Coluna Prestes, levava esse nome em homenagem ao seu líder, o jovem capitão Luís Carlos Prestes. Olga ouviu o relato entre curiosa e desconfiada:

— O camarada tem certeza de que eles andaram mesmo vinte e cinco mil quilômetros a pé? Isso significa ir e voltar de Moscou a Berlim quase dez vezes... a pé!

Como o piloto insistisse na veracidade do episódio, ocorrido no Brasil, afirmando que qualquer latino-americano em Moscou poderia confirmá-lo, Olga se conformou:

— Já imaginou se pudéssemos estar lá, incorporados a essa tal coluna invencível?

O que Olga ou qualquer de seus colegas da academia não sabiam é que o mitológico comandante da coluna invicta estava ali mesmo, em Moscou, em seu apartamento perto do bulevar Sadova, a poucas quadras da escola militar onde tomavam chá.

A família Prestes — a mãe viúva, dona Leocádia, e os cinco filhos solteiros, Luís Carlos, Clotilde, Heloísa, Lúcia e Lígia — havia chegado a Moscou meses antes, em novembro de 1931. O capitão desembarcara no dia 7, durante as comemorações do 14º aniversário da tomada do poder pelos bolcheviques. A mãe e as irmãs chegaram poucos dias depois: para despistar a polícia, a família dividira-se para sair de Montevidéu — ele embarcara no navio *Eubée* e, dois dias depois, as mulheres no *Monte Sarmiento*. Apesar do rosto liso, sem a barba e o bigode da época da Coluna, ele não conseguira passar incógnito pelas duas escalas brasileiras do navio, em Santos e no Rio. No primeiro porto, embarcaria o jornalista Oscar Pedroso Horta, que o reconheceu mas manteve sigilo sobre a descoberta. Quando o *Monte Sarmiento* escalou no Brasil, a polícia invadiu as cabines de dona Leocádia e das filhas, alertada pelo sobrenome amaldiçoado pelo governo. Não havia o que fazer: o *Eubée* zarpara antes, levando a bordo Luís Carlos Prestes, com passaporte que o identificava como um pintor paraguaio.

Na União Soviética, Prestes logo foi contratado como engenheiro da Tzentralnij Soiuzstroy, a estatal responsável pela fiscalização de todas as obras de construção civil no país. E ficou revoltado, em seu trabalho de fiscal de obras, com o grau de sabotagem de técnicos e engenheiros contra as obras do novo governo. A vida em Moscou era particularmente dura para a família. Prestes havia recusado as regalias oferecidas pelo governo soviético aos técnicos estrangeiros, tais como salário em dólar e permissão para fazer compras em lojas privativas. Ele preferiu receber em rublos e viver como os milhões de russos.

Não era fácil. O primeiro plano quinquenal estava em vigor desde 1928, e para manter a estabilidade econômica quase tudo era racionado. Um dos invernos que a família passou em Moscou deu-lhes muito concretamente a medida dos problemas que o país atravessava: Heloísa, uma das irmãs de Prestes, de pequena estatura e calçando sapatos número 33, suportou temperaturas de até cinquenta graus abaixo de zero usando botas de neve número 40 — o único que havia em estoque. Essas dificuldades, no entanto, fizeram dona Leocádia, criada em família rica, apaixonar-se por aquele povo que ela chamava de "a verdadeira fortaleza soviética". Para ela, nenhum inimigo, por mais "poderoso que fosse, conseguiria dominar um povo cujos trabalhadores chegaram a receber, como ração diária de alimento, duzentos gramas de pão preto — e mesmo assim trabalhavam com entusiasmo. Inúmeras vezes ela viu, numa cantina de fábrica perto de sua casa, operários trabalhando sob um frio glacial movidos a canecas de água quente, porque até o chá estava racionado.

O filho Luís Carlos — ou apenas Carlos, como o tratavam —, por seu lado, testemunhava os duríssimos processos de depuração do Partido Comunista, montados em assembleias públicas, dentro das próprias fábricas e centros de trabalho. Cada membro da direção local tinha que ir ao palanque e ali fazer sua autocrítica. Durante os expurgos, em que quase 1 milhão de militantes foram expulsos do Partido Comunista, Prestes presenciou cenas terríveis em que militares de cabelos brancos choravam na tribuna durante as autocríticas. Era a política que levaria aos chamados "processos de Moscou", através dos quais seria eliminada a velha guarda bolchevique. Nas horas vagas, o capitão brasileiro comparecia a reuniões do partido ou a conferências de dirigentes comunistas latino-americanos. Foi num desses encontros na sede do Comintern que o dirigente Dmitri Manuilski e a veterana Elena Stasova, membro do Comitê Central do Partido Comunista desde o tempo de Lênin, falaram pela primeira vez a Prestes de uma jovem alemã chamada Olga Sinek, que fazia uma das mais vertiginosas carreiras dentro da Juventude Comunista Internacional.

Os momentos de divertimento da família Prestes eram raríssimos, seja por falta de tempo, seja pelas dificuldades impostas a todos pelo racionamento. Contudo, no final de 1934, o próprio Manuilski mandou organizar uma festa no apartamento dos Prestes, a pretexto de comemorar a entrada de Luís Carlos no Partido Comunista brasileiro. A filiação ocorrera no mês de agosto — o mesmo partido que o cortejara e em seguida o rejeitara havia sido obrigado a aceitá-lo após receber um curto telegrama de Moscou, assinado pelo secretário da Terceira Internacional, Dmitri Manuilski, ordenando que assim fosse feito. A comemoração, no entanto, aconteceria no dia 7 de novembro, aniversário da Revolução e dia em que se completavam três anos da chegada de Prestes a Moscou. O pequeno apartamento nas imediações do bulevar Sadova estava apinhado de amigos, as quatro filhas de dona Leocádia enfeitadas para a festa que contaria com a presença de ninguém menos que o próprio secretário do Comintern. A certa altura os convidados se espantaram ao vê-lo, sim, ele, dirigente mundial dos comunistas, ensaiando passos de samba ao som de um disco que girava no gramofone. Na verdade, apenas ele e Luís Carlos Prestes sabiam, ali, que a festa era menos de comemoração e mais de despedida: três semanas depois, o anfitrião estaria partindo de volta ao Brasil. Quando os convidados começaram a se retirar, Manuilski pediu a dona Leocádia que fizesse um brinde, e ela devolveu a gentileza: levantou o copo e disse para todos ouvirem:

— Eu desejo que meu filho Carlos se torne um bolchevique tão completo quanto o camarada Manuilski.

Nem dona Leocádia nem qualquer de suas filhas jamais ouviram falar em Olga Benario, Olga Sinek ou Eva Kruger. Cinco dias após a festa, no entanto, ela começaria a entrar para a família Prestes. Naquele inverno de 1934, embora com apenas 26 anos, ela era considerada por seus superiores o que dona Leocádia desejara para o filho no brinde — uma bolchevique completa: falava com fluência quatro idiomas, conhecia a fundo a teoria marxista-leninista, atirava com pontaria certeira, pilotava aviões, saltava de paraquedas, cavalgava e já tinha dado provas indiscutíveis de coragem e determinação. Ainda assim, Olga se surpreendeu quando um mensageiro entregou-lhe um envelope lacrado contendo um bilhete de Dmitri Manuilski convocando-a com urgência à sede do Comintern. Ela imaginou que por fim iriam destacá-la para dirigir a luta dos jovens comunistas de Berlim contra os nazistas de Hitler, agora no poder. Para melhor impressionar seus superiores, Olga tirou o pó do uniforme que recebera na Academia da Força Aérea e foi ao encontro fardada.

Ao chegar ao imponente prédio do Comintern, no número 36 da rua Mokovaia, Olga foi levada imediatamente à presença do secretário. Caminhando de um lado para o outro e olhando longe, como se se concentrasse mais na neve que caía nas vidraças do que no assunto que abordava, Dmitri Manuilski desfez, de pronto, sua fantasia de regressar à Alemanha. Ele falava da perspectiva de uma revolução popular, mas na América Latina:

— Um dos mais corajosos comunistas que conhecemos insiste em retornar a seu país. Ele e seus companheiros de partido nos convenceram de que este é o momento de levar a revolução ao sopé do mundo. A direção da Internacional Comunista esteve todo esse tempo reticente, mas afinal decidimos autorizar a sua volta.

Ele andava vagarosamente pelo salão, como um professor dando uma aula minuciosa:

— Aceitamos, mas impusemos uma condição: o Comintern cuidará de sua segurança pessoal. Depois de muita discussão, e de analisarmos dezenas de nomes, concluímos que só uma pessoa tem condições de fazê-lo chegar a seu país em absoluta segurança: você. Não quero que responda neste momento. Pense bem e volte amanhã, à mesma hora. Por razões de segurança, a única informação adicional que podemos lhe transmitir neste momento é esta: se aceitar, vocês partem dentro de poucos dias para a América Latina.

Olga teve ímpetos de dizer ali, na hora, que estava pronta para partir. Mas era disciplinada: se Manuilski lhe dava um dia, ela adiaria o sim por um dia. Ao voltar, na tarde seguinte, ela chegou com uma hora de antecedência. Esperou na antessala e foi o próprio Manuilski quem apareceu para encontrá-la. No gabinete, ele perguntou sem rodeios:

— Como é? A camarada Olga Sinek já decidiu?

— Sabia desde ontem, camarada: estou pronta para partir.

O secretário do Comintern contou-lhe então o que a esperava. Antes do fim do mês ela partiria para o Brasil, cuidando da segurança do capitão Luís Carlos Prestes, que tentaria liderar em seu país uma insurreição popular. A história que ouvira sobre a coluna invencível voltou à sua memória. Quando Dmitri Manuilski mandou que trouxessem até eles o Cavaleiro da Esperança, Olga, embora impassível, decepcionou-se um pouco. Pelo que ouvira, esperava ver um gigante latino. Ela emocionou-se ao cumprimentar, em francês, o revolucionário brasileiro, mas achou-o um pouco franzino para alguém que comandara um exército por 25 mil quilômetros.

4. LUA DE MEL EM NOVA YORK

Quando Luís Carlos Prestes deixou o apartamento na noite de 29 de dezembro de 1934, sua irmã caçula, Lígia, acompanhou-o até a porta do prédio. Prestes abraçou-a e pediu-lhe que tomasse conta da mãe. Ao retornar à casa, Lígia notou que dona Leocádia tinha um ar de extrema aflição e quis saber o motivo. A mãe foi seca:

— Sinto que nunca mais verei meu filho.

À meia-noite, o espanhol Pedro Fernández e a estudante russa Olga Sinek — as novas identidades de Prestes e Olga — ocuparam a cabine de um trem que partiu para Leningrado, onde chegaram às oito horas da manhã do dia seguinte. Ali mesmo na estação ferroviária compraram outro bilhete, e à meia-noite, depois de passearem o dia todo pela cidade, pegaram o trem que os deixaria no dia 31 em Helsinque, capital da Finlândia. Aquele não era, evidentemente, o caminho mais curto para a capital francesa, mas era sem dúvida o mais seguro. Para dois clandestinos, atravessar a Polônia, a Tchecoslováquia e a Alemanha era pedir à polícia que os prendesse. Um risco demasiado grande, sobretudo para Olga, cujas fotos estavam espalhadas por todos os postos de fronteira de seu país.

De Helsinque, o casal embarcou para Estocolmo, na Suécia, e à meia-noite do dia 31 os dois estavam junto ao portaló do navio, sobre as águas geladas do mar Báltico, brindando o Ano-Novo que chegava. Prestes ergueu a taça de ponche e brindou:

— Que 1935 seja o ano da revolução no Brasil!

Embora o destino deles fosse Paris, Olga preocupava-se com a má qualidade dos passaportes com que viajavam e decidiu que passariam alguns dias em Amsterdam, na Holanda, onde um contato poderia obter-lhes documentação mais segura. Assim atravessaram o Sul da Suécia de trem, chegaram a Copenhague e dali seguiram de barco até a costa oriental da Inglaterra, onde fizeram uma rápida baldeação, tomando um segundo barco que os levou de volta ao outro lado do mar do Norte, em Amsterdam. Olga e Prestes passaram três semanas na capital holandesa esperando o tal contato, que nunca chegava. Ela começou a temer os riscos que a presença deles ali, por tanto tempo, poderia acarretar. E decidiu que partiriam assim mesmo, com os passaportes falsificados de forma grosseira, com destino a Bruxelas, na Bélgica.

As primeiras semanas de viagem permitiram que os dois se conhecessem melhor. Para Prestes foi uma surpresa notar que aquela jovem que Manuilski e Elena Stasova pintavam como uma comunista rígida e disciplinada dedicasse suas horas de descanso, a bordo de barcos ou de trens, ou à noite, nos hotéis, tecendo delicadas peças de crochê. Conversando sempre em francês — idioma em que ele devorara na Escola Militar os compêndios de engenharia, e os documentos que Astrojildo lhe presenteara na Bolívia —, os dois passavam horas intermináveis rememorando as aventuras que cada um tinha vivido até ali. Apaixonada por estratégia militar, Olga era capaz de ficar horas discutindo com Prestes cada operação da Coluna invicta, cada emboscada, cada movimento da tropa. Ele riscava mapas, rios e bivaques em guardanapos de papel de vagões-restaurantes, nas costas de folhetos de turismo. Ela só não se conformava com o desfecho da aventura brasileira: por que não tentaram tomar o poder? Por que não marcharam sobre o Rio de Janeiro, quando vinham do Piauí?

Depois era ele o ouvinte atento. Olga falava das brigas com os pais, a entrada no Grupo Schwabing de Munique, a saída de casa, as passeatas em Berlim, a repressão policial, as batalhas contra os nazistas. E, com detalhes, a ousada operação para libertar Otto Braun da prisão de Moabit, a clandestinidade, a fuga para Moscou, a ascensão vertiginosa dentro da Juventude Comunista Internacional, os cursos militares. Prestes muitas vezes interrompia um relato de Olga para confessar-lhe, tímido, que jamais conhecera alguém tão semelhante a sua própria mãe:

— Muitas de suas qualidades, de suas características — dizia ele —, são idênticas às de minha mãe. Não se trata de semelhança física, mas a forma de pensar, a maneira ou o jeito de dizer alguma coisa são muito parecidos com os dela. Isso é curioso, já que você vem de uma sociedade completamente distinta da de minha mãe, que nasceu e viveu sempre no Brasil.

Se Olga soubesse da verdadeira paixão que Prestes devotava a dona Leocádia, traduziria aquelas palavras como uma inconsciente ou mal disfarçada declaração de amor.

A crise generalizada que a Europa atravessava naquela época fazia com que as viagens longas fossem um hábito pouco comum. O movimento de turistas era insignificante e não raro os passageiros eram vistos como espiões nazistas ou do Comintern. E foi o medo de serem descobertos e presos que levou Olga a querer sair também de Bruxelas, uma cidade relativamente pequena, onde estariam muito expostos. Como a logística da viagem estava a seu cargo, foi ela quem resolveu que tomariam um trem até Paris, a última escala planejada do périplo europeu. A partir dessa cidade utilizariam a fachada criada pelo Comintern para que chegassem incólumes ao Brasil: Prestes e Olga viajariam como um jovem e rico casal em lua de mel e, portanto, deviam se comportar como tal. Como primeira medida nesse sentido, escolheram um hotel luxuoso, o Grand Hotel du Louvre, uma majestosa construção de seis andares do fim do século XIX, com janelas inspiradas em pórticos romanos, plantada na praça do Palais Royal, em frente ao teatro da Comédie Française, no coração de Paris.

O contato que Olga perdera em Amsterdam e Bruxelas apareceu finalmente em Paris, e por orientação dele os dois viajaram de trem até Rouen, no Norte da França. Lá procuraram Israel Abrahão Anahory, cônsul de Portugal, que não era um militante comunista, mas tinha ideias consideradas progressistas e tivera, no passado, ligações com grupos anarquistas de Lisboa. O fato de ser um representante diplomático do governo direitista de Antônio de Oliveira Salazar, que tomara o poder três anos antes em Portugal, afastava qualquer suspeita sobre suas atividades clandestinas na França. No dia 8 de março, Olga e Prestes mudaram mais uma vez de nome e receberam o passaporte português com que viajariam o resto do tempo. A partir daquele momento ele passava a ser Antônio Vilar, lisboeta de quarenta anos, comerciante, filho de José Vilar e Angela Glória Vilar. Ela seria Maria Bergner Vilar, sua mulher. O documento era válido por um ano, desde que utilizado em qualquer país da América do Sul, e mais um ano para eventual retorno à França. Um ano e meio depois, a descoberta do solidário delito cometido pelo cônsul Anahory lhe custaria a carreira diplomática e alguns meses de cadeia em Lisboa.

Para tornar consistente a fachada de recém-casados, era necessário acrescentar novos detalhes ao cenário, e para isso Paris era a cidade ideal. O comerciante Antônio Vilar era um homem rico e saía da França em lua de mel com sua esposa Maria. Como gente rica veste-se ricamente, Prestes e Olga gastaram mais alguns dias percorrendo afamados costureiros parisienses para montar um guarda-roupa à altura das personagens que representavam. Prestes a acompanhava às elegantes casas da alta moda e, para dar mais realismo à farsa, fazia o tipo ciumento. Dava palpites na escolha dos vestidos, reclamava dos decotes e do comprimento das saias. Ele próprio teve que travestir-se igualmente de homem de posses, e encheu algumas malas de ternos bem cortados, chapéus de feltro e trajes a rigor para as festas que tivessem que enfrentar no caminho. Para que o êxito da missão fosse assegurado, dinheiro não foi problema para eles.

Embora o passaporte obtido em Rouen fosse perfeito, Olga resolveu aperfeiçoar ainda mais sua aparência de legalidade. E concluiu que não haveria melhor forma de fazê-lo do que ter carimbado nele um visto de entrada e saída... nos Estados Unidos. O consulado norte-americano em Paris concedeu sem problemas um visto de trânsito nos EUA, sem limitação de prazo de permanência, já que o destino final da viagem de lua de mel era Lima, no Peru. Prestes saboreou o preenchimento da ficha de solicitação do visto, na qual fora obrigado a dizer que não era comunista — uma esdrúxula exigência da lei americana. E deliciou-se com a advertência final: "Qualquer resposta falsa a alguma das perguntas acima constitui crime e sujeita o requerente às penas da lei". Naquele formulário não havia uma só informação verdadeira, a começar pelo nome dos requerentes.

A cobertura seria reforçada com dois documentos falsos, fornecidos pelo contato francês de Olga. O primeiro era uma carta datilografada em papel timbrado de uma imaginária Compagnie Générale d'Électricité Ateliers d'Orléans. No ofício dirigido a "monsieur Antônio Vilar" — e entregue na portaria do Grand Hotel du Louvre —, o administrador da empresa acertava a entrega a Vilar da representação de seus produtos na América do Sul, "confirmando entendimentos havidos anteriormente". A segunda carta-fantasma era da Martin Zellermayer & Cie., de Viena, concedendo a Antônio Vilar autorização para vender os motores de sua fabricação na América do Sul. As cartas, além de confirmar a fachada segundo a qual Prestes era Antônio Vilar, serviriam para a eventualidade de explicar a origem da pequena fortuna em dinheiro que o casal levava consigo.

Na terceira semana de março, Olga e Prestes estavam prontos para partir. Alugaram uma luxuosa suíte na primeira classe do navio de passageiros *Ville de Paris* e embarcaram em Brest, um pouco abaixo do porto do Havre. Na primeira noite que passaram a bordo, o comandante enviou ao camarote dos Vilar uma *corbeille* de flores e um delicado cartão convidando-os para uma ceia em sua cabine. Prestes foi para o jantar desconfiado de que o capitão do navio fosse agente secreto do governo francês, e passou alguns apertos durante o encontro: o homem havia morado em Lisboa e conhecia muito bem a capital portuguesa. Toda vez que ele tentava conversar sobre Lisboa, Olga tinha que entrar no meio e despistá-lo com alguma desculpa. Por sorte, o comandante estava muito mais interessado em conversar com a bela "Maria" do que com o marido português.

A fachada obrigava Olga e Prestes a intimidades imprevistas. Um casal em lua de mel não apenas dorme no mesmo quarto, mas na mesma cama. Além disso, aproximava-os a afinidade intelectual e política, cada vez maior entre os dois, além do fato de serem jovens, bonitos e entusiasmados com a perspectiva de estarem às portas da revolução. Para um homem de 37 anos, Prestes vivera precocemente toda sorte de experiências políticas: liderara uma rebelião militar, conspirara contra governos, fora preso e exilado, convivera com os mais importantes dirigentes comunistas na União Soviética. Mas o rigor, a disciplina e a dedicação à causa tinham cobrado dele um preço alto: até então, Luís Carlos Prestes nunca tinha estado com uma mulher. A orfandade prematura levou-o, aos dez anos de idade, a tornar-se o chefe da família. O pouco tempo que lhe sobrava da Escola Militar era dedicado aos estudos. A mãe não permitira que ele trabalhasse: preferia ela fazê-lo, com a condição de que o filho se entregasse aos livros e fosse o primeiro aluno da classe. A vida da família suburbana do Rio de Janeiro era tão difícil que ele teve que obter permissão especial para andar fardado fora da Escola Militar: Prestes não tinha trajes paisanos para vestir. Durante a Coluna ele se sentira na obrigação, enquanto comandante, de dar o exemplo de disciplina. E, ao contrário de muitos de seus comandados, não se envolveu com as mulheres que acompanharam a marcha. A política e a preocupação com a educação das quatro irmãs tinham-lhe roubado todo o tempo. E se Prestes chegara aos 37 anos sem ter tido uma namorada, uma paixão, uma mulher, não poderia haver circunstância mais propícia para começar: estava em alto-mar, num camarote luxuoso, acompanhado de uma belíssima mulher, comunista e revolucionária como ele. Quando o *Ville de Paris* atracou no porto de Nova York, na manhã de 26 de março de 1935, o que até então fora uma ficção, montada pela Internacional Comunista, havia virado realidade: como suas personagens Antônio Vilar e Maria Bergner, Prestes e Olga eram marido e mulher.

Apaixonados, os dois passaram a lua de mel real em Nova York. Foram a concertos, assistiram a filmes e aproveitaram o fim do inverno em intermináveis caminhadas pelo Central Park. Como o objetivo da viagem aos Estados Unidos era só obter os carimbos no passaporte, o tempo estava praticamente livre para o namoro. O contato parisiense havia feito uma única recomendação: que despachassem a bagagem pesada dos Estados Unidos para um tal Américo Dias Leite, no Rio de Janeiro. Leite era um simpatizante do Partido Comunista que certa vez, de passagem pela França, escrevera a Prestes em Moscou, pedindo sua interferência para conseguir um visto de entrada na União Soviética. Na mesma agência em que fizeram a remessa das malas, a multinacional Wagons Lits Cook, Prestes e Olga aproveitaram para comprar o restante das passagens — sempre na primeira classe. Cinco dias após a chegada os dois deixaram o elegante Hotel Pennsylvania, em frente ao Madison Square Garden, na Sétima Avenida. Ao afivelar as malas, Prestes recolheu cuidadosamente da cômoda da suíte um maço de papéis de carta com o nome do hotel e o colocou, protegido por uma pasta de cartolina, no fundo de sua malinha de mão. Horas depois o casal estava em um trem, a caminho de Miami, de onde iniciariam a viagem ao Brasil, passando por Santiago do Chile e Buenos Aires, agora por via aérea.

Na época, o voo de Miami até Santiago do Chile era demorado e cansativo. Como os aviões de passageiros não voavam à noite, o quadrimotor Sikorsky da Pan American em que viajaram fez escalas — e obrigou os passageiros a pernoitar — em Havana (Cuba), Kingston (Jamaica), Colón (Panamá), Guaiaquil (Equador) e Lima (Peru). Por não possuírem visto de entrada para o Chile, precisaram oferecer alguns dólares aos funcionários do consulado chileno em Callao para que o visto saísse antes da decolagem do avião. O voo terminou no dia 5 de abril na capital chilena, onde permaneceram apenas o tempo suficiente para comprar uma passagem aérea para a Argentina. Dessa vez o avião da Panagra Airways era um pequeno Triford, com pouca autonomia de voo, o que os obrigou a fazer escalas em Mendoza e Córdoba antes de chegarem a Buenos Aires.

A permanência na capital argentina seria mais demorada e envolvia cuidados especiais, pois ali pretendiam obter o visto para a entrada no Brasil. Por meio de contatos, Prestes acertara com o vice-cônsul brasileiro, Manuel Paranhos, seu amigo de infância, uma fórmula para entrar no país sem problemas.

Comunicou-se com a embaixada brasileira logo que se instalou e soube, para sua sorte, que Paranhos estava ocupando interinamente o posto de cônsul-geral, o que lhe dava maior mobilidade. Mas um mal-entendido quase frustrou os planos. Temendo ser reconhecido, Prestes avisou ao diplomata que uma jovem "alta e de cabelos escuros" iria encontrá-lo num dos cafés do centro da cidade, levando os passaportes para serem visados. Ao ouvir "cabelos escuros", Paranhos entendeu que Olga era morena. E não havia nenhuma morena no café, na hora combinada. Como Olga era a única mulher desacompanhada no lugar, àquela hora, o cônsul arriscou e decidiu abordá-la. Se, depois, precisasse de alguma justificativa para o fato de ter concedido os vistos ao "casal de portugueses", Paranhos poderia usar a que recebeu das mãos de Olga: uma carta escrita por um diplomata português de Nova York, apresentando os Vilar e pedindo a concessão dos vistos. Era mais uma carta falsa, cuidadosamente datilografada no papel subtraído por Prestes ao Hotel Pennsylvania.

Resolvido o problema dos vistos, restava saber qual o meio mais seguro de cruzar a fronteira. Eles resolveram seguir até Montevidéu para discutir a questão com os contatos do Comintern no Uruguai, e decidiu-se pela via aérea. Naquela época apenas uma empresa de aviação fazia linha para o Brasil. Era a francesa Latécoère, antecessora da Air France, que realizava um voo mensal no trajeto Santiago-Buenos Aires-Montevidéu-São Paulo-Natal-Dacar-Casablanca-Paris. Embora fosse uma linha exclusivamente postal, quando as aeronaves não estavam à plena carga a Latécoère vendia passagens para os dois únicos assentos existentes. Prestes e Olga tiveram sorte: em poucos dias sairia um avião e os lugares ainda estavam disponíveis. Como o voo do mês de maio tinha sido suspenso, se perdessem aquele só teriam outra chance dali a dois meses, em meados de junho.

Por se tratar de um correio aéreo, a Latécoère tinha autorização para que seus aparelhos voassem à noite. Assim, na madrugada de 15 de abril os dois embarcaram no *Santos Dumont*, um hidroavião de quatro motores, para uma viagem que deveria durar cerca de seis horas até o hangar da Praia Grande, no litoral do estado de São Paulo. Quando o dia amanheceu o avião voava baixinho, margeando o litoral no limite do Rio Grande do Sul com Santa Catarina. O *Santos Dumont* não possuía janelas, mas pequenas escotilhas, e foi através delas que Olga teve seu primeiro alumbramento com o Brasil. Habituada à Europa, ela nunca imaginara tal luminosidade — um sol fortíssimo batia sobre o verde-escuro da mata e o azul do mar, divididos pelo risco branco e interminável da areia da praia. No meio da manhã o navegador Comet foi até os dois para informar que o avião faria um rápido e imprevisto pouso numa das praias de Florianópolis e que decolaria novamente em poucos minutos. Olga, que já tinha feito amizade e distribuído lembranças de Nova York entre os cinco membros da tripulação, cochichou com Prestes:

— Essa escala será providencial. Se algum serviço de inteligência tiver conhecimento da nossa rota, os policiais estarão à espera na Praia Grande. Vamos tentar descer em Florianópolis.

E dirigiu-se ao comandante Givon para dizer-lhe que o objetivo da viagem do casal era visitar parentes dela que haviam emigrado para o Norte do Paraná. Como eles levavam apenas bagagem de mão, gostariam de descer durante a parada do avião em Santa Catarina, o que lhes pouparia várias horas de viagem. O piloto francês não fez nenhuma objeção.

Não havia ninguém no hangar marítimo onde o hidroavião atracou. Nenhuma fiscalização de malas ou de documentos, e bastou que Olga exibisse alguns dólares para que logo aparecesse um carro para levá-los até o centro da capital catarinense. Dormiram em Florianópolis e no dia seguinte tomaram um táxi até Curitiba. Mais um pernoite ali e de manhã contrataram outro táxi para levá-los a São Paulo. No meio do caminho, quando o carro atravessava a cidade de Itapetininga, no interior do estado de São Paulo, Prestes desentendeu-se com o motorista. Desde a saída de Curitiba ele vinha reclamando que a viagem estava muito demorada e que o homem era um péssimo motorista. Olga achou mais prudente tomarem outro carro, mas por imprevidência Prestes esquecera de trocar dólares por mil-réis — era um sábado e os bancos estavam fechados. A solução foi pedir ao motorista contratado em Itapetininga que pagasse a corrida do outro, e quando chegassem a São Paulo acertariam tudo com ele. Já era de noitinha quando entraram na capital paulista. Olga ficou impressionada com a altura de um arranha-céu que podia ser visto a quilômetros de distância, logo após a saída da estrada, o Edifício Martinelli. Com a noite fechada, Antônio Vilar e Maria Bergner Vilar se hospedaram num confortável hotel do largo do Arouche.

A poucas quadras dali, boêmios experimentavam a engenhoca que acabava de ser instalada no Café Paraventi, uma máquina tão extravagante quanto o seu dono, Celestino Paraventi. Para substituir a velha cafeteira dourada, Paraventi importara da Itália e apresentava pela primeira vez aos brasileiros uma máquina de coar café a vapor. A partir de então, os poetas, as atrizes e os comunistas que frequentavam as mesinhas de mármore da calçada da rua Quinze de Novembro não pediam mais um cafezinho ao garçom. Levantavam o indicador, diziam apenas "Um expresso!", e passavam horas bebericando enquanto apreciavam o movimento.

O excêntrico milionário Celestino Paraventi, de 35 anos, era ainda mais especial que a fauna que frequentava o café. Além do estabelecimento, herdara do pai dezenas de imóveis espalhados pela cidade e uma indústria de torrefação de café na qual começara a produzir mais uma modernidade europeia: café enlatado a vácuo, que durava meses sem estragar. Paraventi era o porto seguro a quem recorriam os intelectuais pobres, os atores desempregados e os boêmios em geral quando em apuros financeiros, o que lhe valeu o apelido de "Salvador". Não havia um panfleto, pasquim ou jornal de oposição que não estampasse um anúncio do Café Paraventi. Enquanto durou, por exemplo, o jornal anarquista O *Homem do Povo*, editado por Oswald de Andrade e Patrícia Galvão, o anúncio do café esteve lá. Mas ele era particularmente generoso quando se tratava de ajudar os comunistas. Alugava casas para a instalação de gráficas clandestinas, dava gorda contribuição mensal para os cofres do partido e sustentava famílias de militantes presos. Quando lhe perguntavam se mantinha alguma relação orgânica com o Partido Comunista, ele respondia com uma gargalhada:

— Eu não tenho ligação com o partido. O partido é que tem ligação comigo!

Sua fascinação pela figura de Luís Carlos Prestes nascera durante a Coluna. De São Paulo, pela imprensa ou através de panfletos clandestinos, ele acompanhava cada movimento da tropa, cada vitória sobre as forças do governo. Quando a Coluna se internou nas matas da Bolívia, Paraventi ficou decepcionado. E quase levou a família a interná-lo num hospício quando mandou avaliar a indústria, a torrefação e a enlatadora — e anunciou que enviaria o dinheiro apurado na venda de seu patrimônio para Prestes, exilado em Buenos Aires, "para que ele possa montar a Coluna de novo e tomar o governo". Mandou comunicar sua decisão ao capitão, na Argentina, e daí a algumas semanas o portador voltava com a resposta: Prestes agradecia mas não o aconselhava a fazer aquilo. Se quisesse ajudar, poderia mandar latas de café para Buenos Aires que ele, o tenente Siqueira Campos e Orlando Leite Ribeiro, ex-membros da Coluna, se encarregariam de vendê-las e reexportá-las de lá. O lucro obtido na operação seria suficiente para sustentá-los no exílio. Embora nunca tivesse estado com Prestes, Paraventi costumava dizer que o comunismo do capitão tinha "muita coisa de cristianismo".

— Um sujeito como o Prestes, com essa vocação, um homem que larga tudo para acabar com a oligarquia, para acabar com esses indivíduos que querem tudo para si e nada para os outros, deve ter alguma coisa de cristão. Ele pode até não saber disso, mas tem.

Paraventi acabava de voltar de uma de suas excentricidades naquele sábado à noite — cantar canções italianas no programa *Chá no Ar*, de Nicolau Tuma, da Rádio Difusora — quando Olga Benario surgiu à sua frente no café. Ele fora avisado por dirigentes do partido que talvez recebesse "gente muito importante" nas próximas semanas, mas não percebeu o que acontecia quando aquela bela mulher, vestida com elegância e falando um português com sotaque carregado, procurou-o em uma das mesas. Olga levava na bolsa um minúsculo bilhete de Prestes dizendo que estava em São Paulo e que a portadora saberia indicar o hotel em que se encontrava. Paraventi recolheu o casal e sua bagagem no largo do Arouche e minutos depois iam os três, a bordo de um luxuoso automóvel Lincoln do ano, para a casa de campo que possuía no então distante bairro de Santo Amaro, às margens da represa Guarapiranga. No dia seguinte, Antônio Maciel Bonfim, o Miranda, secretário-geral do Partido Comunista, recebia no Rio de Janeiro um emissário de São Paulo, com a notícia de que Luís Carlos Prestes chegara ao Brasil.

5. DO MUNDO INTEIRO, RUMO AO RIO

VÁRIOS ANÚNCIOS FALSOS de que Luís Carlos Prestes estaria retornando ao país, publicados por jornais de esquerda e de direita, no final de 1934 e nos primeiros dias de 1935, haviam deixado a polícia brasileira excitada e vigilante. O rastro da Coluna Prestes ainda estava vivo na paisagem política do país e havia uma espécie de veneração nacional pela figura do Cavaleiro da Esperança, obrigando Getúlio Vargas a exigir da polícia política redobrada e rigorosa precaução.

Não eram apenas os órgãos de segurança que aguardavam com ansiedade a volta de Prestes. Desde que a viagem dele e de Olga fora decidida em Moscou, um pequeno e seleto grupo de estrangeiros iniciava em várias partes do mundo viagens tão discretas e sinuosas como a do casal Vilar, todos com o mesmo destino: Rio de Janeiro, Brasil. Alguns vinham acompanhados de suas mulheres, nem todos viajavam com seus verdadeiros nomes e os que não se conheciam já tinham pelo menos ouvido falar uns dos outros. Uma identidade comum os unia: eram todos comunistas, todos revolucionários profissionais a serviço do Comintern e vinham todos ao Brasil fazer a revolução.

De Xangai, na China, após rápida passagem por Moscou, partiram os alemães Arthur Ernst Ewert e sua mulher, Elise, assessores políticos, que viajavam com documentação norte-americana em nome de Harry Berger e Machla Lenczycki. De Buenos Aires, via Montevidéu, vieram Rodolfo Ghioldi e sua mulher, Carmen, assessores políticos, ele sob o nome de Luciano Busteros, ela mantendo sua identidade original. Dos Estados Unidos e com documentação autêntica chegara o jovem Victor Allen Barron, radiotelegrafista e técnico em radiocomunicações. Também com documentação genuína veio da Europa o casal belga Alphonsine e Léon-Jules Vallée, responsáveis pelas finanças e assessores políticos. Da Alemanha viriam os misteriosos Franz Paul Gruber e Erika, sua mulher, ele especialista em explosivos e sabotagem, ela datilógrafa e motorista. Quando Prestes e Olga puseram os pés no Brasil, estavam todos vivendo desde o começo do ano no Rio de Janeiro, integrados à vida da cidade e morando em casas ou apartamentos alugados na elegante Zona Sul carioca.

Pelo menos um dos membros da equipe — por sinal, o mais graduado e experiente de todos —, Olga conhecia bem. Uma das poucas mulheres inscritas no curso de política da Divisão Internacional da Universidade dos Povos, em Moscou, durante seis semanas ela teve como instrutor um corpulento e bem-humorado patrício seu, cujas fotos já vira publicadas tanto no *Estrela Vermelha* quanto na imprensa de Berlim. Era Arthur Ewert, que viria a se transformar num dos mais respeitados quadros políticos internacionais do Comintern.

Foi antes da Primeira Guerra Mundial que Ewert, então um jovem de vinte anos, nascido em Heinrichswalde, na Prússia Oriental, mudou-se para os Estados Unidos com sua namorada, a também alemã Elise Saborowski. E não por acaso escolheu Detroit para viver — como o grande polo operário criado pela industrialização, a cidade transformara-se num centro de agitação política. Ewert trabalhava durante meio ano como operário da indústria do couro, ajuntando dinheiro. Ao final do semestre pedia demissão e dedicava os seis meses seguintes a passar metade do dia enterrado em bibliotecas públicas e a outra metade fazendo agitação política nos sindicatos.

Em 1917 o casal mudou-se para Toronto, no Canadá, mas seu nome só apareceria em público pela primeira vez dois anos depois, quando a polícia, tentando impedir a organização do Partido Comunista, invadiu um "aparelho subversivo" onde viviam Arthur Brown e Annie Bancourt, prendendo os ocupantes do apartamento e recolhendo armas e literatura marxista. Brown e

Annie eram, na verdade, os codinomes de Ewert e Elise, que ele chamava carinhosamente de Sabo, diminutivo de seu sobrenome. Depois de passar alguns meses numa prisão para "estrangeiros em situação irregular", os dois foram deportados ao país de origem, os Estados Unidos. Ewert voltou a frequentar os comunistas e anarquistas de Detroit; anos depois estava de volta a Berlim, onde se filiou ao Partido Comunista alemão. Sua experiência internacional, somada ao conhecimento adquirido nas bibliotecas norte-americanas, logo o elevaria à direção do Partido Comunista alemão, de cujo secretariado ele já fazia parte desde 1923. De Moscou os dirigentes soviéticos acompanhavam a carreira do jovem, que em seguida foi convidado a viver na capital soviética, trabalhando diretamente com a direção do Comintern. Ewert, que nessa época estava casado legalmente com Elise, passou quatro anos como instrutor graduado dos diversos centros de "formação de quadros" — tanto os do Partido Comunista da URSS como os que vinham de várias partes do mundo.

Sua estrela sobe rapidamente. Em setembro de 1927 o todo-poderoso Joseph Stálin confia a Ewert poderes ilimitados para intervir no Quinto Congresso do Partido Comunista norte-americano, reunido em Nova York, em favor da escolha de Jay Lovestone para a direção do partido nos Estados Unidos, contra os grupos de Earl Browder e William Foster. Ewert chega a Nova York no começo de agosto. No encerramento do congresso, em 8 de setembro, a vontade de Stálin havia sido cumprida. A dura intervenção de Arthur Ewert causaria alguns arranhões à sua imagem pública. O jornal *The Militant*, editado por uma facção trotskista de oposição ao Partido Comunista norte-americano, publica uma nota acusando Ewert de ter sido enviado por Moscou para "roubar e dividir a convenção do partido com o objetivo de ajudar o grupo de Lovestone". Para ele, no entanto, a opinião de um jornaleco esquerdista tinha pouco significado. O que importava era a opinião de Stálin, e esta tinha sido tão efusiva com o sucesso de sua missão em Nova York que, ao retornar à URSS, Ewert torna-se membro do Comitê Executivo da Terceira Internacional. Em seguida é eleito deputado pelo Partido Comunista alemão ao Reichstag, o parlamento de seu país.

O brilho de sua estrela, no entanto, começaria a ser empanado em pouco tempo. Uma profunda divergência sobre a concepção da tática a ser seguida pelos comunistas tomaria conta do Comintern e acabaria por envolvê-lo. Ewert chegou ao Sexto Congresso da Internacional Comunista, em Moscou, no verão de 1928, sob a acusação de "conciliador". O pecado atribuído a ele: opor-se, juntamente com seu amigo Gerhardt Eisler, outro ativo militante comunista internacional, à linha defendida por Ernst Thälmann dentro do Partido Comunista alemão, pela qual o principal inimigo a ser combatido pelos comunistas era o Partido Social-democrata. Stálin à frente, o Sexto Congresso da Internacional reitera e reforça a tese do cerco aos social-democratas, rebatizados de "social-fascistas". Os volumosos anais do congresso registrariam uma única, solitária voz discordante. Sozinho na sua posição, embora muitos dos dirigentes ali presentes concordassem silenciosamente, Arthur Ewert insistia em que o Partido Comunista alemão teria, sim, que romper ideologicamente com a social-democracia, mas sempre mantendo com ela a unidade tática. Ele entendia que o Partido Comunista alemão e a social-democracia eram duas potências que deviam manter alguma forma de aliança tática. Acusado de persistir em um desvio para o qual já havia arrastado mais da metade da direção do Partido Comunista alemão, Ewert começa a cair em desgraça. Junto com ele vão seu amigo Gerhardt Eisler e até mesmo um dos grandes da Revolução de Outubro, Nikolay Bukharin, dirigente máximo do Comintern. Responsabilizado por Stálin por não ter imposto a tempo a disciplina partidária aos "conciliadores", Bukharin é expulso primeiro do Comintern e depois do Birô Político do Partido Comunista soviético.

A vitória eleitoral de Hitler em 1933 comprovaria que, na verdade, a razão estava com Ewert e que a divisão entre comunistas e social-democratas facilitava o caminho dos nazistas. Mas isso só aconteceria quatro anos depois. O ostracismo de

Ewert seria decretado em 1929 num discurso de Stálin, ameaçadoramente intitulado "Sobre o desvio direitista no Partido Comunista (Bolchevique) da URSS", pronunciado ante o pleno do partido. Ewert é premiado com citações nominais de Stálin, que o chama de "conciliador que agia à revelia do Comitê Central da Terceira Internacional". A punição pelos graves delitos viria em seguida, através do seu afastamento tanto do Comintern como do Partido Comunista alemão.

Ewert passa um ano mergulhado na mais absoluta obscuridade, até que em fevereiro de 1930 o *Imprecorr*, boletim que divulgava internacionalmente as atividades do Comintern, publica a íntegra de sua autocrítica. As pessoas que o conheceram sabiam que não havia sinceridade naquele reconhecimento de "culpa" política. Habituado a viver dentro da máquina partidária, Ewert se sentia órfão e desamparado politicamente fora dela. Como o preço da volta era a autocrítica, ele a fazia.

Como primeira tarefa após a reabilitação, Ewert foi encarregado pelo Comintern, em 1931, de viajar até Montevidéu, no Uruguai, onde uma legação comercial da União Soviética, o Yuamtorg, funcionava como fachada para as operações latino-americanas do Comintern. Seu trabalho era avaliar as informações enviadas por Augusto Guralsky, o Rústico, sobre o capitão brasileiro Luís Carlos Prestes, cujo nome havia sido indicado para viajar à URSS. De volta a Moscou, o informe de Ewert é ainda mais animador do que o de Guralsky. Prestes era um grande quadro político que se aproximava do marxismo e o Comintern não deveria perder a oportunidade de tê-lo mais perto de si.

Logo em seguida Ewert seria mandado, agora em companhia de Elise, para uma longa temporada na meca dos agentes internacionais, comunistas e capitalistas: Xangai, na China, onde estava instalada a direção do clandestino Partido Comunista chinês, que controlava algumas regiões "liberadas" no interior do país.

Dezenas de milhares de russos brancos que emigraram após o triunfo da revolução em seu país davam ao importante porto chinês uma aparência ainda mais metropolitana. Um enclave internacional instalado dentro da cidade, governado e policiado por forças francesas, norte-americanas, japonesas e chinesas fazia de Xangai uma mistura de cidade do Extremo Oriente com um país europeu ocidental. Traficantes e prostitutas de luxo das mais diversas nacionalidades, espiões que trabalhavam para todas as potências (às vezes para mais de uma ao mesmo tempo), exilados, conspiradores e correspondentes de grandes agências de notícias davam à cidade um ritmo e um colorido únicos em toda Ásia.

Arthur Ewert e Elise chegam a Xangai para uma tarefa que exigiria, como em Nova York, habilidade política e mão de ferro: tratava-se de controlar a reação do Partido Comunista chinês ao pacto que Stálin buscava assinar com Chiang Kai-shek, chefe do Kuomintang — o partido no poder na China e que combatia ferozmente os comunistas de Mao Tsé-tung. Parte do brilho e da eficiência com que realizou a missão o próprio Ewert atribuiria a um alemão conhecido pelo codinome chinês de Li Teh, que se encontrava em território chinês havia quinze meses, também como enviado do Comintern: Otto Braun, o ex-namorado de Olga Benario. Logo após terminar seu romance com Olga, Otto fora enviado pela Internacional Comunista à efervescente China. Lá deveria inicialmente estabelecer contato com outro agente que mais tarde ganharia notoriedade mundial como chefe da rede de espionagem soviética no Japão, Richard Sorge, e ligar-se à direção do Partido Comunista chinês. Sob o nome de Hua Fu, Otto assinava artigos políticos no jornal comunista *Revolution and War*, e sob o pseudônimo de Li Teh atuava como conselheiro militar do Comitê Central do Partido Comunista chinês. Em Juichin, capital da região "sovietizada" de Kiangsi, Li Teh prestava assessoria militar a Mao Tsé-tung e a Chu Teh na preparação da Longa Marcha. No congresso do partido em Tsunyi, que sancionou a liderança de Mao, a cadeira destinada ao marechal Stálin foi ocupada pelo "camarada Li Teh". E o "professor Albert List", que dividia com Lin Piao a direção da Academia Militar de Yenan, do Partido Comunista chinês, não era outro senão Otto Braun.

Durante os três anos que passou em Xangai, Ewert ocupou-se mais ativamente com a mobilização de intelectuais para a produção de propaganda antijaponesa. Ele se impressionara com o rápido avanço da revolução na China e mais de uma vez declarou que o grau de comunização do país era tão grande e irreversível que ele próprio não via necessidade do trabalho de propaganda de agentes do Comintern. E, de todas as tarefas do casal Ewert na China, apenas uma terminou coberta pelo pó da história: nunca se soube se ele teria ou não obtido êxito na tentativa de aliciar para o trabalho de espionagem do Comintern um de seus grandes amigos em Xangai, o britânico Roger Hollis, que décadas depois, entre 1956 e 1965, viria a ser o chefe do MI-5, o serviço de inteligência militar britânico. De qualquer forma, a última notícia que a multinacional polícia de Xangai obteve a respeito do casal — que na época já adotava os nomes de Harry Berger e Machla Lenczycki — é que teriam deixado a cidade no dia 19 de julho de 1934 a bordo do *SS Yingchow* com destino ao porto russo de Vladivostok. A verdade é que iniciavam ali uma longa viagem que terminaria, meses depois, num hotel da rua Marquês de Abrantes, no Rio de Janeiro.

Na última escala antes de aportar no Rio de Janeiro, Ewert recebeu em Montevidéu um nome para procurar no Brasil: Luciano Busteros, pseudônimo do jornalista argentino Rodolfo Ghioldi, membro suplente do Comitê Executivo do Comintern, secretário do Birô Latino-Americano da Terceira Internacional e dirigente do Partido Comunista argentino. Ghioldi, que conhecera Prestes e Ewert em 1931, em Montevidéu, já havia estado no Brasil, treze anos antes. Naquela época, estava em Moscou quando a direção da Internacional encarregou-o de viajar à capital brasileira, onde um grupo de comunistas pretendia fundar um partido e solicitava filiação à Internacional Comunista. Ghioldi deveria avaliar a situação e enviar um informe a Moscou com um parecer sobre a concessão ou não de *agrément* ao partido que começava a nascer.

Ghioldi conviveu durante três semanas com o grupo brasileiro, considerado por ele "extremamente interessante". Com dois de seus componentes, o jornalista Astrojildo Pereira e o farmacêutico Otávio Brandão, Ghioldi teve um contato maior e deles acabou se aproximando mais. Tanto Astrojildo quanto Brandão tinham antecedentes anarquistas — ideia que havia exercido muita influência no movimento operário brasileiro —, mas à luz da Revolução Russa reviram suas concepções teóricas, tornando-se comunistas. A partir do informe favorável de Ghioldi, os brasileiros foram acolhidos por Moscou e meses depois eram discretamente distribuídos em vários estados os estatutos do Partido Comunista — SBIC; as quatro letras finais indicavam que aquela era a Seção Brasileira da Internacional Comunista. No Rio, Rodolfo e sua mulher, Carmen Alfaya de Ghioldi — que inexplicavelmente viajava com seu verdadeiro nome, embora o sobrenome do marido fosse fartamente conhecido das polícias políticas —, instalaram-se de início num apartamento no bairro do Leblon, à espera do momento planejado para o início da conspiração: a chegada de Prestes e Olga.

Também aguardando o casal e pronto para juntar-se aos Berger e aos Ghioldi, encontrava-se no Rio o mais jovem dos enviados do Comintern, o norte-americano Victor Allen Barron, de 27 anos. Magro e alto, com ar de galã de cinema, Barron convivera desde garoto com o clima das lutas operárias e da militância comunista que o pai, Harrison George, levava para casa. Fichado pelas autoridades policiais norte-americanas como "um dos mais importantes agentes secretos do movimento comunista internacional", Harrison George era o representante nos Estados Unidos da Internacional Sindical Vermelha, seção do Comintern encarregada das atividades no meio sindical. Ele estivera na América Latina em 1926, como delegado à Segunda Conferência de Trabalhadores Portuários do Hemisfério Ocidental, realizada em Montevidéu, quando foi fundada a Confederação Latino-Americana de Sindicatos, com sede na capital uruguaia. O pai Harrison e Edna Hill, sua mulher, divorciaram-se quando Victor era bebê, e embora a mãe desse ao garoto o sobrenome do novo marido, C. N. Barron, ele acabou por ligar-se mais ao pai.

Ainda adolescente Victor trabalhou em uma empresa de Yakima, no estado de Washington, como colhedor de laranjas, mas logo depois mudou-se para Nova York, a fim de ficar junto do pai e da militância política na cidade grande. E foi graças à influência de Harrison George no Partido Comunista norte-americano que Victor viajou para a União Soviética, onde estudou eletrônica e especializou-se em radiotelegrafia. No final de 1934, quando o Comintern decidiu apoiar a planejada insurreição no Brasil, Victor Allen Barron foi escolhido para uma missão específica: montar uma poderosa estação de rádio clandestina para que os revoltosos pudessem comunicar-se entre si, internamente, no Brasil. A potência do equipamento deveria ser suficiente também para atingir Moscou: através do rádio o Comintern acompanharia o desenrolar dos acontecimentos no Rio de Janeiro.

Além dos Berger, dos Ghioldi e de Barron, outros dois casais haviam aportado no Rio naquele começo de 1935, sob as ordens do Comintern. Para cuidar das finanças da operação vieram os belgas Léon-Jules Vallée e sua mulher, Alphonsine, com os nomes verdadeiros. Uma atribuição perigosa ficaria a cargo de um alemão, Franz Paul Gruber — lidar com explosivos e sabotagem. Sua mulher, Erika, exerceria eventuais tarefas como datilógrafa ou motorista.

A direção do Comintern relutara durante vários meses em aprovar a insurreição no Brasil. Apesar das dezenas de informes e relatórios triunfalistas que recebia de Miranda, o secretário-geral do partido, o ceticismo dos dirigentes soviéticos era grande. Maior ainda, porém, era a sedução que exercia sobre eles a perspectiva de ver um país com as dimensões do Brasil, área de influência cada vez mais cobiçada pelos Estados Unidos, transformado numa república popular e socialista. Tão grande era o otimismo de Miranda com o que imaginava ser uma situação pré-revolucionária que ele acabou por derrubar a incredulidade do secretário do Comintern: Dmitri Manuilski chegou a pregar em seu gabinete, no final de 1934, um gigantesco mapa do Brasil coberto de alfinetes coloridos, indicando os pontos do país em que — segundo os relatos que recebia do Partido Comunista brasileiro — a revolução explodiria. A prova mais eloquente de que Miranda conseguira vencer a descrença de Moscou estava na larga experiência da equipe enviada ao Brasil. Apesar dos atritos com Stálin, Arthur Ewert estava reabilitado. E a União Soviética não destacaria um pioneiro da revolução comunista internacional para uma aventura inconsequente.

6. COMEÇA A CONSPIRAÇÃO

Durou pouco o veraneio de Olga e Prestes na confortável casa de Paraventi às margens da represa Guarapiranga. Em menos de uma semana o emissário retornou do Rio com o sinal verde de Miranda para que o casal rumasse para a capital. Celestino Paraventi, que os cercara de todas as gentilezas, insistiu nas vantagens de viajarem com ele, no carro último tipo. "Nenhum policial vai imaginar que uma limusine de vários contos de réis está levando dois comunistas", dizia bem-humorado. Ele até se antecipara, cometendo mais uma de suas loucuras: mandara um mecânico de confiança furar cinco orifícios no porta-malas do automóvel, para a eventualidade de transportá-los ali. Mas os hóspedes fincaram pé e seguiram viagem com a mesma discrição com que tinham chegado até São Paulo: iriam para o Rio de táxi.

A decisão quase colocou tudo a perder. No meio da noite, quando se aproximavam da divisa entre São Paulo e o estado do Rio, uma barreira policial de rotina parou o carro. A excessiva preocupação de Olga com sua bolsa despertou a atenção do policial, que resolveu fazer uma revista mais rigorosa. Lá dentro ele encontrou um minúsculo revólver com cabo de marfim. Prestes tentou de tudo para evitar problemas maiores: ofereceu dinheiro, conversou amistosamente com o guarda, mas foi inútil. O policial decidiu "confiscar" informalmente o revólver, operação que acabou por fazê-lo esquecer de vistoriar os documentos do casal. Dali até o Rio de Janeiro, a única arma em poder dos dois era a pistola de que Prestes nunca se separava.

O trajeto entre a entrada da cidade e o hotel no bairro de Botafogo foi suficiente para maravilhar Olga Benario. Com 1,5 milhão de habitantes, o Rio estava longe de ser uma metrópole cosmopolita como Nova York ou Berlim, mas ela não teve dúvidas de que estava diante da mais bela cidade que já vira. Pela primeira vez Olga encontrava uma paisagem natural tão luxuriante. Da praça Paris, no começo do Flamengo, era possível ter uma ideia geral daquele exagero: à direita, montanhas cobertas de vegetação; à esquerda, quilômetros de praias de areia finíssima. Espremida no meio, a cidade, seus casarões coloniais, os bem recortados jardins imitando Versalhes e incontáveis igrejas de todos os tamanhos e estilos. Ao fundo, emoldurando aquela visão paradisíaca, o perfil do Pão de Açúcar. Saindo da praia, o carro meteu-se no meio do casario, tomou uma rua pequena com as duas calçadas pontilhadas de palmeiras altíssimas, e seguiu pela rua Marquês de Abrantes, até um pequeno hotel onde um apartamento fora reservado para o casal Vilar.

No mesmo hotel onde haviam ficado Arthur Ewert e Elise, Olga e Prestes passavam os dias selecionando anúncios de casas ou apartamentos para alugar. Como os Ewert tivessem escolhido uma casa na rua Paul Redfern, em Ipanema, a poucos passos da praia, Olga sugeriu, com uma planta da cidade na mão, que procurassem um imóvel nas imediações. Não demorou muito para que o encontrassem: os classificados do *Jornal do Brasil* anunciavam uma casa de dois andares na rua Barão da Torre, a duas quadras dos Ewert. Propriedade do suíço Eurisch Sommer, a casa estava alugada a um engenheiro químico alemão, funcionário dos laboratórios Bayer. Como muitos de seus patrícios, ele estava retornando à Alemanha: Hitler arrebanhava pelo mundo os melhores quadros técnicos de seu país, provavelmente imaginando as necessidades que o esforço de guerra iria demandar. O alemão queria transferir o contrato de aluguel, deixando para os novos inquilinos tudo que havia na casa: móveis, geladeira, fogão, talheres, pratos, panelas, roupa de cama — ficava até a empregada doméstica. Além de todas essas facilidades, o fato de o antigo morador ser estrangeiro facilitava a encenação: afinal, para a vizinhança, saíra uma família de estrangeiros e entrava outra família de estrangeiros.

A circunstância de que o sr. e a sra. Vilar não fossem brasileiros não deveria, em princípio, causar maiores preocupações.

Nos doze meses anteriores à chegada deles, dos Ewert, dos Vallée, dos Ghioldi, dos Gruber e de Barron, haviam entrado no Rio de Janeiro como imigrantes nada menos que 15 mil estrangeiros, dos quais 11 mil eram europeus. Olga e Prestes poderiam, assim, misturar-se facilmente aos 1700 alemães e 5 mil portugueses que haviam trocado a Europa em crise por um Rio de Janeiro onde as oportunidades pareciam ser mais animadoras. Além disso, o bairro de Copacabana (do qual Ipanema fazia parte) contava, entre seus 30 mil habitantes, com um número desproporcional de turistas e imigrantes de todas as partes do mundo, o que certamente facilitaria a circulação e as atividades dos enviados do Comintern.

Devidamente instalados na casa da Barão da Torre, Olga e Prestes encontraram-se pela primeira vez com seus companheiros na casa dos Ewert, e ali mesmo distribuíram as tarefas iniciais, atribuídas ao casal Gruber: Erika trabalharia como datilógrafa na casa de Ewert e, quando necessário, como motorista dos Vilar. Gruber, técnico em explosivos, instalaria num pequeno cofre da casa de Prestes e Olga um violento sistema de alarme, para impedir o acesso de estranhos ao dinheiro e à documentação ali depositada. Victor Barron anunciou que começara a cumprir sua tarefa desde o primeiro dia na cidade: depois de minucioso levantamento das lojas especializadas em artigos elétricos, tanto do Rio como das cidades vizinhas, vinha se dedicando a comprar em cada uma delas uma peça diferente para o radiotransmissor que montava no quarto de empregada, em seu apartamento alugado de Copacabana. Como fachada, Barron passava por um playboy milionário em intermináveis férias no Rio de Janeiro. Sempre vestido com bem cortados ternos de linho branco e chapéus e gravatas importadas, ele completava o disfarce circulando num caríssimo carro do ano, um Graham Page. Para todos os efeitos, Barron representava uma indústria norte-americana de máquinas e, nas horas vagas, era jornalista.

Apesar da aparente segurança em que se encontravam todos, o grupo deliberou tomar uma iniciativa para afastar de vez as suspeitas, da opinião pública e da polícia, de que Luís Carlos

Prestes estivesse no Brasil. Nos primeiros dias de maio uma multidão lotou o Salão das Classes Laboriosas, situado na rua do Carmo, no centro de São Paulo, para participar de uma sessão solene da recém-fundada Aliança Nacional Libertadora (ANL). Logo depois de instalados os trabalhos, o historiador comunista Caio Prado Júnior deu a palavra ao tenente Timótheo Ribeiro da Silva, que passou a ler "um importante documento que acaba de ser enviado da Espanha ao presidente da Comissão Provisória da Aliança Nacional Libertadora, comandante Hercolino Cascardo". Tratava-se de uma longa carta, datada do dia 25 de abril "e escrita em Barcelona", na qual Luís Carlos Prestes anunciava sua adesão à ANL. Embora a data e a origem da carta fossem falsas — Prestes não tinha estado em Barcelona e no dia 25 de abril encontrava-se no Brasil —, o seu conteúdo era autêntico.

Nela, Prestes dizia estar acompanhando "pela leitura dos jornais" a formação daquele movimento de massas e justificava a demora em aceitar a indicação de seu nome para a presidência de honra da ANL, ocorrida na sessão do dia 30 de março daquele ano. Seu inconfundível estilo duro e agressivo afastaria as suspeitas de que o documento pudesse ser apócrifo: "Sem conhecer os iniciadores desse movimento, e habituado já ao uso desavergonhado e demagógico que fazem do meu nome os politiqueiros brasileiros, quando desejam enganar as massas, esperei receber informações mais completas antes de lhe escrever estas linhas", dizia ele, logo no início. "Hoje tenho já em mãos dados mais seguros sobre a nova organização e a confirmação de que meu nome surgiu, realmente, de maneira espontânea, do seio das próprias massas que quiseram, evidentemente, desta maneira, dar à ANL um caráter anti-imperialista, combativo, revolucionário." Após copiosa análise da situação política brasileira, Prestes relata sua experiência de três anos na URSS, "ajudando a construir o socialismo", e dirige-se "ao povo do Brasil, a todos os aderentes da ANL, aos operários, camponeses, soldados e marinheiros, aos estudantes, aos intelectuais honestos, à pequena burguesia das cidades, enfim, a todos os que sofrem, cada dia mais, com a situação de miséria e de fome em que se encontra o Brasil". Interrompido a cada parágrafo pelos aplausos, o tenente Timótheo lê, por fim, a adesão triunfal: "Adiro à ANL. Nela quero combater lado a lado com todos os que, não estando vendidos ao imperialismo, desejem lutar pela libertação nacional do Brasil, com todos os que queiram acabar com o regime feudal em que vegetamos e defender os direitos democráticos que vão sendo sufocados pela barbárie fascista ou fascistizante".

Com pouco mais de um mês de vida, a Aliança Nacional Libertadora alcançara indiscutível sucesso. Um ato semelhante ao do Salão das Classes Laboriosas havia sido realizado na véspera no Estádio Brasil, no centro do Rio de Janeiro, e um dos fundadores da ANL, o jornalista Benjamin Cabello, lera a carta de Prestes para um público muitas vezes maior que o de São Paulo. Desde a Revolução de 1930, aquele era o primeiro movimento político de caráter nacional que surgia no país, e dessa vez atraindo os mais diversos setores sociais e políticos, com um objetivo comum: lutar contra o fascismo, o imperialismo, o subdesenvolvimento e os grandes latifúndios. Essa verdadeira cruzada reuniu comunistas, socialistas, liberais, cristãos, operários, profissionais liberais, e um grande número de militares egressos das experiências revoltosas de 1922 e 1924.

A partir de seu lançamento público no final de março de 1935, no Teatro João Caetano, no Rio, quando o jornalista Carlos Lacerda propôs o nome de Prestes para a presidência de honra, a ANL incendiou o país. Dezenas de milhares de pessoas batiam às portas de suas "assembleias estaduais" para se filiarem e incorporavam-se aos atos públicos que se multiplicavam pelas praças de todo o Brasil. Centenas de núcleos surgiram em vários estados, e os mais eufóricos avaliavam o número de filiados em mais de 1 milhão. A cada dia, pelo menos 3 mil novos interessados pediam inscrição. A carismática e mitológica figura de Prestes na presidência de honra estimulava a agitação aliancista, ainda que a maioria daqueles que se agregavam à ANL o conhecesse apenas de fotos e desenhos, quase sempre com a barba negra e as botas de cano alto do tempo da Coluna.

Como dirigentes nacionais do movimento foram escolhidos o comandante da Marinha Roberto Sisson, seu companheiro de arma Hercolino Cascardo (revolucionário de 1924 e de 1930 e ex-interventor do Rio Grande do Norte em 1931), o jornalista Benjamin Cabello, o médico Manuel Venâncio Campos da Paz e o advogado Francisco Mangabeira — todos de alguma forma ligados ao Partido Comunista. Em São Paulo a direção caberia a Miguel Costa, companheiro de Prestes no comando da Coluna, ao historiador Caio Prado Júnior e ao intelectual Abguar Bastos. No Rio Grande do Sul foram eleitos o médico e escritor Dyonélio Machado e o capitão do Exército Agildo Barata, ambos comunistas. A organização da Aliança no Nordeste também ficaria entregue a militantes do Partido Comunista: Sylo Meirelles, membro do Comitê Central, Agliberto Vieira de Azevedo, aluno da Escola Militar do Realengo, e o camponês Gregório Bezerra. Embora congregando lideranças operárias e camponesas como Bezerra, a ANL era fundamentalmente um movimento sustentado por militantes e dirigentes vindos da classe média, a tal ponto que o comandante Roberto Sisson chegou a se referir à pequena burguesia como "a força revolucionária da Aliança Nacional Libertadora". No entanto, para alguns de seus dirigentes, como Caio Prado Júnior, a aproximação da ANL com o Partido Comunista permitiria que este realizasse o trabalho de ligação com as massas operárias. Em pouco tempo a ANL começava a dar cria: de seus núcleos surgiriam o Clube da Cultura Moderna, a Liga de Defesa da Cultura Popular e a União Feminina do Brasil. A plataforma e, principalmente, as atividades de rua dos aliancistas passaram a ser divulgadas no Nordeste pelo diário recifense *Folha do Povo*, no Rio de Janeiro por *A Manhã* e *A Marcha*, e em São Paulo por *A Plateia*.

Simultaneamente ao trabalho desenvolvido pela Aliança no Brasil afora, o Partido Comunista se infiltrava nos quartéis. A anistia de 1934 permitira que os jovens oficiais participantes das revoluções anteriores voltassem à ativa, e muitos deles eram militantes comunistas. A direção reconhecera que, paradoxalmente, era mais fácil construir o partido nos quartéis do que nas fábricas, e empenhou-se nisso. Os comunistas tinham bases em quase todas as guarnições mais importantes, aproveitando-se das divisões e do enfraquecimento da disciplina que a Revolução de 1930 provocara nas Forças Armadas. Todas as manhãs, cada comandante era afrontado com a presença, sobre sua mesa de trabalho, de um exemplar de jornal clandestino de agitação comunista. No Exército era o *União de Ferro*, na Aeronáutica o *Asas Vermelhas*, na Marinha o *Triângulo Vermelho*. O forte impulso pequeno-burguês dos jovens oficiais fazia com que se preocupassem exclusivamente com a agitação, descuidando de angariar o apoio de seus camaradas à revolução popular que sonhavam organizar. Nas discussões que tinham em casa diariamente, os dois sozinhos, ou quando o grupo se reunia na casa de Arthur Ewert, Olga e Prestes pressentiam que no Brasil os fatos ameaçavam desmentir as experiências e a teoria revolucionárias: a vanguarda da revolução, pelo que sabiam, era a classe operária; mas ali o que surgia como vanguarda era uma extração militar de origem pequeno-burguesa. Nem toda a jovem oficialidade, contudo, estava comprometida com a revolução. No dia em que, metidos no trabalho de aliciamento, os tenentes Lauro Fontoura, Edwar Prado e Ilcon Cavalcante, do Centro de Preparação de Oficiais da Reserva (CPOR), tentaram ganhar para as ideias de Prestes e da ANL o jovem primeiro-tenente Sílvio Frota — que, nos anos 1970, seria ministro do Exército e tentaria ser presidente da República à força —, o que começou como uma pacífica conversa política quase acaba em tiroteio. Ao perceber que pediam sua adesão a um movimento de esquerda, Sílvio Frota desabotoou o coldre e bateu na pistola, furioso:

— Olha, Fontoura, comunismo comigo é questão de vida ou morte. Aqui no CPOR, se tentarem fazer baderna, vocês serão recebidos a bala. Enquanto eu estiver vivo, comunista não entra no CPOR.

Quando informações sobre episódios assim chegavam às reuniões do grupo, Rodolfo Ghioldi manifestava sua preocupação com o peso cada vez maior dos militares na Aliança. "Temos que fazer honra aos militares, que é gente de muita consciência", dizia ele, "mas se o proletariado não tiver um papel preponderante, não vejo muito futuro na organização popular e na revolução." Ghioldi reconhecia, no entanto, que a arregimentação provocada pela ANL não tinha precedentes na América do Sul. Habituado a certa disciplina no trabalho político, ele se surpreendia com a heterogeneidade e o estilo da militância aliancista. Cada reunião da direção comunista era temperada com um novo episódio cômico que ele presenciara ou ouvira contar. Um dia era a história de um militante espírita do Rio Grande do Norte: homem valente, tinha estado na Coluna e tomara um município de armas na mão, queria fazer uma reforma agrária radical. Quando se encontrava com Ghioldi, metia a mão no bolso e exibia um maço de fotos embaçadas, que ele jurava serem de almas de amigos mortos... que ele mesmo fotografara. De outra feita Ghioldi tivera de cuidar para que não dessem a palavra a certo aliancista, orador fogoso, que terminava seus discursos nos atos públicos dando "vivas à pequena burguesia".

O crescimento da ANL em todo o país começou a assustar o governo. O pretexto de que o presidente Getúlio Vargas precisava para conter a maré nacional contra si surgiria mais depressa do que o esperado. No início de junho a Aliança impediu, pela força, a realização em São Paulo de um comício da Ação Integralista Brasileira, organização de caráter fascista dirigida por Plínio Salgado. Dias depois, os integrantes de uma manifestação aliancista em Petrópolis, no estado do Rio, organizaram uma passeata até a porta da sede local dos integralistas. A escaramuça entre as duas facções terminou com a morte do operário aliancista Leonardo Candu e, em consequência disso, a cidade foi paralisada por uma greve geral. No dia 5 de julho, durante os festejos do 13º aniversário da revolta dos tenentes do Forte de Copacabana, anunciou-se que chegara "de Paris ou de Barcelona" um manuscrito de Luís Carlos Prestes comemorativo da data. A direção da ANL tentou alugar o mesmo Estádio Brasil onde fora lida a primeira carta de Prestes, mas Vargas conseguiu impedir a realização do comício. O mesmo se deu com o auditório da Feira de Amostras. A incrível capacidade de mobilização da Aliança no Rio de Janeiro colocou nas ruas dezenas de milhares de pessoas que se deslocavam do estádio para a feira, da feira para a sede da ANL, a poucos quarteirões de distância uns dos outros, em busca de um lugar para ouvir a carta do Cavaleiro da Esperança. Da casa na Barão da Torre, Olga e ele acompanhavam, pelo rádio ou por informes de militantes do partido, a movimentação popular no centro da cidade. No meio da tarde veio a ordem para que os manifestantes se dirigissem à Câmara dos Deputados. Um representante do Paraná, Otávio da Silveira, o mesmo que anunciara no Congresso Nacional a fundação da Aliança, leria da tribuna o manifesto de Prestes. Com a cidade tomada por tropas do Exército e agentes da polícia política, a massa ocupou as galerias e as ruas em torno da Câmara.

O manifesto era duríssimo. Denunciava a "decomposição do governo de Vargas e de seus asseclas nos estados" e dizia que a luta que se travava no Brasil era "entre os libertadores do país, de um lado, e do outro os traidores a serviço do imperialismo". Atribuindo à ANL a condição de herdeira dos tenentes de 1922, Prestes propunha a organização e preparação ativa das massas "para o momento do assalto", e anunciava que "a situação é de guerra, e cada um deve ocupar o seu posto". O auditório e a multidão que ouvia na rua deliraram quando o deputado Otávio da Silveira leu as últimas linhas do documento: "Abaixo o fascismo! Abaixo o governo odioso de Vargas! Por um governo popular, nacional e revolucionário! Todo o poder à Aliança Nacional Libertadora!". Do lado de fora, 150 mil exemplares do jornal aliancista *A Plateia*, de São Paulo, trazendo a íntegra do manifesto, eram disputados freneticamente pelos populares. A vaga humana seguiu até a sede da Aliança, onde os que conseguiram entrar inauguraram uma foto de Luís Carlos Prestes.

O manifesto era, sob medida, o pretexto de que Vargas necessitava. Menos de uma semana após sua leitura, no dia 11 de julho, o presidente da República recorria à recém-editada Lei de Segurança Nacional para decretar a ilegalidade, em todo o país, da Aliança Nacional Libertadora.

O golpe desferido pelo governo abalou o movimento. Boa parte dos liberais que o compunham submeteram-se ao decreto oficial e abandonaram a Aliança, partindo para a criação de outros partidos ou grupos políticos. A tentativa de realizar, em São Paulo, um ato de protesto contra o decreto de Vargas foi duramente reprimida pela polícia: o ato nem chegou a começar. A partir de julho uma nova ANL, ilegal e mantida basicamente pelos comunistas revolucionários, passava a funcionar nos subterrâneos.

Embora estivesse na clandestinidade, Olga Benario aproveitava o fato de ser desconhecida da polícia brasileira para circular com total desenvoltura. Quase sempre acompanhada de sua amiga Sabo, mulher de Ewert, tornou-se frequentadora assídua da praia de Ipanema e dos teatros e cinemas da cidade, pela qual a cada dia mais se apaixonava. Nos cinemas, teatros e cineteatros espalhados pelo centro e Zona Sul, as duas viam desde filmes adocicados como *A alegre divorciada*, com Ginger Rogers e Fred Astaire, até as densas peças de Oduvaldo Vianna. De quando em quando, o próprio Prestes arriscava um passeio pela praia com Olga, na certeza de que suas últimas fotos nos arquivos policiais mostravam um homem barbudo com a longa cabeleira dividida ao meio.

Numa dessas incursões, entretanto, ele chegou a temer que pudesse ser reconhecido. Caminhando entre as banhistas que exibiam a última moda chegada ao Rio — os maiôs sem mangas que deixavam à mostra os sensuais ombros femininos — deu de cara com o capitão Paulo Kruger da Cunha Cruz, que passara algumas semanas na Coluna, no Maranhão, e agora retornara às fileiras do Exército. O oficial, porém, passou por eles sem sequer notar a presença de Prestes, que comentaria com Olga:

— Ainda bem que ele estava mais interessado em você do que em mim.

Vestida rigorosamente na moda para manter o disfarce, Olga cortara o cabelo um pouco abaixo da linha do queixo e, à saída dos teatros, atraía a atenção dos homens com seus vestidos parisienses, que lhe conferiam uma silhueta fina e elegante. Todos os seus vestidos chegavam ao tornozelo, conforme as determinações dos costureiros franceses. Rapazes de chapéu panamá diminuíam a velocidade de suas baratinhas quando a viam, para dirigir-lhe respeitosos e enfatuados galanteios, que nem sempre Olga entendia direito.

Para as primeiras semanas no Brasil, Olga foi obrigada a comprar um guarda-roupa de emergência para ambos, pois os baús despachados de Nova York chegaram com muito atraso ao Rio de Janeiro. Só Américo Dias Leite, o destinatário nominal da carga, poderia retirá-la no escritório carioca da Wagons Lits Cook, o que obrigou Olga a incontáveis visitas com ele ao porto até a chegada do cargueiro. Para o endereço de Dias Leite era enviada também a correspondência vinda da Europa — sempre em nome de Antônio Vilar, ou de sua mulher, para essa operação rebatizada de Yvonne Vilar.

Os programas sociais de Olga e Sabo somente eram suspensos nas noites de quintas-feiras e domingos — quando o "Estado-Maior da Revolução" se reunia na casa de Ewert para avaliar o avanço do trabalho. Nesses dias Elise dava folga à empregada doméstica Deolinda Elias, para que pudessem conversar à vontade: lá estavam sempre Ewert, o secretário-geral do partido Maciel Bonfim — o Miranda —, Rodolfo Ghioldi e Prestes. Olga, que falava fluentemente vários idiomas e conseguia se expressar com alguma facilidade em português, trabalhava como intérprete simultânea. Os encontros sempre começavam no final da tarde e terminavam antes da meia-noite, e eram regados a salgadinhos e goles de uísque. Quando o calor era muito forte, Ewert brindava os convivas com uma invenção sua: um coquetel à base de vinho branco alemão e suco de abacaxi.

Foi numa dessas reuniões que o comando revolucionário decidiu aumentar as medidas de segurança em torno de Prestes. A discrição com que ele vivia era grande, todos reconheciam, e, na eventualidade de uma invasão policial, os documentos importantes do grupo estariam a salvo pelo diabólico sistema de segurança montado por Gruber na casa de Prestes e Olga: na portinhola do cofre, o alemão instalara grande quantidade de dinamite e de bombas incendiárias, ligadas a um minúsculo sistema de detonação. Quem tentasse abrir o cofre sem desativar o mecanismo certamente voaria pelos ares com todo o conteúdo — dinheiro e documentos — e pedaços da própria casa. Além disso, havia a tranquilizadora presença de Olga, que acompanhava Prestes por toda parte, sempre armada com uma pistola.

Todos esses cuidados, no entanto, pareciam insuficientes. Notícias esparsas publicadas em jornais insinuavam que a polícia desconfiava da presença de Luís Carlos Prestes em território brasileiro. Era preciso fazer alguma coisa, tal como as duas cartas, para convencer as autoridades de que Prestes continuava no exterior. Arthur Ewert, como Olga, um dos mais preocupados com os riscos que Prestes corria no Brasil, chegou a sugerir que Rodolfo Ghioldi embarcasse no dirigível *Graff Zeppelin*, ancorado no Rio de Janeiro, e fosse a Moscou discutir a questão com o Comintern, mas a ideia foi colocada de lado. Semanas depois o grupo saberia que seus temores eram compartilhados pela alta direção comunista, na União Soviética.

Nos primeiros dias de setembro, agentes do Intelligence Service, o serviço secreto inglês, fizeram chegar às mãos do capitão Filinto Müller, o temido chefe da polícia do Distrito Federal, a edição de 25 de agosto do diário *Pravda*, órgão oficial do Partido Comunista da URSS, que estampava uma notícia tranquilizadora para a polícia brasileira. Sob uma fotografia de corpo inteiro de Luís Carlos Prestes — uma foto antiga, em que ele ainda usava a barba e o cabelo longos —, o jornal anunciava sua presença em Moscou e informava que pela primeira vez um latino-americano era eleito membro efetivo da Comissão Executiva da Internacional Comunista. Prestes passava a fazer parte da cúpula comunista mundial, entre outros, ao lado de Stálin, Dmitri Manuilski, Georgi Dimitrov, Mao Tsé-tung, Dolores Ibarruri (a Pasionaria espanhola), Palmiro Togliatti e Bela Kuhn. Se Prestes estava em Moscou no Sétimo Congresso da Internacional Comunista, no final de agosto, e se pretendia retornar ao Brasil, isso só aconteceria por volta do fim do ano: a polícia brasileira sabia que, com todas as dificuldades de transporte, uma viagem clandestina da União Soviética ao Brasil exigiria, no mínimo, um par de meses. A tensão que tomara conta da polícia se desfez com a notícia do *Pravda*. O serviço secreto inglês e o capitão Filinto Müller tinham engolido a isca dos comunistas.

7. "A REVOLUÇÃO ESTÁ NAS RUAS"

OLGA PROCURAVA NÃO SE INTROMETER nas questões internas do Partido Comunista e da Aliança, mas nem por isso deixaria de manifestar mais de uma vez, a Prestes e a Rodolfo Ghioldi, sua preocupação com alguns fatos que considerava inexplicáveis. Ela não entendia, por exemplo, como Miranda — a quem Ghioldi se referia como "um tipo semianalfabeto e sem preparo político" — pudera chegar a secretário-geral do partido, exercendo influência e autoridade sobre tantos intelectuais e militantes com uma longa história de lutas. E embora estivesse no partido havia menos de dois anos, era ele quem dava as cartas, com poder cada dia maior.

A ilegalidade da Aliança Nacional Libertadora transformara um movimento de massas de caráter nacional em um aparelho clandestino, praticamente controlado pelo Partido Comunista, onde era difícil identificar quem era só aliancista e quem era também comunista. E a orientação imposta aos que permaneceram na organização era a de trabalhar com afinco para a insurreição que Miranda tanto anunciara aos dirigentes soviéticos. A Luís Carlos Prestes cabia executar na ANL as decisões que o partido tomava.

O Partido Comunista se preparava em todos os sentidos. Um pequeno mas minucioso serviço de inteligência foi montado e por meio dele organizou-se um cadastro com os nomes de todos os alcaguetes empregados pela polícia política e dos policiais que militavam na Ação Integralista Brasileira. Como muitos dos componentes da Coluna Prestes tivessem ingressado na polícia ao retornarem do exílio, a infiltração dos comunistas era rica e abundante. Irregularmente circulava entre o comando revolucionário uma espécie de boletim secreto revelando as mudanças na polícia: quem tinha sido transferido e quem fora admitido, que investigações estavam sendo feitas por Filinto Müller e por seu lugar-tenente, o capitão Miranda Correia, delegado especial de Segurança Política e Social. Os recursos materiais para manter a máquina partidária em funcionamento não constituíram problema para os comunistas. Além do dinheiro trazido por Olga e Prestes e dos fundos controlados por Léon Vallée, o grupo recebia, através da Argentina, gordas e regulares remessas de dólares — que podiam ou não ser verdadeiros, pois o Comintern tinha à sua disposição alguns dos mais talentosos gráficos alemães. Por outro lado, os gastos também eram grandes: um dos balancetes do partido revelava que, em apenas um dos meses do segundo semestre de 1935, a manutenção do Partido Comunista chegou a setenta contos de réis — suficientes para a compra de quinze automóveis americanos de luxo.

A predominância do Partido Comunista sobre a Aliança, entretanto, somada à linha insurrecional que passou a orientar o movimento, acarretaria a perda de alguns dos mais valiosos aliados de Prestes. Em agosto ele recebe uma carta do general Miguel Costa, seu companheiro da Coluna, que partilhara com Caio Prado Júnior a direção da Aliança Nacional Libertadora em São Paulo. O militar faz uma análise do momento político, não poupa críticas a Prestes pelo teor do manifesto de 5 de julho e se coloca contra a tese da insurreição:

> Vem o 5 de julho. Você, naturalmente pouco ou mal informado, supondo que o movimento da ANL tivesse tanto de profundidade como de extensão, lançou o seu manifesto, dando a sua palavra de ordem de "todo o poder à ANL". Brado revolucionário, subversivo, só aconselhado nos momentos que devessem preceder a ação. Grito que, para estar certo, deve ser respondido pela insurreição [...] Veio o decreto do fechamento da ANL e este movimento popular não reagiu nem com duas greves organizadas. Os companheiros do Exército e da Marinha que se encontravam à frente da agitação estão uns presos, outros transferidos para os con-

> fins do Judas. As sedes da ANL acham-se fechadas, seus membros têm que se agitar na ilegalidade, com movimentos muito mais lerdos, muito mais difíceis, muito menos eficientes. Acho que a sua palavra, no momento, era indispensável. Mas, se você tivesse, em vez de pregar o assalto ao poder, recomendado a mais viva congregação em torno da Aliança, não se teriam precipitado os acontecimentos. Habituando-se a massa popular a cumprir as palavras de ordem, aos poucos, ela cumpriria a da tomada do poder quando a direção, mais tarde, assim o determinasse. Mas tal ordem só deveria ser dada quando o governo já se encontrasse na impossibilidade material de reagir. O contrário foi como atirar uma criança desarmada contra um elefante.

O tom da carta é de despedida. Miguel Costa termina propondo a continuação da luta dentro da legalidade, mediante a criação de organizações partidárias nos estados, com programas idênticos ao da ANL, mas com outra denominação, todas devidamente inscritas nos tribunais eleitorais. Esses partidos, segundo a sugestão, deveriam manter uma organização secreta, ao lado da fachada legal, "para preparar uma reação efetiva das massas no caso de um golpe fascista". A resposta de Prestes só viria em meados de outubro. Numa carta de duzentas linhas datilografadas, escrita em linguagem tão amável quanto a do general, Prestes concorda com algumas das críticas feitas pelo velho amigo, diverge em outros pontos, convida-o a permanecer na ANL e imagina-o chefiando o governo de São Paulo na condição de aliancista. Em um ponto, contudo, a divergência permanece — Prestes mantém a defesa intransigente da tomada do poder:

> Quanto ao tempo de que dispomos para a preparação da luta pelo poder, segundo todas as informações que tenho de diversos pontos do país, é coisa que se torna cada dia mais próxima. Seria leviandade falar aqui de datas, mas as condições objetivas indicam que de um momento para outro po-

> demos estar frente a acontecimentos de tal envergadura que sejamos obrigados a pôr na ordem do dia a questão da tomada do poder. Por isso a importância do trabalho conspirativo, já não só de arregimentação, como de organização do movimento. Neste sentido peço-lhe que continue a apoiar e a ajudar, em tudo o que lhe for possível.

Cuidadoso com a segurança, Prestes termina a carta com um despiste:

> Naturalmente, se os acontecimentos se precipitarem teremos ocasião de nos vermos e, portanto, de diretamente combinarmos as medidas de maior importância, porque no momento da luta ou pouco antes estarei no Brasil. Peço-lhe transmitir aos companheiros de São Paulo as minhas saudações revolucionárias e abraçar em meu nome os velhos companheiros da Coluna.

Não havia dúvidas de que, para Prestes, a revolução estava próxima. Nas semanas seguintes, entretanto, não haveria o menor indício de que algo de anormal estivesse ocorrendo no país. Curiosamente, notícias "plantadas" em jornais conservadores denunciavam a presença de Prestes ora no Nordeste, ora em Três Rios ou em Barra do Piraí, no interior do estado do Rio. A cada alarme falso, o jornal paulista *A Plateia*, que sobrevivera ao fechamento da Aliança Nacional Libertadora, estampava um desmentido: "Prestes, toda gente o sabe, acha-se na Europa, tendo sido as suas últimas cartas para o nosso país datadas de Barcelona e de Paris".

Nem o próprio Prestes, no entanto, poderia imaginar que a insurreição explodiria tão cedo e de forma tão imprevisível. Ao meio-dia de 23 de novembro, os soldados e sargentos do 21º Batalhão de Caçadores de Natal, capital do Rio Grande do Norte, tomaram a guarnição militar da cidade, prenderam os poucos oficiais que ali se encontravam, já que era sábado, e entregaram o comando da unidade ao sargento Dinis Henriques e ao cabo Estevão. O governador Rafael Fernandes, seu secretariado, os policiais de plantão na cidade e os oficiais que se encontravam fora do quartel dividiram-se na fuga: parte escondeu-se na casa do cônsul honorário do Chile, alguns se espremeram no avião *Croix du Sud* da companhia Latécoère, que estava na cidade, e o restante decidiu resistir no quartel da Força Pública estadual. Os oficiais presos foram encarcerados em navios que se encontravam atracados no porto.

Uma única edição feita às pressas do jornal *Liberdade* anunciava que o poder estava nas mãos da Aliança Nacional Libertadora, que acabara de instalar o Governo Popular Revolucionário, cujo comando era composto pelo operário José Praxedes de Andrade, o sargento Quintino de Barros, o carteiro José Macedo, o estudante João Galvão e o funcionário público Lauro Lago. Foi um misto de insurreição política e carnaval: o povo aderiu à revolta, invadiu os quartéis ocupados, roubou os fardamentos guardados nos depósitos e saiu pelas ruas fantasiado de soldado. Os transportes urbanos passaram a ser gratuitos por decreto revolucionário. Os cofres dos bancos foram arrombados e o dinheiro — milhares de contos, uma fortuna — expropriado e distribuído entre a população. A "zona liberada" estendeu-se por mais meia dúzia de municípios do interior, mas a revolução durou apenas cinco dias. Na quarta-feira, tropas federais e de estados vizinhos retomaram a capital e as cidades ocupadas, reempossaram o governador e prenderam centenas de revoltosos.

Durante aqueles cinco dias o governo tivera que sufocar outro levante militar feito em nome da Aliança Nacional Libertadora. No domingo, dia 24, os tenentes Lamartine Coutinho e Sylo Meirelles tomaram o 29º Batalhão de Caçadores de Recife, em Pernambuco, e resistiram durante 48 horas, no quartel e nas ruas da cidade, até serem cercados e dominados por tropas oficiais.

No Rio de Janeiro, Rodolfo Ghioldi empalideceu ao comprar os jornais de domingo com as notícias de Natal. Correu à casa de Prestes, que acabara de ser informado dos acontecimentos. Acompanhados de Olga, dirigiram-se à casa de Ewert e decidiram entrar em contato com Miranda o mais rápido possível, para que os quatro tomassem as medidas necessárias diante daqueles eventos inesperados. Miranda, todavia, somente seria localizado no fim da tarde de segunda-feira, dia 25. Prestes já tinha opinião formada a respeito do que fazer, mas por uma questão de disciplina partidária não quis agir sem antes deliberar com o secretário do partido. A reunião acabou sendo realizada na casa de Olga e Prestes, e entrou pela madrugada. Dela participaram o casal, Ewert, Ghioldi e Miranda. A princípio, Prestes era o único a defender o levante no Rio de Janeiro, insistindo em que não poderiam abandonar os companheiros de Natal e Recife. Ewert e Ghioldi apenas ouviam e Miranda relutava. À medida que Prestes relacionava as guarnições dispostas à insurreição — a Vila Militar, a Escola Militar, a Escola de Aviação —, o secretário do partido foi cedendo. No meio da reunião ele próprio já estava tão seguro do triunfo da revolução que propôs a convocação de uma greve geral em apoio à revolta. Nesse momento Rodolfo Ghioldi interrompeu o silêncio que mantivera até ali:

— Eu voto contra a insurreição e contra a greve geral. A análise que faço indica que não temos condições de realizar nem uma nem outra coisa. Tenho tido contato com os companheiros e sei que isto só existe no papel.

Ewert assentiu com a cabeça. Foi aí que Prestes jogou sobre a mesa aquilo que Ghioldi chamaria de "o ás de ouros escondido na manga". Solene, ele informou a seus companheiros:

— A Marinha de Guerra está comprometida conosco e se fizermos o levante ela toma o poder ao nosso lado.

Os dois estrangeiros se espantaram com a notícia e a segurança com que foi dada. Ghioldi pediu que Prestes fizesse a gentileza de repetir o que acabara de dizer. Prestes insistiu:

— A Marinha de Guerra está comprometida comigo para tomar o poder.

Ghioldi e Ewert se curvaram ao argumento. E foi o argentino quem falou:

— Se é assim, que se faça a insurreição.

O plano da revolução foi detalhado ali mesmo. Prestes despacharia mensageiros de confiança a todas as guarnições onde havia oficiais à espera de orientação e aos navios da Armada nos quais o partido tinha bases comprometidas com o levante. O 3º Regimento de Infantaria, do capitão Agildo Barata, se levantaria e suas tropas se dividiriam em três colunas: uma marcharia rumo ao Arsenal da Marinha, para auxiliar o Batalhão Naval; outra se dirigiria ao Palácio do Catete, sede do governo, prenderia o presidente Getúlio Vargas e quem estivesse com ele; uma terceira tomaria o Palácio Guanabara, residência oficial do presidente da República. Prestes pediu que Miranda conseguisse alguém de confiança para levar uma mensagem ao capitão André Trifino Correia, comandante de um batalhão em Ouro Preto, no interior de Minas Gerais. E ali mesmo escreveu um bilhetinho:

> Meu caro Trifino:
>
> Estamos frente à Revolução. Aqui não podemos esperar mais de dois ou três dias. Conto com a tua energia e decisão no sentido de dirigir a Revolução em Minas Gerais. Abraça-te o
>
> Prestes

Com a energia de um comandante, Prestes deu suas ordens. Instruiu Miranda para que tomasse algumas providências na manhã seguinte: primeiro, era necessário arranjar uma nova casa para Olga e ele, na Zona Norte. Desencadeado o levante, era importante que estivesse em local de fácil acesso ao complexo da Vila Militar, no subúrbio carioca. Miranda deveria também orientar Barron para que este colocasse o aparelho de rádio em condições de funcionamento. Barron informaria ao Comintern, através de mensagem cifrada em morse, da decisão do levante. A frequência em que a estação operaria fora distribuída pelo próprio Prestes, e Recife passaria a comunicar-se com eles a partir do dia seguinte. Dias depois, entraria no ar o contato do Birô Latino-Americano do Comintern, em Montevidéu.

As notícias que chegavam ao Rio no dia 26 de novembro sobre os acontecimentos em Recife eram pouco precisas e contraditórias. Mas não havia dúvidas sobre o sucesso no Rio Grande do Norte: tanto Natal como as cidades do interior continuavam sob o controle do Governo Popular Revolucionário — a única reação fora a de um certo fazendeiro, o "coronel" Dinarte Mariz, que armara pessoalmente sua tropa de jagunços e os enviara para tentar desalojar os revolucionários. Na manhã do dia 26, os jornais davam destaque à decisão do presidente Getúlio Vargas de contra-atacar, decretando o estado de sítio por trinta dias em todo o país, "para que o Estado pudesse defender-se da insolência comunista". Prestes e Olga tiveram um dia de atividade febril. Todos os contatos do partido e os simpatizantes nos quartéis do Exército, da Aviação Militar e da Armada haviam sido avisados da decisão do levante. O presumido apoio da Marinha, mais os levantes do Nordeste e do Norte, devem ter pesado bastante na decisão de Prestes, pois, semanas antes, ao responder a uma carta do comandante Roberto Sisson, ele dissera não acreditar que havia chegado o momento da tomada do poder. Sisson estava entusiasmado com uma greve de trabalhadores em Petrópolis, mas Prestes retrucara prudentemente que "seriam necessários muitos Petrópolis" para que surgissem as condições propícias.

No final da tarde todos os preparativos estavam montados. Quando a noite caiu, Prestes e Olga mudaram-se da casa de Ipanema para a que Miranda arranjara na rua Correia de Oliveira, em Vila Isabel, a meio caminho da Vila Militar, a mais importante guarnição da capital. No momento em que os revoltosos tomassem as unidades, bastariam poucos minutos para que Prestes assumisse, da Vila Militar, o comando do país. Antes de partir, ele improvisou num cartão um salvo-conduto para Ewert, cujos termos davam a medida da sua certeza quanto à vitória do movimento:

Salvo-conduto

O portador deste, sr. Harry Berger (nacionalidade norte-americano [SIC]) é pessoa para a qual exijo o maior respeito e consideração.

Rio, 26/XI/35

Luís Carlos Prestes

Restava ainda uma última providência: redigir o manifesto que seria distribuído à população, convocando-a para a revolta. E é com esse panfleto que o Partido Comunista admite, pela primeira vez, a presença de Prestes no país:

POVO BRASILEIRO!

[...] Está sendo decidida a causa do Brasil e de todos os seus filhos. Ninguém poderá permanecer indiferente. Não se trata de "movimento comunista", como apregoa a imprensa vendida ao imperialismo e à camarilha de Vargas! É a Revolução Popular pela Libertação Nacional do Brasil que está em marcha, dirigida pela Aliança Nacional Libertadora e seu glorioso chefe Luís Carlos Prestes.

O Partido Comunista do Brasil (Seção da Internacional Comunista) apoia com todo o vigor, firmeza e decisão esse heroico movimento revolucionário!

Povo brasileiro! Aproxima-se a hora da vitória sobre os seculares opressores e exploradores do nosso país!

Luís Carlos Prestes, o herói anti-imperialista e antifeudal, o chefe querido em torno do qual se unem todos os brasileiros, volveu a sua terra, está entre nós e dirige os combates decisivos da Revolução Nacional Libertadora.

Comunistas e simpatizantes do Partido! Ocupai vossos postos de combate com as armas nas mãos, com toda a iniciativa e decisão. Ninguém em casa! Todos nas ruas, nas lutas, nas barricadas, com os soldados e marinheiros do Brasil! [...] Operários dos transportes e das indústrias — às greves e às lutas de ruas por vossas reivindicações e pela libertação do Brasil! Camponeses, colonos, assalariados agrícolas — à luta contra os grandes senhores da terra, por vossas reivindicações e para que a terra vos pertença! Soldados e marinheiros do Brasil! Com todo o povo libertador, libertemos a nossa pátria do jugo imperialista.

[...] Abaixo o governo de traição nacional de Vargas e sua camarilha reacionária nos Estados!

Viva a Revolução Nacional Libertadora!

Viva o Governo Popular Nacional Revolucionário e seu glorioso chefe Luís Carlos Prestes!

Por pão, terra e liberdade!

Todo o poder à Aliança Nacional Libertadora!

O Bureau Político do
Partido Comunista do Brasil
(Seção da Internacional Comunista)

Movidos por alguma arte do instinto, Prestes e Olga resolveram que não seriam levados para Vila Isabel por Erika, a jovem mulher de Gruber que até então servia como motorista do casal. Para isso, Prestes chamou um velho amigo seu, o major Vítor César da Cunha Cruz, naquela época cursando a Escola de Comando e Estado-Maior do Exército. Embora não fosse comunista, Cunha Cruz era de total confiança, e, sendo oficial do Exército, eliminava os riscos de serem interceptados por alguma patrulha. A viagem até as imediações da Vila Militar transcorreu sem nenhum contratempo.

À noite Victor Barron ligou pela primeira vez a enorme estação de rádio que lhe custara quase um ano de peregrinação a dezenas de lojas e cidades diferentes. Quando as luzinhas coloridas acenderam e o aparelho começou a funcionar, ele buscou em suas anotações a frequência em que deveria sintonizar a estação do Comintern, instalada do outro lado do planeta, em Moscou. Não levou muito tempo para transmitir a mensagem cifrada do comando revolucionário, informando que o levante fora desencadeado. As ondas trouxeram até o Rio, também cifrado, um elogio que o encheu de orgulho. De Moscou, a direção do Comintern desejava pleno êxito à empreitada e cumprimentava "o grande bolchevique Victor Barron por seu desempenho".

A revolução comunista brasileira ia começar às três horas da madrugada.

8. UM ESPIÃO ENTRE OS COMUNISTAS

A REVOLUÇÃO COMEÇOU às três horas da madrugada e acabou à uma e meia da tarde.

Nenhuma das guarnições da Vila Militar se levantou. Não houve rebelião na Escola Militar. Nem no Arsenal da Marinha. Tampouco no Batalhão Naval. Preso em Minas Gerais, o capitão Trifino Correia sequer recebeu o bilhete de Prestes: tanto o mensageiro que deveria contatá-lo quanto o que se dirigia ao Rio Grande do Sul, com idêntica missão, foram apanhados pela polícia antes de saírem do Rio de Janeiro. Rodolfo Ghioldi diria anos depois, melancólico:

— A greve geral imaginada por Miranda não conseguiu paralisar ninguém. E o prometido apoio da Marinha de Guerra à revolução não mobilizou nem as barcas da Cantareira.

A revolta ficou restrita ao 3º Regimento de Infantaria, à Escola de Aviação Militar e foi sufocada à força em poucas horas. O 3º Regimento de Infantaria ficava na Praia Vermelha, no centro da Zona Sul do Rio de Janeiro, espremido entre três morros. Lá dentro, para combater e dominar trezentos oficiais e cerca de 1700 soldados, o Partido Comunista e a Aliança Nacional Libertadora contavam, ao todo, com menos de trinta homens, entre oficiais e soldados. A missão de comandar a insurreição caberia ao valente e aguerrido capitão comunista Agildo Barata, que, no entanto, talvez fosse a pessoa menos indicada para a tarefa: ele tinha sido transferido do Sul para o Rio havia menos de um mês e sua única ligação com a tropa do 3º Regimento residia no fato de estar ali cumprindo pena de prisão disciplinar por 25 dias, acusado de tentar organizar a ANL nos quartéis do Rio Grande do Sul.

Todas as tropas federais assentadas no Rio de Janeiro tinham entrado em rigorosa prontidão na noite de 23 para 24 de novembro, após chegarem à capital federal informações da tomada de Natal pelos revoltosos. A notícia de que Luís Carlos Prestes teria sido visto na cidade de Barra do Piraí fez com que o Comando da Primeira Região Militar despachasse para lá uma companhia do 2º Regimento de Infantaria, a fim de prevenir "qualquer perturbação da ordem ou surgimento de movimento subversivo". No 3º Regimento de Infantaria todo o efetivo mantinha-se em estado de alerta: com as armas sempre à mão, a tropa fardada só tinha permissão para recostar-se nas camas, sem sequer tirar os coturnos. Os oficiais, vigilantes, percorriam o quartel de pistola em punho, madrugada adentro, e exigiam autorização superior até para que os soldados fossem ao banheiro. Todos esses cuidados levantam a suspeita de que o governo soubesse que a rebelião começaria ali, e àquela hora.

Na hora combinada, o tenente Francisco Leivas Otero disparou para o ar rajadas de fuzil-metralhadora: era o sinal para que cada rebelde, em sua companhia, prendesse o comandante e os oficiais legalistas e assumisse o comando da tropa. Agildo Barata, cumprindo sua pena no cassino dos oficiais, prendeu ali mesmo o capitão Luís Máximo, que entrou para a história do levante como o primeiro refém e a primeira vítima: quando um soldado tentava ajudar Barata a desarmá-lo, a pistola do oficial legalista disparou, atingindo-o na perna. Após meia hora de tiroteio infernal, os revolucionários tinham o comando do 3º Regimento de Infantaria. Mas a vitória seria efêmera: àquela hora o presidente Getúlio Vargas já havia sido informado dos acontecimentos por seu ajudante de ordens e futuro genro, o tenente da Marinha Ernâni do Amaral Peixoto, despertado por um telefonema do tenente-coronel Eduardo Gomes, relatando a existência de uma rebelião na Escola de Aviação Militar, ao lado da Vila Militar. Minutos depois, quando o presidente se encaminhava para o Ministério da Guerra, chegou a notícia de que o 3º Regimento de Infantaria também estava sendo tomado por uma insurreição.

O general Eurico Gaspar Dutra, comandante da Primeira Região Militar, determinou o cerco completo do quartel da praia Vermelha, onde a situação parecia mais grave. Em poucos minutos os morros que cercavam a unidade militar, a praia Vermelha e a praça fronteiriça ao 3º Regimento de Infantaria foram tomados pelo Batalhão de Guardas, por uma Companhia Motorizada de Metralhadoras e um Grupamento de Obuses. Pelo telefone requisitou-se o 1º Batalhão de Caçadores, sediado em Petrópolis. Os rebeldes só perceberam que estavam cercados por volta de quatro horas da madrugada. Quando uma patrulha tentou sair à rua e abrir caminho para a tropa revolucionária, as metralhadoras pesadas do Batalhão de Guardas, instaladas estrategicamente no topo do morro da Urca e no alto da pedra da Babilônia, cobriram o prédio de tiros. Três ou quatro novas tentativas de tomar a avenida Pasteur, à frente do quartel, foram repelidas pelo fogo cruzado de obuses de 155 milímetros. Através das janelas arrancadas a bala ou dos rombos provocados por tiros nas paredes, policiais civis atiravam bombas de gás lacrimogêneo no interior do edifício.

A poucos metros de distância o general Eurico Gaspar Dutra, protegido pela laje de um posto de gasolina, conseguiu telefonar para o quartel e comunicar-se com um dos oficiais legalistas presos, o coronel Afonso Ferreira. Pouco depois Dutra enviou um emissário com uma proposta de rendição dirigida ao capitão Barata, comandante dos rebeldes. Era um bilhetinho curto e formal:

> Senhor Comandante Revolucionário do 3º RI:
>
> O general comandante da 1ª RM — vosso comandante vos concita a depor imediatamente as armas e render-vos; vossa situação é insustentável e é aconselhável evitar inúteis sacrifícios.
>
> 27.XI.1935
>
> Gen. Eurico Gaspar Dutra

Agildo Barata considerou "uma petulância" a proposta de rendição incondicional, mas percebeu, pelo tom do bilhete, que o general já se considerava vitorioso. Pelo rádio do quartel, entretanto, Barata tomara conhecimento de "graves perturbações da ordem" na Escola de Aviação Militar, no Campo dos Afonsos. Se até aquele momento o governo não havia utilizado a aviação para desalojá-los do 3º Regimento de Infantaria, isso podia ser um indício de que a Escola estivesse sob o controle dos rebeldes. O melhor, portanto, era ganhar tempo e esperar. Nada de rendição. Passou algum tempo até que o mensageiro do general Dutra, um sargento do Batalhão de Guardas, pudesse sair do quartel com a resposta de Barata. Utilizando uma ambulância que tirava feridos do prédio, o sargento entregou a seu superior um pedaço de papel em que os rebeldes repeliam a proposta:

> Gen. Dutra
>
> Comandante da 1ª RM
>
> Regimento sob nosso comando não se renderá antes vermos governo esfomeador Getúlio derrubado.
>
> Concitamos prezado Companheiro salve Brasil ser entregue mãos estrangeiros por Getúlio, Flores e Catervas.
>
> Todo regimento conosco. Esperamos do chefe da 1ª RM união ponto de vista, capaz livrar nossa pátria garras Getúlio.
>
> Movimento não é comunista! mas nacional, popular, revolucionário com o mais digno dos nossos companheiros à frente: Luís Carlos Prestes.
>
> Agildo Barata Ribeiro
> Capitão Comandante 3º RI Popular Revolucionário
> Álvaro Francisco de Souza
> Capitão Comandante do 3º RI

Barata ainda não sabia, mas àquela altura, ao clarear do dia 27, a revolta da Escola de Aviação Militar havia sido debelada e seus líderes, os capitães Sócrates Gonçalves da Silva, Agliberto Vieira e os tenentes Ivan Ribeiro e Dinarco Reis, além de mais de uma centena de oficiais e soldados, encontravam-se todos presos. No momento em que o general Dutra lia a resposta de

Barata à sua proposta de rendição, o presidente Getúlio Vargas, vitorioso, já percorria os escombros da Escola de Aviação Militar em companhia do tenente-coronel Eduardo Gomes, que saíra da refrega com a mão ferida por um tiro de fuzil. Com a Escola de Aviação retomada, o governo concentrou mais forças militares em torno do 3º Regimento de Infantaria. Um dos pavilhões estava sendo devorado por chamas provocadas pelo bombardeio pesado e às onze horas da manhã os rebeldes perceberam, no céu, que estavam derrotados: aviões militares faziam ameaçadores voos rasantes sobre o que restava do quartel. Barata ordenou que um corneteiro tocasse "cessar fogo" para reiniciar as conversações com Dutra. Seus dois mensageiros foram presos e desarmados à saída do prédio, e minutos depois o general e seus comandados entravam no prédio para receber a rendição dos insurretos. Um oficial que acompanhava Dutra não conteve a provocação e perguntou:

— Quem é o filho da puta do Agildo Barata?

O capitão revolucionário respondeu, furioso:

— O Agildo Barata sou eu! O filho da puta és tu?

A revolução chegava ao fim com um palavrão, duas dezenas de mortos e centenas de presos. E os comunistas, aliancistas e simpatizantes começavam a ser vitimados pela maior caçada policial que o país conhecera. Os oficiais derrotados deixaram o 3º Regimento de Infantaria festivamente, de braços dados e dando vivas à revolução. Na delegacia de polícia, para onde foram levados em ônibus emprestados ao Exército pela companhia canadense de eletricidade Light & Power, Agildo conversou alegremente com os repórteres e contou detalhes da batalha da madrugada. Quando os jornalistas quiseram saber as razões do levante, ele não teve dúvidas em exibir o bilhete de Prestes determinando a hora em que a revolta deveria começar. Minutos depois, oficiais, cabos, sargentos e soldados foram levados para a Casa de Detenção, um enorme presídio na rua Frei Caneca, no centro da cidade, transformado em prisão política.

O estado de sítio decretado na antevéspera pelo presidente da República deixava o governo livre para desencadear a repressão. Investido de poderes absolutos, o chefe de polícia do Distrito Federal, capitão Filinto Müller, proíbe o porte de armas no Rio de Janeiro e estabelece que ninguém pode sair da cidade sem autorização e salvo-conduto da Delegacia Especial de Ordem Social e Política, chefiada por um homem de sua absoluta confiança, o também capitão Emílio Romano. As fichas de "extremistas", anarquistas, comunistas, socialistas, trotskistas e membros ou meros simpatizantes da Aliança Nacional Libertadora são transformadas em mandados de prisão. Os agitadores mais notórios e os suspeitos de comprometimento com o Partido Comunista são levados para o quartel-general da Polícia Especial, no morro de Santo Antônio. Em poucos dias já se sabe que "ir para o morro de Santo Antônio" significa ser submetido às mais brutais formas de tortura. Filinto Müller quer pegar a ponta do novelo da revolta de qualquer jeito, e ninguém está a salvo: entre os primeiros alcançados pela rede jogada sobre o país estão Roberto Sisson, Francisco Mangabeira, os intelectuais Castro Rebelo, Luís Carpenter, Leônidas Resende e Maurício de Medeiros. Contra os suspeitos de ideias extremistas, mas que não as colocaram em prática, Filinto impõe uma pena mais branda: a perda do emprego. Para dar o exemplo, um dos primeiros atingidos é o próprio secretário da Educação do Distrito Federal, o professor Anísio Teixeira. A polícia requisita ao Lloyd Brasileiro o navio *Dom Pedro I*, e transforma-o em prisão flutuante, ao largo da baía da Guanabara. A voragem da repressão é grande: o navio logo está cheio, assim como as galerias de celas na Casa de Detenção, onde centenas de presos e suspeitos se amontoam à espera de uma acusação formal. Uma caravana de ônibus da Light retira quatrocentos soldados da Casa de Detenção e leva-os até o cais Pharoux, no centro da cidade, de onde são embarcados para a ilha das Flores, que a cada dia passaria a receber novas levas de prisioneiros. No final do mês, milhares de pessoas haviam sido presas em todo o país e os porões do *Dom Pedro I* receberam suas três primeiras hóspedes: Maria Werneck de Castro, Catharina Landeberg e Amanda Alberto Abreu, dirigentes da União Feminina Brasileira, organização ligada à ANL e acusada pelas autoridades de ser uma fachada do Partido Comunista. O combate aos comunistas ganha adeptos importantes: as investigações passam a contar com a colaboração de agentes do serviço secreto britânico, o Intelligence Service, e, comenta-se abertamente entre os policiais cariocas, da assustadora Geheime Staatspolizei, a Gestapo nazista. Um mês depois de desencadeada a repressão aos comunistas, os cabeças ainda estão à solta, e o estado de sítio é prorrogado para permitir que as investigações prossigam. O Natal encontra um Brasil transformado em campo de batalha, imerso em terror.

No dia 26 de dezembro o jovem médico Pedro Nava está passando de ambulância pela rua Prudente de Moraes, em Ipanema, a caminho do trabalho, e chama a atenção do motorista para a beleza de uma moça de aparência estrangeira que caminha pela calçada. Quando a moça chega à esquina da rua Paul Redfern, Nava se surpreende com a reação dela, que dá meia-volta e retorna correndo, como se fugisse de alguém. O médico espicha o pescoço para tentar identificar o que tanto aterrorizou a jovem e vê, a meia quadra dali, dezenas de policiais à paisana, jogando dentro de um camburão um casal também com jeito de estrangeiro. A moça era Olga Benario, e a polícia de Filinto Müller chegara à casa de Sabo e Arthur Ewert.

Olga e Prestes haviam retornado à casa da rua Barão da Torre na manhã do dia 27 de novembro, tão logo chegou ao aparelho da Vila Isabel a notícia do fracasso da revolução. A polícia estabelecera barreiras em cada esquina da cidade, mas concentrara suas forças nas imediações da Urca, perto do 3º Regimento de Infantaria. Graças a isso, eles puderam chegar a Ipanema, levados pelo major Cunha Cruz, sem ser importunados. Os trinta dias que transcorreram até a prisão de Ewert submeteram o casal a um regime de clandestinidade rigorosa. Militantes do partido que ainda não estavam "queimados" eram utilizados como pombos-correio entre a direção do Partido Comunista e o comando revolucionário. As poucas reuniões que realizaram foram cercadas de um rígido esquema de segurança. Ainda que seu rosto daqueles dias — barbeado, sem bigodes e de cabelo curto — tivesse pouco ou nada em comum com as fotografias estampadas nos jornais, Prestes sabia que estava sendo caçado nas ruas e não podia se arriscar. Olga reforçou a vigilância em torno dele e saía raras vezes, apenas para levar ou trazer alguma mensagem entre a casa deles e a dos Ewert, a poucos passos dali. Em ocasiões muito especiais, quando a escolta de Prestes estava a cargo de alguém de absoluta confiança e bem armado, ela se dava ao luxo de passar parte da manhã com Sabo, tomando banho de mar na praia de Ipanema.

Na manhã do dia 26 de dezembro ela levava alguns apontamentos escritos pelo marido sobre a situação do partido para que Ewert os visse, quando, ao chegar na esquina da Paul Redfern, apavorou-se com a confusão na porta da casa dos amigos. Olga ainda pôde ver Arthur Ewert ser atirado a pontapés dentro de um camburão e vários homens entrando atrás dele. Sabo era arrastada à força e levada para outro veículo. Brandindo ameaçadoramente metralhadoras e fuzis, os policiais afastavam os curiosos que se aglomeravam à porta da casa. Olga temeu que, se corresse demais, poderia chamar a atenção de alguém, mas um segundo de demora poderia ser fatal: se a polícia já tivesse conseguido o endereço deles, em instantes a casa da Barão da Torre também estaria sendo invadida. Ela subiu aos saltos a escada que levava ao segundo andar, onde Prestes trabalhava. Misturando alemão, português e francês, agarrou-o pela mão e gritou:

— Vamos sair daqui já! Sabo e Ewert acabam de ser presos neste instante. Eu vi a polícia levá-los e agora podem estar vindo para cá!

Não havia tempo de pegar roupas, papéis, coisas pessoais, nada. Prestes juntou a papelada espalhada sobre a mesa, atirou-a no cofre guardado pelos explosivos de Gruber e bateu a portinhola com força. Olga ainda pensou em levar consigo o cachorro policial que ganhara de presente do marido, mas logo desistiu da ideia: seria um despropósito fugir da polícia levando um cachorro pela mão. Os dois saíram pela rua aparentando naturalidade, mas tentando ao mesmo tempo escapulir das imediações o mais rápido possível. O primeiro táxi que passou levou-os a Copacabana, ao apartamento onde vivia Victor Barron. Ali, em relativa segurança, poderiam entrar em contato com a direção do partido, que estava providenciando novos aparelhos em lugares diferentes da cidade, certa de que a razia do capitão Filinto Müller acabaria chegando perto dos cabeças. Tanto Prestes quanto Olga sabiam o endereço do novo aparelho que lhes tinha sido reservado — uma casa térrea na movimentada rua Nossa Senhora de Copacabana —, mas, como ignoravam de que forma a polícia chegara até os Ewert, temiam que o esconderijo pudesse ter sido "estourado" antes mesmo de ser ocupado. Só quando a noite chegou, com a certeza de que a polícia não tinha conhecimento do lugar, é que Victor Barron instalou o casal no carro Graham Page e, depois de dar algumas voltas no quarteirão para certificar-se de que não estavam sendo seguidos, nem a casa guardada, é que os deixou no local em que passariam os próximos quinze dias, até conseguirem outro mais seguro. Na manhã seguinte, Olga levou para Prestes os jornais do dia e uma notícia intrigante: a imprensa não dava uma linha sequer sobre a prisão de Sabo e Arthur Ewert, o que permitia duas interpretações. Ou Filinto sabia quem tinha nas mãos — e naquele momento estaria usando seus costumeiros métodos para arrancar-lhe informações e, só depois, exibi-lo aos jornalistas — ou então a polícia aceitara a fachada e não conseguira estabelecer relação entre o "norte-americano" Harry Berger e a frustrada insurreição do mês anterior.

O próprio Ewert chegou a ter esperanças de que a polícia não descobriria sua verdadeira identidade. Que o cidadão norte-americano Harry Berger tivesse participado da revolta não era assim tão grave — o governo brasileiro com certeza o trataria como a tantos estrangeiros "indesejáveis": iria deportá-lo simplesmente. Seria o diabo, no entanto, se descobrissem que ali estava um dirigente da Terceira Internacional e do Partido Comunista alemão. No camburão, a caminho do quartel da Polícia Especial, sua expectativa se desfez.

Até então, ninguém lhe fizera, a ele ou a Sabo, qualquer

pergunta. Dezenas de policiais tinham invadido sua casa trazendo um verdadeiro arsenal nas mãos: pistolas, fuzis, metralhadoras. Enquanto ele e a mulher eram arrastados para fora, quatro homens e o que ele entendeu serem duas "testemunhas" — que chegaram junto com a equipe — ficaram na casa, recolhendo tudo o que encontravam. No camburão ele foi sentado num banquinho de lata e teve cada uma das mãos algemada a um cano de ferro soldado na carroçaria do veículo, atrás da sua cabeça. Um dos quatro homens que se aboletaram com ele no carro policial pareceu-lhe louro e esbranquiçado demais para ser brasileiro. Colocando no colo a metralhadora, o policial tirou de um bolso do paletó um quebra-nozes de ferro e passou a abrir avelãs que tirava do outro bolso. Subitamente, com a mesma naturalidade com que partia as frutas natalinas, ele segurou a mão esquerda de Ewert, presa no cano pela algema, ajustou o quebra-nozes em torno da falange de seu polegar e, com toda a força, esmagou-lhe os ossos do dedo. A dor empapou de suor o rosto de Ewert, que não emitiu um único som. Mastigando pedaços de avelã, e sempre impassível, o policial murmurou com a boca quase encostada ao seu rosto:

— *Du kommunistischer Hurensohn!*

Não foi o palavrão que gelou Ewert. Aquela não era a primeira e certamente não seria a última vez que alguém o chamava de "comunista filho da puta". Aquilo pronunciado em alemão perfeito, sem nenhum sotaque, entretanto, o aterrorizou: se aquele era um policial alemão, como parecia, ele não sairia vivo do Brasil. E, se saísse, talvez fosse até pior: seria deportado para os porões da Gestapo, em Berlim. Então era verdade — os nazistas estavam ajudando Filinto Müller.

Quando o capitão Filinto Müller selecionou os agentes para a ação na rua Paul Redfern, já sabia quem era Harry Berger. Uma semana antes, o delegado Antônio Canavarro Pereira, um dos muitos policiais colocados a sua disposição, trouxera até seu gabinete um depoimento que merecia a consideração do chefe de polícia. Entre as dezenas de comunistas presos, estava Josué Francisco de Campos, conhecido pelo codinome de Bagé, que fizera declarações interessantes. Bagé contou que meses antes tinha sido convidado pelo Comitê Central do Partido Comunista para assistir, num sítio em Jacarepaguá, nas imediações do Rio, a uma palestra feita por um estrangeiro, aparentemente americano, sobre a Revolução Chinesa. Durante uma hora e falando sempre em inglês, o estrangeiro mostrou ao pequeno grupo de comunistas brasileiros, num mapa da China pregado na parede, o que tinha sido a Grande Marcha realizada por Mao Tsé-tung. De posse das informações dadas por Bagé, Filinto Müller entrou em contato com o Intelligence Service na esperança de que este identificasse o misterioso conferencista de Jacarepaguá. Foram necessários poucos dias para que a ficha completa viesse às mãos de Filinto. O louro e corpulento especialista em Revolução Chinesa era o ex-deputado comunista ao Reichstag e ex-dirigente do Comintern Arthur Ernst Ewert, que usava também os nomes de Harry Berger e Arthur Brown. O serviço secreto inglês havia acompanhado o périplo de Ewert desde que ele saíra de Xangai com destino a Amsterdam, usando o passaporte americano em nome de Harry Berger. Da capital holandesa ele fora a Moscou com outro passaporte, retornara a Amsterdam e daí, de novo como Harry Berger, passara por Montevidéu até chegar ao Brasil, onde se juntaria a sua mulher. Embora controlando-o de perto desde o navio que o trouxera de Montevidéu ao Rio, e tendo chegado ao requinte de interrogar até o dono do caminhão que transportou sua bagagem do porto do Rio ao hotel da rua Marquês de Abrantes, o serviço secreto inglês perdera a pista de Ewert poucos dias depois. Mas não havia qualquer dúvida de que o homem no sítio dos comunistas em Jacarepaguá era ele, Arthur Ewert, sob o nome de Harry Berger. Com a cidade ocupada por milhares de policiais, as saídas fechadas e centenas de comunistas e simpatizantes presos, Filinto Müller não teve dificuldades para chegar até a casa da rua Paul Redfern.

Junto com uma montanha de papéis, documentos, manuscritos, manifestos, cartas e bilhetes apreendidos na casa dos Ewert, a polícia obteve da doméstica Deolinda Elias informações sobre todos os frequentadores do aparelho e, inclusive, um endereço que ajudaria a pegar outra ponta do novelo. A empregada declarou ao policial Francisco Jullien que um dos casais estrangeiros que participava das reuniões noturnas — um senhor de cabelos claros e sua esposa, uma estrangeira que mancava de uma perna — vivia a poucos metros dali, na esquina da Paul Redfern com a rua Prudente de Moraes: eram Alphonsine e seu marido, Léon-Jules Vallée, o homem das finanças. Deolinda disse mais: também a uma quadra e meia de distância, na rua Barão da Torre, vivia o casal com quem os Ewert tinham relações mais estreitas. Era a casa de Prestes e Olga, que minutos depois seria esquadrinhada centímetro a centímetro por um incomum aparato policial. Aparentando saber que não corriam riscos, dois investigadores arrombaram o cofre embutido na parede do quarto do casal.

Nem a lanterna Eveready entupida de dinamite nem a bomba contendo meio quilo de trotil explodiram: os policiais tiveram livre acesso ao dinheiro e a mais documentos, cartas, panfletos, mapas e anotações sobre a revolução que não tinha dado certo. Longe de revelar incompetência de Paul Gruber, a falha no sistema explosivo — que a polícia anunciou escandalosamente aos jornais como sendo uma "máquina infernal" — parecia deliberada e confirmava uma suspeita que muitos membros do comando revolucionário já tinham, mas nunca haviam manifestado. Embora fosse homem de confiança do Partido Comunista alemão e do Comintern (meses antes de vir para o Brasil, Gruber foi arrolado em processo num tribunal nazista como "funcionário graduado" do Partido Comunista alemão), ele era, na verdade, um espião a serviço do Intelligence Service. A comprovação disso só surgiria quatro anos depois, e ainda assim sob a forma de informação a que raras pessoas tiveram acesso: preso nos últimos dias de 1940, Gruber corria o risco de ser deportado pelas autoridades brasileiras para seu país de origem. Ao tomar conhecimento do fato, a direção do serviço secreto inglês entrou em ação para salvar a pele de seu agente infiltrado na cúpula comunista. O consultor diplomático do Foreign Office — o Ministério das Relações Exteriores britânico — procurou a embaixada brasileira em Londres e solicitou ao embaixador Souza Leão que interviesse em favor de Gruber, "tendo em vista os serviços prestados na denúncia do movimento comunista de 1935". Souza Leão transmitiu imediatamente o apelo britânico à Presidência da República, no Brasil, através de telegrama, concluindo a operação que salvaria Gruber, não obstante ser agente infiltrado entre os comunistas, de morrer numa masmorra nazista. Cuidadoso como agente duplo, Gruber conseguiu confundir até as autoridades diplomáticas e policiais dos Estados Unidos. Poucos dias após sua prisão, o conselheiro da embaixada americana no Brasil, William C. Burdett, transmitia ao secretário de Estado Cordel Hull um informe "estritamente confidencial" sobre a personagem, afirmando ter provas de que ele recebera, "de fontes nos Estados Unidos", nada menos que 40 mil dólares para financiar suas atividades no Brasil. Colocado discretamente em liberdade, Gruber desapareceu como se nunca tivesse existido.

O que foram exatamente os "serviços prestados" por Gruber ao Intelligence Service, depois retransmitidos por Londres ao capitão Filinto Müller, são segredos que nenhum dos dois lados jamais revelaria. A verdade é que tanto ele como Erika, sua mulher, tinham conhecimento de praticamente todos os planos da insurreição de 27 de novembro.

9. MISTER XANTHAKY ENTRA EM CENA

NO COMEÇO DA TARDE o capitão Filinto Müller foi pessoalmente até Ipanema examinar o tesouro caído nas mãos da polícia e que ainda estava sendo classificado e encaixotado por dezenas de agentes. Era inacreditável. Além de dólares americanos, gulden holandeses, francos franceses e pesos argentinos, a polícia apreendeu mapas e regulamentos do Estado-Maior do Exército sobre "exercícios de combate da aviação", "emprego de tiro" e "organização de ligações e transmissões de campanha". A papelada deixada por Prestes e Olga no cofre era suficiente para incriminar ou pelo menos deixar sob suspeição centenas de pessoas, algumas identificadas apenas por um codinome mas muitas delas com nome, sobrenome e endereço completos. Filinto Müller folheou, triunfante, documentos do Comintern, papéis secretos do Exército brasileiro, cartas assinadas por Vilar ou Garoto a dirigentes do Partido Comunista e da Aliança Nacional Libertadora em todo o país, além de rascunhos de bilhetes de Prestes a Roberto Sisson, Hercolino Cascardo e Agildo Barata contendo instruções para a revolta, esquemas detalhados sobre o funcionamento de células comunistas, mapas indicativos sobre como sintonizar a estação de rádio montada por Barron, bilhetes decodificando os codinomes de dirigentes comunistas e de personalidades que ajudavam o partido, cartas trocadas entre Prestes e o general Miguel Costa, instruções para o funcionamento dos comitês estaduais do Partido Comunista após o fracasso da revolta, cartas dando clara indicação de que o prefeito do Distrito Federal, Pedro Ernesto, era um aliado dos revoltosos, e, por fim, oito folhas de papel almaço em que Prestes treinara a maneira mais regular de assinar seu novo nome: Antônio Vilar.

O acervo encontrado pela polícia na casa de Arthur Ewert não era menos abundante. Arquivadas em pastas, lá estavam orientações para os chefes de células em sindicatos operários, cartas trocadas entre dirigentes do Partido Comunista e da ANL em todo o país, cópias de instruções à cúpula do Partido Comunista, 91 livros e até cartazes e material didático sobre a Revolução Chinesa. Alguns documentos chamaram especialmente a atenção dos policiais: os relatórios minuciosos sobre a vida pessoal e as atividades de delegados da polícia política (incluindo detalhes sobre os encontros mantidos em determinado dia pelo delegado especial da polícia política, capitão Miranda Correia) e um pequeno pedaço de papel encontrado numa gaveta. Era o salvo-conduto dado por Prestes a Berger na véspera da revolta. Antes de retornar ao seu gabinete, o capitão Filinto Müller passou mais uma vez pela casa de Olga e Prestes e deu uma enigmática ordem aos investigadores:

— Antes de fechar a casa, desamarrem aquele cachorro que está no quintal e levem-no para o meu gabinete.

Ao chegar à Chefatura, Filinto Müller comunicou oficialmente ao presidente Getúlio Vargas e ao ministro da Justiça, Vicente Rao, o resultado da operação realizada naquela manhã. E, não obstante já tivesse informações suficientes do Intelligence Service sobre a verdadeira identidade de Harry Berger, decidiu confirmá-las junto ao Departamento de Estado norte-americano. Para isso, tinha um pretexto formal: até prova em contrário, o preso da rua Paul Redfern e sua mulher eram cidadãos dos Estados Unidos, portadores de passaportes legítimos, emitidos em Nova York. Imediatamente após ser consultado pelo chefe de polícia, o embaixador norte-americano no Brasil, Hugh Gibson, transmitiu um telegrama cifrado ao secretário de Estado Cordel Hull, pedindo instruções. A primeira consulta de Hull foi feita a J. Edgard Hoover, diretor do FBI, e deu poucos resultados. Não havia nenhuma ficha em nome de "Harry Berger" nos arquivos do FBI, e a pasta de Arthur Ernst Ewert era magérrima, contendo apenas uma vaga referência, datada de cinco anos antes, dando-o como "um proeminente comunista alemão". Um despacho de 1930, assinado pelo próprio Hoover, lançava dúvidas até mesmo sobre a passagem de Ewert por Nova York em 1927, durante a convenção do Partido Comunista americano. O secretário de Estado ordenou então que Raymond Geist, cônsul dos Estados Unidos em Berlim, enviasse o mais rápido possível a Washington "dados biográficos, descrição física e impressões digitais" do misterioso americano (ou alemão) preso no Rio de Janeiro. As referências feitas pelo embaixador Gibson à desenvoltura com que Berger lidava com assuntos chineses remeteram as investigações de Cordel Hull ao cônsul dos EUA em Xangai, Monnet Davis, a quem foi feito, sempre em telegramas confidenciais, idêntico pedido: biografia, fotos e impressões digitais de Ewert/Berger.

Enquanto diplomatas e agentes secretos esquadrinhavam arquivos em vários pontos do mundo, Arthur Ewert e sua mulher Elise apanharam da polícia de Filinto Müller durante uma semana, sem que lhes fosse dirigida uma só pergunta. As equipes e os métodos variavam a cada par de horas — e ninguém perguntava nada, nem mesmo os seus nomes. A polícia queria primeiro quebrar o moral dos presos, para depois começar os interrogatórios. Isolados na prisão do morro de Santo Antônio, Ewert e Sabo resistiam milagrosamente à violência de policiais alemães e brasileiros que se revezavam incessantemente. Ele estava com o corpo coberto de hematomas produzidos por surras de cassetetes de borracha, a mão esquerda ainda inchada pelo golpe aplicado com o quebra-nozes, o ânus e o pênis machucados por choques elétricos e objetos introduzidos durante as sessões de tortura. Sabo tinha as costas, os seios e as pernas cobertas por minúsculas queimaduras feitas com pontas de cigarros e lanhos por todo o corpo, deixados pelas chibatadas que lhe aplicava um jovem policial alemão.

Quando decidiram finalmente iniciar os interrogatórios, a violência aumentou, mas não adiantou nada. Nem mesmo os piores suplícios foram suficientes para arrancar qualquer informação de Ewert ou de Elise. Os policiais resolveram aplicar torturas alternadamente no marido e na mulher, deixando sempre um ou outro testemunhando. Elise era violentada por dezenas de soldados, à frente do marido. Berger era submetido a um pelotão de fuzilamento com balas de festim. Elise era colocada dentro de um caixão de defunto e "enterrada" viva. Tudo isso sem que qualquer um dos dois tivesse podido dormir um só minuto desde o dia da prisão. Quando as sessões de tortura se interrompiam, de madrugada, para que outra equipe pudesse reiniciar o trabalho, os dois eram obrigados a permanecer de pé, impedidos de fechar os olhos. Em uma dessas noites, como Ewert tivesse sido flagrado com a cabeça pendida para trás, de olhos fechados, o policial de plantão ficou furioso: correu até o escritório do presídio, apanhou uma pesada máquina de escrever e amarrou-a ao pescoço do preso. Ewert passou o resto da noite sem poder nem se curvar, com a máquina ameaçando quebrar-lhe o pescoço.

Ele e a mulher acabaram por perder a noção do tempo que se passara desde a captura. Os policiais ficavam intrigados com a obstinação dos dois em não falar absolutamente nada: afinal, os documentos encontrados na casa revelavam praticamente todas as atividades de ambos no Brasil. No começo de janeiro, Ewert arriou pela primeira vez. Foi quando dois policiais, um alemão e um brasileiro, deixaram-no sem roupas, com as pernas e os braços abertos em *xis*, algemados à grade de uma das celas. O alemão trazia nas mãos um pedaço de arame liso, de cerca de meio metro de comprimento, e ao agachar-se à sua frente advertiu-o, falando em seu idioma:

— Agora quero ver se você fala ou não fala, comunista filho da puta. Nós vamos assar você por dentro.

Falou e enfiou um palmo de arame dentro da uretra de Ewert. O preso resistia, mas aí o policial brasileiro apareceu com um pequeno maçarico para solda, com o bico em chamas. O alemão segurou com delicadeza o pênis de Ewert, como um médico o faria, e passou a esquentar com o maçarico o pedaço de arame que ficara para fora. Da garganta de Ewert o único som que os policiais ouviram foi um mugido, como de um boi. Em seguida, seu corpo desabou, pendurado na grade pelas mãos.

O policial brasileiro parecia feliz em ver alguém tão resistente e riu admirado ao comentar com o nazista:

— É, doutor... Parece que desses teus patrícios aí nós não vamos arrancar nada mesmo.

Os investigadores convenceram os capitães Filinto Müller e Miranda Correia de que o casal não falaria. Se os chefes quisessem, eles poderiam eliminá-los, mas estava claro que Ewert e Elise morreriam sem dizer um nome sequer. Nem mesmo o que a polícia já sabia. No dia 6 de janeiro, Filinto decidiu anunciar à imprensa a prisão efetuada onze dias antes. Para rechear o noticiário, selecionou alguns dos 1300 documentos apreendidos na casa da Paul Redfern e apresentou aos jornalistas uma detalhada biografia do casal preso como sendo o resultado de investigações da polícia brasileira — embora o único trabalho que aquilo custara à polícia política tivesse sido o de traduzir o material enviado pelo Intelligence Service, a Gestapo e o Departamento de Estado. Ewert era apresentado como "o orientador das atividades comunistas no Brasil e em toda a América do Sul". Como a polícia vinha negando a existência de tortura aos presos políticos, os jornalistas não puderam ver o casal. As fotografias publicadas pela imprensa no dia seguinte tinham sido feitas momentos após a prisão e mostravam um Arthur Ewert corado e robusto, vestindo um elegante terno branco.

Naquele mesmo dia, num lance de sorte, a polícia conseguiria pegar outro inimigo importante. O capitão Miranda Correia ordenara que policiais disfarçados mantivessem sob rigorosa vigilância um prédio de apartamentos na avenida Paulo de Frontin, sob suspeita de esconder um aparelho utilizado por intelectuais comunistas — entre eles o jovem escritor baiano Jorge Amado. Um dos "tiras" encarregados de vigiar o edifício teve sua atenção atraída para um morador cuja fotografia ele supunha ter visto nos arquivos policiais, e que circulava despreocupado com sua jovem e bela mulher. Quando o casal foi preso para averiguações, a polícia descobriu que tinha nas mãos ninguém menos que o secretário-geral do Partido Comunista, o baiano Antônio Maciel Bonfim, de 31 anos, também conhecido como Adalberto de Andrade Fernandes ou Miranda. Até então nenhuma relação havia sido estabelecida entre o Miranda citado nos documentos encontrados nas casas de Prestes e Ewert e o Bonfim cuja ficha policial, de cinco anos antes, dava-o modestamente como "identificado por crime de subversão — anarquismo". Junto com ele foi presa sua companheira, Elvira Cupelo Colônio, de vinte anos, conhecida também como Elza Fernandes ou simplesmente Garota. Analfabeta, Elvira contou aos policiais que era empregada doméstica até conhecer Bonfim numa praia do Rio e se apaixonar por ele. Ao declarar que viera a pé de sua terra natal até o Rio de Janeiro, os policiais ficaram em dúvida se se tratava de uma louca ou de uma experiente militante treinada por Moscou. Ela era de Sorocaba, no interior de São Paulo, a 480 quilômetros de distância da capital federal.

O material recolhido no apartamento do chefe do Partido Comunista brasileiro, embora menos copioso que o das duas casas de Ipanema, era igualmente comprometedor: dezenas de cópias de cartas enviadas por Miranda aos comitês regionais do partido, relatórios recebidos de todo o país e do exterior, questionários dirigidos por ele a dirigentes do partido em vários estados, devidamente respondidos, manuais para a fabricação de bombas e indicações sobre como recorrer ao Socorro Vermelho Internacional, organização criada pela Terceira Internacional para ajudar comunistas em apuros. No meio daquela montanha de papel a polícia encontrou o "filé-mignon", segundo a expressão de um delegado: minuciosos balancetes contendo a contabilidade do Partido Comunista nos últimos meses. Ali estavam registradas a entrada de recursos do partido e, com pormenores dignos de um caprichoso guarda-livros, todas as saídas: desde os salários pagos aos dirigentes até o dinheiro gasto na compra de jornais, roupas e no pagamento dos aluguéis, contas de água e luz dos aparelhos.

A notícia da prisão de Miranda e Elza, divulgada quatro dias depois, deixou Prestes e Olga ainda mais apreensivos: o secretário do partido era uma das poucas pessoas que conheciam o endereço do aparelho onde se escondiam naquele momento, em

Copacabana. Era chegada a hora de mudar de casa outra vez. Como as prisões se multiplicavam em proporção geométrica, era preciso reduzir ao mínimo o número de pessoas que soubessem do novo aparelho. Por isso, decidiram eles mesmos procurar uma nova casa. Depois de percorrer as páginas de anúncios do *Jornal do Brasil*, Olga e Prestes se detiveram numa pequena oferta publicada na seção "Casas e cômodos nos subúrbios":

> Aluga-se por 220 mil réis uma boa casa, limpa e encerada, com dois quartos, duas salas, fogão a gás, jardim, quintal com árvores frutíferas, própria para família de tratamento. Rua Honório, 279, bondes de Cachambi — Méier.

Parecia ser o ideal. Tudo indicava que a polícia concentrara suas investigações e vigilância na Zona Sul e no centro da cidade. Se era assim, nada melhor do que trocar Copacabana pelo Méier, um bairro operário com 70 mil habitantes — o dobro da população conjunta de Copacabana e Ipanema. Manoel dos Santos, sapateiro e militante do partido, foi encarregado de alugar a casa, sabendo apenas que seria destinada a "um companheiro e sua mulher". Era uma casinha modesta, suficientemente discreta para receber Prestes e Olga. Além deles, o próprio Manoel e sua mulher, Júlia dos Santos, iriam morar lá até que o partido determinasse o novo destino do Cavaleiro da Esperança. Apresentando-se como chefe da seção de lâmpadas da General Electric, Manoel procurou o português José Gomes, dono do imóvel. Sem fiador para avalizar a operação, propôs ao proprietário pagar antecipadamente quatro meses de aluguel, e o negócio acabou sendo fechado por 800 mil réis. Dois dias depois ele se mudava para o Méier, esperando a chegada dos novos hóspedes. Caso alguém perguntasse, ele e a mulher diriam que, para diminuir o preço do aluguel, resolveram sublocar um dos quartos a um casal, a quem também forneceriam almoço e jantar.

Apenas um dirigente do partido, cujo nome Prestes não revelaria jamais, foi informado de que o aparelho de Copacabana estava sendo trocado por outro "situado para os lados do Méier". Em meados de janeiro Olga e Prestes valeram-se outra vez da ajuda de Victor Barron — que não havia sido importunado pela polícia, e cuja presença no Brasil era aparentemente ignorada pelas autoridades — para mudar de esconderijo. Barron esperou que anoitecesse e discretamente levou-os no Graham Page até as imediações da casa da rua Honório. Além de documentos pessoais em nome de Antônio e Maria Bergner Vilar, Olga e Prestes levavam pouca coisa para o novo endereço: uma pequena bolsa de mão com meia dúzia de peças de roupa e alguns documentos do partido. A partir daquele momento, Prestes passaria a ter contato com a direção do partido — Miranda fora substituído, depois de sua prisão, por Lauro Reginaldo da Rocha, o Bangu — através de mensageiros que ele mesmo escolheria. Sua primeira recomendação foi que a nova direção passasse desde então a providenciar outro aparelho para ele e Olga — caso houvesse qualquer suspeita de que a polícia desconfiava da mudança para o Méier, eles deveriam sair de lá incontinenti.

A pretexto de apurar a origem dos passaportes norte-americanos utilizados por Ewert e Elise, o governo dos Estados Unidos entrou para valer nas investigações sobre a "conexão brasileira" do movimento comunista internacional. O secretário de Estado Cordel Hull exigiu que um investigador de seu país passasse a trabalhar com a polícia brasileira na elucidação da "revolução comunista". R. C. Bannerman, chefe da Seção de Agentes Especiais do Departamento de Estado (um escritório de investigações que, àquela época, exercia algumas das funções hoje atribuídas à CIA — Agência Central de Inteligência), transmitiu a ordem ao embaixador Hugh Gibson, no Rio de Janeiro. O "agente especial" escolhido foi o nova-iorquino Theodore, Xanthaky, um ex-bancário de 38 anos que, entre 1920 e 1922, trabalhara como "escrivão" da embaixada americana no Brasil. Xanthaky falava fluentemente português e espanhol.

A primeira tarefa do "assistente especial" do Departamento

de Estado foi interrogar Ewert e Elise, presos no morro de Santo Antônio. No fim da tarde de 14 de janeiro, devidamente credenciado pelo embaixador americano, Xanthaky procurou o capitão Miranda Correia — "o encarregado de todo o departamento anticomunista", diria o agente mais tarde, em seu relatório enviado a Washington — para acertar seu encontro com os presos. Provavelmente para evitar a curiosidade dos jornalistas que passavam o dia em busca de notícias na delegacia, Correia pediu que Xanthaky retornasse às dez da noite. Na hora marcada o americano foi levado pelo policial Francisco Jullien até o morro de Santo Antônio. No caminho, Jullien achou bom advertir o estrangeiro para a situação em que se encontravam os dois presos:

— O casal está meio arrebentado pelo pessoal do interrogatório, e há vários dias não temos permitido sequer que durmam. Nem sei se isso vai adiantar: até agora nem o alemão nem a mulher pronunciaram uma só palavra. Nem mesmo admitiram que são comunistas.

No portão da prisão, Xanthaky foi recebido pelo policial José Torres Galvão, que se apresentou como "carcereiro-chefe" daquele presídio. Sorridente, Galvão não escondia sua admiração pela resistência física de Ewert e Elise:

— Mister Xanthaky, eu nunca vi nada parecido em todos esses anos de polícia. O alemão está apanhando há três semanas como um cão danado e não abriu o bico. Nem ele nem a mulher. Sou obrigado a tirar o chapéu: esse comunista é fantástico. Mas o senhor vai encontrá-los em um bom estado. Hoje à tarde o capitão Miranda Correia mandou suspender o cacete até de noite, porque ia aparecer visita ilustre. Pode entrar que eles estão bonitinhos.

Theodore Xanthaky ficou impressionado com o que viu na cela onde Galvão o deixou. A pessoa que estava ali, sentada sobre um caixote de madeira, não guardava a menor semelhança com o alemão robusto cujas fotos examinara na embaixada. Ewert estava dramaticamente enfraquecido, tinha o polegar esquerdo roxo e inchado como uma fruta, e as marcas e cicatrizes espalhadas pelo corpo não deixavam dúvidas sobre o que Galvão lhe contara: o homem apanhara como um animal. Ewert levantou os olhos e o visitante se identificou:

— A embaixada recebeu uma informação anônima de que o senhor desejava comunicar-se conosco. Como está de posse de um passaporte americano, fizemos todo o esforço possível junto à polícia brasileira para que eu pudesse vir até aqui ouvir a sua história.

Arthur Ewert foi sincero, e respondeu em um inglês tão fluente quanto o de seu misterioso interlocutor:

— Não pedi para ver ninguém de nenhuma embaixada, mas não posso deixar de reconhecer que é bom ver entrar alguém sem um chicote ou um porrete na mão. Há dias que não deixam a mim ou a minha mulher dormir um só instante, e temos sido violentamente surrados durante todo esse tempo. Qualquer pessoa que possa interceder para que acabe essa barbaridade será bem-vinda.

— O fato de o senhor possuir um passaporte americano nos deixa preocupados com a sua sorte. O senhor tem amigos ou parentes nos Estados Unidos com quem queira comunicar-se?

Ewert sorriu pela primeira vez:

— Sim. Tenho um amigo nos Estados Unidos. Seu nome é Earl Browder.

— O senhor gostaria que o Departamento de Estado se comunicasse com o senhor Browder?

O alemão sorriu de novo, irônico e desconfiado:

— Acho que não ouviu direito o nome do meu amigo. Earl Browder é o secretário-geral do Partido Comunista americano.

Xanthaky era um profissional. Logo entendeu que Ewert sabia que, enquanto a visita durasse, não haveria torturas. E procurou tirar proveito da situação. Mudou de assunto, comentou uma entrevista publicada na revista americana *Harper's* sobre o incêndio do Reichstag, ocorrido em fevereiro de 1933, falou de temas genéricos e sem importância. Quando imaginou que havia espaço para perguntas indiscretas, percebeu que o preso também era um profissional. A uma indagação sobre o casamento dele com Elise e a obtenção de passaportes "extralegalmente", Ewert cortou a conversa com uma pergunta seca, mal-humorada:

— O senhor está tentando me interrogar?

— Não, eu não estou tentando interrogá-lo e o senhor tem toda a liberdade de se recusar a responder a qualquer das minhas perguntas. Mas se espera algum tipo de ajuda nossa, será necessário estabelecer, para além de qualquer dúvida, sua identidade verdadeira e a de sua esposa.

Mudando de tática, o agente americano fingiu sinceridade e inventou uma nova história:

— Nós temos informações definitivas de que seu passaporte foi obtido a partir de uma certidão de nascimento verdadeira e estamos, portanto, convencidos de que o senhor é mesmo Harry Berger. Em relação à mulher que o senhor diz ser sua esposa, porém, a situação é diferente: temos razões para acreditar que ela não se chama Machla Lenczycki, como consta do passaporte.

Ewert perdeu a paciência e falou pausadamente, com firmeza:

— Senhor Theodore Xanthaky: eu e minha mulher estamos sendo espancados há vários dias por policiais nazistas e por russos brancos emprestados à polícia brasileira. Eles estão tentando obter nomes e endereços que, sob nenhuma circunstância, eu ou minha mulher daríamos. Nenhum de nós disse rigorosamente nada à polícia. E muito menos diremos ao senhor.

— Mas se o senhor se abrir comigo sua situação aqui na prisão poderá melhorar.

— Não tenho nenhuma razão para me abrir com o senhor. Tanto os policiais brasileiros como os alemães já sabem que meu nome é Arthur Ernst Ewert e o da minha mulher é Elise Saborowski Ewert. Eles já sabem do meu passado. E as informações que não têm, não será de mim ou de minha mulher que as terão. Nem eles nem o senhor.

— Mas quem financiou o movimento aqui no Brasil?

Ewert falava com cuidado, procurando lembrar-se das informações de que a polícia dispunha:

— O senhor sabe que os partidos mais poderosos ajudam os mais pobres, mas aqui nós não precisávamos de muito dinheiro. Elise e eu vivíamos muito modestamente. Vocês criaram um mito sobre a ação da Legação Comercial Soviética em Montevidéu, o Yuamtorg, nas revoluções da América do Sul. Aqui no Brasil as grandes doações eram feitas à Aliança Nacional Libertadora por proeminentes brasileiros — um único indivíduo, por exemplo, chegou a doar cinquenta contos de réis à ANL.

Xanthaky queria saber mais informações sobre a revolta e o envolvimento dos comunistas estrangeiros com os militares. Ewert falou apenas o que era conhecido das autoridades:

— A insurreição no Norte foi uma surpresa tanto para mim como para Prestes. Eu, pessoalmente, não tive qualquer contato com os militares brasileiros. Esta era uma tarefa que cabia ao próprio Prestes.

O agente norte-americano percebeu que Ewert estava querendo encerrar a conversa. Ao se levantar, o preso fez-lhe um pedido:

— Se for possível, converse com os policiais para que transfiram minha mulher para esta cela em que estou. Embora ela, como eu, seja membro do Partido Comunista, não teve nenhum papel ativo no Brasil. E caso eu venha a ser deportado e a embaixada americana possa interferir nisso, não gostaria de ir para a Alemanha. Seria o mesmo que pular da frigideira para o fogo. Prefiro desembarcar em algum porto francês.

Ao sair, Xanthaky dirigiu a Ewert uma insólita pergunta:

— O senhor e sua mulher têm alguma religião?

Ele sorriu de novo:

— Quando nascemos éramos cristãos.

Já era de madrugada quando Theodore Xanthaky iniciou sua segunda missão daquela noite, mais simples e menos demorada que a primeira: interrogar Elise Ewert. Logo ao entrar na cela notou que também ela havia sido muito espancada e machucada, embora parecesse estar em melhores condições que o marido. Educadamente Sabo repetiu ao agente da embaixada americana o que ele ouvira de Ewert: o que os policiais nazistas e brasileiros não conseguiram com pancadas ele não obteria com bons modos. Xanthaky insistiu em saber mais sobre as atividades dela no Brasil e os contatos do casal com dirigentes comunistas e militares. Ela reiterou que nada tinha a dizer:

— Mesmo que soubesse algum nome e quisesse revelá-lo ao senhor, pouco adiantaria. As pessoas com quem mantive contato sempre se apresentavam com seus codinomes. Alguém que eu tenha conhecido como Adalberto, por exemplo, certamente não se chama Adalberto, e terá mais meia dezena de nomes.

Xanthaky procurou memorizar o nome: Adalberto. E voltou à carga:

— O serviço secreto inglês nos informou que a senhora utiliza também os nomes de Kathe Gussfeld, Ethel Chilles e Edith Blaser. Isto é verdade? Essas informações dão conta também de que a senhora esteve nos Estados Unidos em 1926. Isto é verdade?

— Não. Nada disso é verdade. Nem usei os nomes citados pelo senhor nem estive nos Estados Unidos em 1926.

Xanthaky sabia que dali não surgiria nenhuma novidade e resolveu ir embora. Na saída, transmitiu aos policiais Galvão e Jullien o pedido de Ewert para que a mulher fosse transferida para sua cela. Foi Galvão quem respondeu:

— Podemos tentar: se na porrada não conseguimos arrancar nada deles, quem sabe tratando bem? Mas se eles pensam que vão passar a noite na farra, estão enganados. Vamos botar seis tiras alemães lá dentro, para evitar excessos e cochichos.

Ao entrar no carro de Jullien, de volta à Polícia Central, Xanthaky escreveu em letras miúdas num maço de cigarros: Adalberto. Quando leu o nome para o capitão Miranda Correia, o chefe da polícia política puxou de uma pasta a foto de um homem de bigodinho fino, preso dias antes:

— O que a alemã lhe disse não foi um exemplo ao acaso. O tal Adalberto já foi engaiolado por nós: é Antônio Maciel Bonfim, o secretário-geral do Partido Comunista.

O americano, impositivo, exigiu de Miranda Correia que as

informações que lhe passava sobre a conversa com os Ewert fossem mantidas em sigilo "para que eles não percam a confiança em mim". Miranda Correia concordou:

— Não se preocupe com isso, mister Xanthaky. Posso lhe assegurar que o senhor é o primeiro e será o único estranho aos quadros da nossa polícia a ter o privilégio de falar com os presos. Aqui o senhor tem carta branca para interrogar quem quiser.

— E quanto a Prestes, o senhor tem notícias dele?

— Como mister Xanthaky representa um governo que é nosso aliado na luta contra o comunismo, posso dar-lhe em primeira mão uma informação confidencialíssima: há dias prendemos um casal de belgas, Léon-Jules Vallée e sua mulher, Alphonsine. Eles levavam na bolsa uma fortuna em dinheiro, cuja origem não souberam explicar. Nossos homens acreditam que Léon nos levará até Prestes. Mandei colocar o casal em liberdade com dois homens seguindo seus passos. Acho que nos próximos dias vamos botar a mão no chefe deles todos. A propósito, doutor, tanto a ficha de Vallée quanto qualquer outra que interesse estão a sua disposição. O doutor Jullien fará cópias de tudo o que o senhor quiser.

Xanthaky queria saber mais de Prestes:

— Que acontecerá ao capitão Luís Carlos Prestes?

— A ordem que temos é de não trazê-lo vivo.

As primeiras luzes do dia apanharam Theodore Xanthaky ao lado de um operador de códigos da embaixada americana, transmitindo um minucioso telegrama ao Departamento de Estado sobre a conversa que mantivera com Ewert e Elise.

10. MIRANDA E GHIOLDI VÃO FALAR

Ajudada pela Gestapo, pelo serviço secreto do Departamento de Estado e pelo Intelligence Service, a polícia de Getúlio Vargas e Filinto Müller ia aos poucos fechando o cerco em torno de Prestes. As arrobas de documentos apreendidos em aparelhos eram esquadrinhadas, tabuladas e conferidas com declarações arrancadas com cassetetes e choques elétricos nas prisões cariocas. Dois meses depois da revolta, o governo tinha um mapa expressivo da rede montada por comunistas e militares no Brasil. Faltavam poucas peças para que o quebra-cabeça estivesse completo. Nos papéis encontrados nos aparelhos de Prestes, Ewert e Miranda, as instruções internas e comunicações entre os chefes do partido e os militares que liderariam a revolta eram assinadas com uma sigla — GIN. A polícia sabia que eram as iniciais dos três homens mais importantes da revolta: G era Garoto, codinome de Prestes; N era "Negro", codinome dado a Arthur Ewert. O I era a inicial de Índio. Mas quem era Índio? Em um dos muitos depoimentos feitos à polícia, a controvertida Elvira, mulher do secretário-geral do partido, disse que "achava que era um estrangeiro". A polícia só via alguma relação entre um dos dois codinomes e seu dono: Prestes era uma pessoa miúda — natural, portanto, que viesse a ser chamado de Garoto. Mas no caso de Ewert a tese não valia — afinal ele não era negro. E o Índio quem seria?

A informação que permitiu chegar ao terceiro cabeça da revolta surgiu de forma inesperada: um amigo do delegado Jullien contou-lhe que suspeitava do comportamento de um jovem casal de latino-americanos que se mudara havia pouco para um prédio defronte ao seu, na Zona Sul do Rio. A polícia apurou com o porteiro que o homem era Luciano Busteros, jornalista uruguaio, que ali vivia com sua mulher, Carmen. Embora não houvesse qualquer registro sob o nome Busteros nos arquivos brasileiros, alemães, britânicos ou americanos, Jullien mandou vigiar o prédio e, na primeira oportunidade, fotografar o jornalista. Quando o retrato do uruguaio moreno, de cabelos negros e óculos de aro redondo foi exibido a Elvira Colônio, ela não teve dúvidas em assegurar:

— É esse aí o Índio que vocês procuram.

Rodolfo Ghioldi e sua mulher, desconfiados de que a casa onde viviam estava sendo vigiada, decidiram fugir na noite de 22 de janeiro. Tomaram um táxi na porta do prédio e, levando apenas uma valise de mão, tocaram para a estação de trem da Central do Brasil. Sem saber que estavam sendo seguidos, compraram um bilhete para o trem noturno com destino a São Paulo. Quando a composição começou a se mover na plataforma, eles chegaram a supor que tivessem conseguido enganar a polícia carioca. De madrugada o trem parou na cidade de Jacareí, no estado de São Paulo, e os dois desceram para fazer um lanche. O próprio Jullien, que estava no trem, deu-lhes voz de prisão na escada do vagão. Rodolfo passou o resto da noite tentando convencer o policial de que algum engano havia sido cometido: ali estava seu passaporte comprovando que ele não se chamava Rodolfo Ghioldi nem era argentino. Mas em São Paulo já o esperava um delegado enviado do Rio por Filinto Müller em avião militar com a ficha completa do argentino — era bobagem continuar tentando confundir os policiais.

Transportados no avião para o Rio de Janeiro, Rodolfo e Carmen foram imediatamente levados à polícia política e colocados na antessala do capitão Miranda Correia, ao lado de outros presos capturados naquele dia, todos guardados por investigadores e soldados armados. Do lugar onde estava sentada, Carmen podia ver, através de uma fresta da porta entreaberta, parte do movimento na sala do delegado. Subitamente ela arregalou os olhos, empalideceu e sussurrou ao marido:

— Rodolfo, você não pode imaginar quem está ali dentro, conversando com os policiais, e acaba de apontar na tua direção e dizer a um deles que você é mesmo Ghioldi, o Índio: Miranda. Ele está trabalhando para a polícia.

"Se Miranda está colaborando com a polícia", imaginou Ghioldi, ao ser chamado a depor, "eles já devem saber de tudo a respeito de todos nós." Talvez tenha sido essa conclusão que o levou a identificar tão prontamente a fotografia que o chefe da polícia política e o delegado Jullien lhe exibiram. Ele disse sem pestanejar:

— Sim, eu conheço este homem. É Léon Vallée, o responsável pelas finanças.

As esperanças da polícia de que Vallée pudesse levá-los até Prestes não se materializavam. Duas semanas de rigoroso controle dos seus passos só renderam uma pista falsa: o endereço de um certo dr. Balestre, que depois descobriu-se ser o médico que tratava da flebite de Alphonsine Vallée. Seis dias após a prisão de Ghioldi, na noite de 28 de janeiro, Léon Vallée caminhava com sua mulher pelo centro do Rio de Janeiro, quando notou que dois homens os seguiam. Familiarizado com o centro da cidade, caminhou em direção à avenida Rio Branco e à rua Gonçalves Dias, onde o intenso movimento de pedestres e uma sequência de galerias entre a rua e a avenida poderiam ajudá-los a escapar. Quando percebeu um leve descuido dos investigadores, entrou em uma das galerias, saiu pela avenida Rio Branco, tomou um táxi e desapareceu. O casal mandou o carro seguir para o aparelho onde estava Eduardo Ribeiro Xavier, o Abóbora, membro da direção do partido, que semanas depois os tiraria do Brasil, embarcando-os para Buenos Aires. Ao saber da fuga dos Vallée, Filinto Müller, preocupado com a desenvoltura dos comunistas, não quis correr mais riscos e mandou que prendessem logo um tal americano residente em Copacabana, cujo nome e endereço Ghioldi fornecera, e que estava sendo seguido havia seis dias. Minutos depois policiais invadiam o prédio número 972 da rua Nossa Senhora de Copacabana e levavam preso um jovem e esbelto norte-americano de quase dois metros de altura: Victor Allen Barron.

A prisão de um autêntico cidadão norte-americano caiu do

céu para a embaixada dos Estados Unidos, que ganhava, assim, um pretexto legalmente indiscutível para intrometer-se ainda mais nas investigações da polícia brasileira. Embora tivesse anunciado que estava tuberculoso, Barron foi impiedosamente surrado pelos homens do tenente Eusébio de Queiroz Filho, que chefiava um batalhão da Polícia Especial apelidado com deboche pela população de "os cabeças de tomate" — quinhentos lutadores profissionais escolhidos a dedo entre os efetivos militares e que se distinguiam das outras tropas pelo uso de um quepe vermelho. Xanthaky foi destacado pela embaixada para interrogar o americano e encontrou-o em estado lastimável — apesar de o capitão Filinto Müller ter-lhe assegurado que "ninguém tocara um dedo no preso". Durante o interrogatório, Barron tentou negar qualquer ligação com o movimento revolucionário do final do ano anterior, e declarou que estava no Brasil como representante comercial da John Reiner & Co., uma indústria de motores de Nova York. Ele teve dificuldades para explicar como mantinha o elegante apartamento, seu fino guarda-roupa e um automóvel de luxo sem ter conseguido vender um só motor da empresa que dizia representar. Além disso, tinha contra si o que Xanthaky considerava uma evidência clara de envolvimento político: os vistos de seu passaporte revelavam que ele fizera o trajeto tradicional dos agentes do Comintern, com passagens obrigatórias por Amsterdam e Montevidéu, "importantes centros de trabalho comunista", segundo o relatório de Xanthaky.

Embora suspeito de ser militante comunista, Barron era um cidadão norte-americano e merecia, portanto, cuidados maiores por parte do agente da embaixada. No extenso informe confidencial enviado ao secretário de Estado Cordel Hull e assinado pelo embaixador Gibson, Xanthaky procurava eximir-se de qualquer responsabilidade quanto ao destino que a polícia pudesse dar a Barron:

> Enfatizei à polícia a gravidade de se tratar mal cidadãos americanos. Recebi garantias definitivas de que Barron não

> será mais submetido a torturas e que, nas próximas vezes, suspeitos americanos serão entrevistados pela Embaixada antes de serem interrogados pela polícia e que não haverá mais interrogatórios severos em tais casos. Deram-me também garantias de que a Barron será providenciado bom atendimento médico. Estou francamente preocupado sobre tratar este caso.

Depois de ter visto o resultado do tratamento dado a Ewert e Elise, Xanthaky parecia prever o risco de se deixar nas mãos de Filinto Müller o homem que supostamente tinha notícias sobre o paradeiro de Luís Carlos Prestes:

> O caldeirão comunista está fervendo aqui, e se houver algum modo de se estabelecer que Barron não esteve envolvido, há certa urgência em tirá-lo do cenário. Ele, aparentemente, reluta ou é incapaz de nos ajudar; sua história não soa bem e, do jeito que as coisas estão no momento, a polícia tem razões de sobra para considerá-lo um grave suspeito. Ele não parece disposto a contribuir para a elucidação do caso. Sua situação e suas atitudes são menos uma manifestação de que é inocente do que uma reiteração da frase: "Eles não têm nada contra mim".

O próprio Cordel Hull telegrafaria confidencialmente ao embaixador Gibson, dias depois de receber o relatório, passando-lhe a ficha que o Departamento de Estado levantara sobre os antecedentes de Barron: ele era filho do líder comunista Harrison George, que segundo a mãe, divorciada dele, teria financiado a viagem do jovem à América do Sul. A acusação da montagem de uma estação de rádio repetia o procedimento adotado pelo Comintern em situações anteriores, como no caso da China. E quanto ao alto padrão de vida que Barron levava no Brasil, não havia dúvidas: a empresa Reiner declarara firmemente que Barron não conseguira fechar qualquer negócio na América do Sul, o que aumentava as suspeitas de que o contrato servia apenas para dar cobertura às suas atividades subversivas. E nem Barron nem sua família eram conhecidos como pessoas de posses, que pudessem fazer viagens de luxo. Provavelmente por desconhecer a polícia de Filinto Müller, o secretário de Estado norte-americano encerrava seu telegrama tranquilo quanto ao destino de Barron:

> O Departamento transmitirá outras informações quando for possível. Qualquer informação que você puder obter de Barron sobre suas atividades no movimento comunista internacional serão bem-vindas. Em vista do que foi dito e também em vista das garantias da polícia brasileira a respeito do futuro tratamento a ser dado a Barron, o Departamento pensa que não há nenhuma necessidade atual de intervenção da Embaixada a seu favor.

Um dos informes remetidos por Xanthaky a Hull dava claras indicações de que Barron havia sido traído por alguém antes de ser preso. A polícia contou ao agente da embaixada americana que dispunha de informações a respeito de "um americano, jovem, encarregado da montagem de uma estação de rádio, e que era filho de um certo Harrison George, que se divorciou várias vezes". E, no relatório enviado a Washington no início de fevereiro de 1936 seria possível perceber que Barron começava a adotar a mesma técnica utilizada por Ewert e Elise: falar apenas o que era do conhecimento da polícia. Ele reconheceu que de fato viera ao Brasil para montar a estação de rádio — que já tinha sido desativada, em 27 de novembro, e transferida para um aparelho no subúrbio, cujo endereço ele desconhecia —, que estava a serviço do Comintern e tinha transportado Prestes até um ponto da cidade. "Além disso", ele repetiu dezenas de vezes a Xanthaky e aos policiais que o espancavam, "vocês não terão nem uma vírgula a mais de mim."

Como a embaixada parecia desinteressar-se por Barron, Xanthaky voltou à carga sobre os Ewert. Repetindo o que fizera algumas vezes, passou à noite pela Polícia Central e de lá foi levado por Jullien ao morro de Santo Antônio. Agora Xanthaky não perguntava tanto pela "conexão brasileira", mas estava ávido de informações sobre o Partido Comunista americano. Ele passou rapidamente pela cela onde Elise estava presa, conversou com ela durante alguns minutos e dirigiu-se à de Ewert para interrogá-lo. Xanthaky era obrigado a fazer horas de rodeios para obter uma informação mínima sobre algum acontecimento de cinco anos antes, na China. Mas era o próprio Ewert quem o desanimava:

— Senhor Xanthaky, essa informação a polícia de seu país já tem...

Frustrado com a colheita insignificante, Xanthaky preparava-se para sair quando Ewert dirigiu-lhe a palavra:

— Um dos policiais disse-me que Laval, o primeiro-ministro francês, renunciou ao cargo. É verdade?

— Sim, é verdade. O novo premiê é Sarrault.

— E Daladier é membro do novo gabinete?

— Por que o senhor quer saber? Daladier é comunista?

Ewert sorriu:

— Não, não é comunista, mas tem grandes inclinações liberais, o que é melhor do que nada.

A obstinação de Ewert em manter silêncio absoluto sobre informações importantes, apesar da crueldade do tratamento que a polícia lhe dedicava, não era, porém, um comportamento generalizado entre os presos. Por ter se passado para o lado inimigo, como garantiram alguns de seus ex-companheiros, ou por ter sido massacrado nas sessões de tortura nos primeiros dias após sua prisão, Antônio Maciel Bonfim, o Miranda, contou tudo o que sabia à polícia. Falou demais na hora do choque elétrico e das surras com chicote de arame, falou demais na hora dos depoimentos formais, confirmou e reconfirmou o que a polícia sabia e o que ela queria saber. Ele contou que Bangu, seu sucessor na direção do partido, era Lauro Reginaldo da Rocha; que, além de Garoto, Prestes usava também o codinome Antônio, e que nessas ocasiões só falava em espanhol nas reuniões; que Negro, Berger e Arthur Ewert eram a mesma pessoa: o representante da Internacional Comunista no Brasil, que dirigia as reuniões do Partido Comunista e ditava orientação aos demais líderes.

Embora na reunião que precedera a insurreição Miranda tivesse alardeado sua capacidade de "parar o país para apoiar a revolta", na polícia ele disse humildemente que "pouco poderia fazer o partido que dirigia, para apoiar a revolução, pelas poucas forças com que contava". E identificou, um por um, os donos dos codinomes encontrados na documentação apreendida na sua casa, na de Ewert e na de Prestes, dando de quebra a posição que cada pessoa ocupava no partido: Martins, Milionário e Nico eram nomes de Honório de Freitas Guimarães, membro da direção do partido; Gurgel era o médico Josias Leite; Machado era Leôncio Basbaun, residente na Bahia; Gusmão era José Medina, membro do partido; Carlos e Júlio eram os codinomes da mesma pessoa, o ex-militante Augusto Besouchet; Emma e Antonia eram os codinomes da mulher de Honório de Freitas Guimarães; Meo era a forma cifrada de referir-se a Montevidéu; Ismar ou Almeida eram codinomes de Ilvo Meirelles; Costa, Carlos e Firmo eram nomes adotados no partido pelo major Carlos Costa Leite; todos os documentos encontrados com a letra M, de Miranda, ao final, eram de responsabilidade do Secretariado Nacional do Partido Comunista; Nat era o codinome da escritora Eneida de Moraes; Ramalho era o codinome de Oswaldo Costa, jornalista e diretor do jornal *A Manhã*; quanto a Miranda, Adalberto, Adalberto de Andrade Fernandes, eram os codinomes dele próprio, Antônio Maciel Bonfim, secretário-geral do Partido Comunista, Seção Brasileira da Internacional Comunista. Cada calhamaço que a polícia colocava à sua frente ia sendo traduzido, decodificado, explicado e identificado.

Mesmo sem ter traído o partido e sem que a polícia o tivesse tratado com a mesma brutalidade aplicada a Bonfim, o argentino Rodolfo Ghioldi também foi generoso nas suas declarações. Anos depois, Ghioldi diria que a violência utilizada pela polícia contra si resumiu-se a "ameaças e alguns golpes". Mesmo assim, ele identificou como sendo de Léon-Julles Vallée a foto que lhe era exibida, mesmo sem saber se ele havia ou não sido preso; trouxe à tona um nome desconhecido dos policiais, o do americano Victor Barron; reconheceu como sendo de Arthur Ewert vários manuscritos apanhados pela polícia; revelou o relacionamento existente entre o prefeito do Distrito Federal, Pedro Ernesto, e Luís Carlos Prestes; deu o endereço do último aparelho de Prestes, na rua Nossa Senhora de Copacabana, e disse que Prestes saíra de lá no dia 19 de janeiro; contou que o dono dos aparelhos das ruas Sá Ferreira e José Higyno era Benjamim Schneider. E ofereceu de presente aos policiais uma informação absolutamente nova: Prestes estava casado com uma mulher clara, provavelmente estrangeira — pois sempre se comunicava com ele em francês — e que ficava permanentemente a seu lado. Ghioldi ignorava o sobrenome da mulher, mas tinha absoluta certeza de seu nome: Olga.

11. DIANTE DE FILINTO, UM NOME: OLGA DE TAL

O NÚMERO DE PRESOS desde o dia 27 de novembro era tão grande e eles estavam espalhados por tantos presídios que a própria polícia perdera a noção de quem ainda estava solto ou quem já havia sido capturado. Certamente por isso, a partir das informações dadas por Rodolfo Ghioldi, o delegado Antônio Canavarro Pereira enviou, no mesmo dia do depoimento do dirigente comunista argentino, o seguinte ofício ao capitão Miranda Correia:

> Exmo. Sr.
>
> Capitão Delegado Especial de
> Segurança Política e Social
>
> Solicito a V. Sa. providências no sentido de que Olga de Tal, referida nas declarações de Rodolpho Ghioldi, compareça a este cartório no dia 8 de março p. vindouro, às 12 horas, para prestar declarações.
>
> Saudações,
>
> O Delegado

Miranda Correia não recebeu o ofício no mesmo dia. Ele tinha viajado a São Paulo para assistir, no presídio Maria Zélia, a uma acareação entre dois dirigentes comunistas citados em depoimentos de presos do Rio de Janeiro. Embora o grosso da repressão se concentrasse no Rio, São Paulo também fora varrida pela polícia política. Com os cárceres entupidos, a polícia transformou numa gigantesca prisão a velha fábrica Maria Zélia, no bairro do Brás, para alojar centenas de comunistas, aliancistas e simpatizantes apanhados pelo arrastão que se seguiu a novembro. E foi para lá que o longo braço da repressão de Vargas acabou levando o milionário Celestino Paraventi, denunciado anonimamente por ter dado guarida a Olga e Luís Carlos Prestes em sua volta ao Brasil. Como ele próprio diria, entre as centenas de presos do Maria Zélia havia gente "envolvida até o fio do cabelo na revolta e gente que nem sonhava por que tinha sido preso". Longe de se atormentar com a prisão, Paraventi se divertia. De manhã juntava-se à massa de presos e exibia seus dotes de tenor ao cantar com os colegas de cadeia o hino da Aliança Nacional Libertadora e a "Internacional".

E foi ali, no meio daquela confusão, que Paraventi começou a descobrir que "aquela história de comunismo não me cheirava bem". Romântico, ele não conseguia entender como é que, vítimas da mesma adversidade, os comunistas dividiram-se, na cadeia, em tantas correntes e tendências diferentes, "cada um querendo comer o outro". Paraventi tentava descobrir e não encontrava ali "a fraternidade e a compreensão que Prestes me dissera serem inerentes ao comunismo". Desolado, ele decidiu espiar uma reuniãozinha de um grupo comunista num canto da prisão, "para ver de que grupo eles falavam mal". Quando chegou perto, um deles pediu silêncio e advertiu-o:

— Isto não é uma célula. É uma sessão espírita. Se você quiser pode assistir.

Mesmo não acreditando naquilo, Paraventi entrou na roda, por falta do que fazer. Quando o espírito baixou, o homem que o recebera bateu no ombro do jovem milionário:

— Você é um médium muito forte, vai ser muito útil ao espiritismo.

Meses depois, ao ser libertado, Paraventi não deixaria de ajudar os amigos comunistas, mas anunciava que havia trocado "o comunismo pelo espiritismo".

Miranda Correia fora obrigado a deixar às pressas espíritas e comunistas do Maria Zélia para retornar ao Rio e receber a informação dada por Ghioldi. Surpreso com a novidade, decidiu: se Prestes estava casado, e com uma estrangeira, o capitão Filinto Müller tinha que saber daquilo imediatamente. Esta, aliás, era a ordem que circulava entre os delegados e chefes de equipes na repressão aos comunistas: qualquer suspeita, qualquer notícia ou mera citação do nome de Prestes em depoimentos devia ser levada prioritariamente ao chefe da polícia.

Havia, na verdade, dois Filinto Müller perseguindo Prestes. Um era o temido e onipotente chefe de polícia da ditadura, de quem o próprio presidente da República e seu ministro da Justiça, Vicente Rao, cobravam diariamente a prisão imediata do antigo chefe da Coluna. As investigações mostravam que não havia mais nenhum peixe graúdo à solta, com exceção de Prestes, o último e o mais importante cabeça da revolta de novembro. Embora a Chefatura de Polícia do Distrito Federal fosse um cargo de baixo escalão na hierarquia da República, a insurreição de novembro acabara por atribuir a Filinto Müller o poder e a importância de um vice-rei, um primeiro-ministro. Com agentes e espias infiltrados em todas as repartições e gabinetes do governo, ele detinha informações sobre as atividades de todas as personalidades relevantes do país. A repressão aos comunistas de Moscou exigia armas, homens, equipamentos, veículos, e isso tornava a polícia do Rio um sorvedouro de verbas que ele solicitava pessoalmente a Getúlio Vargas e para as quais não havia limites. A cada semana os jornais noticiavam que o presidente havia autorizado a dotação de mais alguns milhares de contos de réis para "o combate à subversão". Filinto Müller era, de fato, um pouco ministro da Guerra, um pouco ministro da Justiça e um pouco ministro da Informação. E, sem ser ministro de nada, participava das reuniões do gabinete e despachava pessoalmente com Getúlio Vargas. Com homens, dinheiro e informações nas mãos, só o próprio Vargas reunia mais poderes que o chefe de polícia do Rio.

O outro Filinto que estava no encalço de Luís Carlos Prestes não era o policial caçando o comunista, mas o oficial da Coluna Prestes à procura do antigo chefe para um acerto de contas. Quase onze anos antes, em 14 de abril de 1925, um boletim de guerra assinado pelo general Miguel Costa, um dos comandantes da Coluna, anunciava à tropa algumas promoções por "bravura, inteligência e capacidade de comando". O mesmo ato que elevava a tenente-coronel o major Oswaldo Cordeiro de Farias promovia o capitão Filinto Müller à patente de major das forças revolucionárias. Prestes justificou a decisão de mandar promover Filinto com o argumento de que era necessário ter um oficial comandando a artilharia disponível: dois canhões de 75 milímetros e dois canhões de montanha. E, além disso, todos os soldados e sargentos da Artilharia tinham se rebelado sob as ordens de Filinto, no quartel de Osasco, em São Paulo.

Tanto a promoção quanto a própria permanência de Filinto na Coluna, no entanto, durariam muito pouco. Foram necessários apenas nove dias para que Prestes descobrisse que mandara promover o homem errado. Filinto escrevera uma carta a seu superior imediato, o general Miguel Costa, anunciando que iria a Assunção, no Paraguai, para uma visita à família, exilada naquela cidade, e prometia juntar-se novamente à Coluna no estado do Mato Grosso. Mas mandou outra carta, dirigida aos sargentos e soldados que o acompanhavam desde o levante de 5 de julho, em São Paulo, propondo a deserção coletiva. Na segunda carta dizia à tropa que para ele estava tudo acabado e que não tinha mais esperanças no sucesso da Coluna. Cada um fizesse o que bem entendesse, pois ele, a partir daquele momento, não se responsabilizava mais por nenhum dos seus subordinados. O que o major Filinto Müller não poderia imaginar é que as duas cartas iriam cair nas mãos de Prestes. Quando o chefe da Coluna tomou conhecimento dos documentos, o recém-promovido major das forças revolucionárias fugira para a Argentina (e não para o Paraguai, como dissera), levando nos bolsos cem contos de réis da intendência da Coluna. Furioso, Prestes exigiu do general Miguel Costa, comandante da 1ª Divisão Revolucionária, que o desertor fosse destituído da promoção recebida na semana anterior e que se distribuísse imediatamente outro boletim de guerra, expulsando-o da Coluna. No mesmo dia chegava às mãos de Lourenço Moreira Lima, secretário de campanha da Coluna, a execução da ordem de Prestes:

Boletim nº 5

Acantonamento de Porto Mendes, Estado do Paraná, aos 25 de abril de 1925.

Para conhecimento desta Divisão e devida execução, publico o seguinte: Expulsão de Oficial.

Seja excluído do estado efetivo das forças revolucionárias o capitão Filinto Müller, por haver, covardemente, se passado para o território argentino, deixando abandonada a localidade de Foz do Iguaçu, que se achava sob a sua guarda, resultando que as praças que compunham a mencionada guarda o imitaram, neste gesto indigno, levando armas e munições pertencentes à Revolução. Oxalá que esse oficial futuramente se justifique perante seus companheiros que ainda lutam em defesa da República, dessa acusação que pesa na sua consciência de filho desta grande Pátria.

Ass. General Miguel Costa
Comandante da 1ª Divisão Revolucionária

Durante onze anos, Filinto nutriu o ódio pela acusação que Prestes mandara fazer-lhe naquele boletim: covarde, desertor, indigno. Mas agora, em fevereiro de 1936, o destino se encarregara de inverter as posições, e era ele quem tinha o poder, os homens, as armas. O chefe de polícia prometera a Vargas entregar-lhe "em questão de dias" a cabeça do antigo comandante da Coluna, e para isso valia tudo: mais dinheiro, mais armas, mais algumas centenas de atletas para ampliar a tropa dos "cabeças de tomate" do tenente Eusébio de Queiroz. Em uma reunião com seus chefes de turma de capturas, Filinto anunciou solenemente que aquele que chegasse primeiro até Prestes e o prendesse — ou matasse — receberia dele, pessoalmente, o prêmio de cem contos de réis. Ironicamente, era a mesma quantia que, em 1925, Filinto subtraíra da Coluna e levara para o exílio.

O Rio entrava em fevereiro, mas nada havia que identificasse a cidade com a "capital universal da alegria e do Carnaval", como escreveu um cronista mundano da época. Primeiro por causa da chuva, que caía intermitente havia semanas, tirando das ruas o colorido e a graça da decoração carnavalesca. Em seguida, porque o capitão Filinto Müller não media a aplicação de seu poder no cerco a Prestes e a sua recém-revelada esposa, a estrangeira Olga de Tal. Não importavam as leis: o que valia eram as portarias que fizeram com que o Carnaval de 1936 entrasse para a história como o mais acabrunhado e sem alegria de todos os tempos. Já no começo do ano Filinto decretara que durante a vigência do estado de sítio ninguém poderia usar máscaras nos bailes, festejos carnavalescos e ranchos. Para substituí-las, o carioca importou o colar de havaiana: não era a mesma coisa, mas pelo menos dava algum colorido às festas. Quando faltavam poucos dias para a "semana gorda", mais portarias com novas proibições: as batalhas de confete só seriam permitidas em clubes, desde que com autorização prévia da polícia. Cada clube poderia realizar no máximo três batalhas. As máscaras continuavam proibidas, assim como todas as fantasias consideradas "atentatórias à moral das famílias". Os ensaios de blocos e ranchos só podiam ser feitos após a devida autorização do chefe de polícia, e teriam que se encerrar impreterivelmente às dez horas da noite. Filinto Müller tentava reger a "capital universal da alegria e do Carnaval" com o regulamento de um convento de freiras.

Mas mesmo um Carnaval sem fantasias, sem máscaras e com pouco confete era uma novidade para uma alemã da Baviera. Através das frestas da janela do quarto, Olga se deliciava com os grupos que passavam desafiando a autoridade da polícia, sambando com os rostos pintados e pouquíssima roupa sobre o corpo. O pesado rádio de válvulas que haviam conseguido com o sapateiro Manoel dos Santos repetia dezenas de vezes os poucos sucessos daquele ano: "Querido Adão", marchinha cantada por Carmen Miranda, "É bom parar", de Noel Rosa, cantada por Francisco Alves, e a "Marchinha do grande galo", de Lamartine Babo, cuja interpretação de Almirante arrancava gargalhadas dela no refrão em que o cantor repicava o "có có có có có có có". Havia muito pouco o que fazer ali no aparelho da rua Honório, no Méier. Mesmo habituados à clandestinidade imposta a eles desde a chegada ao Brasil, Olga e Prestes sabiam que daquela vez era impossível sair de casa. Quando os alto-falantes dos corsos da rua paravam, os dois se deitavam no minúsculo quarto e Olga punha-se a traduzir para Prestes poemas em alemão e trechos de Goethe e Schiller, seus autores prediletos.

A casa era muito modesta e os obrigava a cuidados especiais para não serem identificados pelos vizinhos. Dentro ficavam duas salinhas pequenas, dois dormitórios e uma cozinha. Nos fundos, num cômodo separado da casa, o banheiro. Como os muros laterais do quintal eram muito baixos e havia vizinhos de ambos os lados, eles só podiam ir ao banheiro à noite, atravessando o quintal pelas sombras e com as luzes de fora apagadas. As roupas de Olga e de Prestes — o luxuoso enxoval da lua de mel, comprado em Paris — ficaram para trás, na casa de Ipanema, e eles foram obrigados a improvisar. Uma peça de linho comprada por dona Júlia, a mulher do sapateiro Manoel, acabou se transformando num elegante vestido para Olga — desenhado e cortado por Prestes e costurado por ela.

Mesmo submetidos à absoluta clandestinidade, os dois não estavam isolados do mundo e da política. Dentro dos jornais que Manoel trazia diariamente para casa vinham pequenos pacotes feitos com papel de embrulhar pão, que o casal abria e lia avidamente: eram as notícias mandadas pelos espiões que o Partido Comunista tinha dentro das prisões, nas delegacias de polícia e até no gabinete de Filinto Müller. Quando a Coluna Prestes chegou ao fim, centenas de soldados, cabos e sargentos voltaram ao Brasil e não tinham como arrumar trabalho. O tenente João Alberto, que participara da Coluna e que em 1930 decidira ficar com Getúlio, fora nomeado pelo presidente, entre 1932 e 1933, para o cargo que depois seria ocupado por Filinto: chefe de polícia do Distrito Federal. E foi ele quem se encarregou de colocar como investigadores e comissários policiais os antigos combatentes da marcha a pé pelo Brasil — muitos dos quais, fiéis a Prestes e a suas ideias, atuavam como informantes do partido dentro da máquina policial do governo. Do prédio da rua da Relação, onde ficava o gabinete de Filinto, do morro Santo Antônio ou da prisão da rua Frei Caneca, os papéis eram mandados para Ilvo Meirelles, que os entregava a Manoel dos Santos. Muitas vezes apareciam nos pacotes, junto com os resumos de depoimentos ou revelações sobre uma "batida" que a polícia iria fazer, bilhetes de amigos de Prestes — que não tinham como localizá-lo, mas sabiam quem podia fazê-lo. O próprio Pedro Ernesto, prefeito do Rio, chegou a utilizar os misteriosos mensageiros para oferecer a Olga e Prestes uma casa mais segura, para que os dois se escondessem. Tanto esta como outras ofertas de refúgios — Virgílio de Melo Franco, um deputado federal filho de liberais de Minas Gerais, ofereceu sua casa a eles por duas vezes — eram sistematicamente rejeitadas por Prestes, que justificava a recusa explicando seus temores a Olga:

— Eles são gente muito boa, mas do ponto de vista de classe eu não posso confiar neles. Sem querer, podem ser instrumento de uma provocação. Porque hoje não sabem onde estamos, mas saberiam para onde fôssemos. E se forem presos e torturados? Não podemos arriscar.

Um dos jornais levados à rua Honório por Manoel deixou Olga e Prestes apreensivos. Uma pequena notícia dava conta de que o delegado Lineu Costa havia solicitado ao capitão Filinto Müller a abertura de inquérito administrativo para apurar a responsabilidade pela violação dos autos do processo sobre a revolta. Não havia dúvidas de que a polícia começava a desconfiar dos espiões comunistas dentro das delegacias e nos cartórios especiais nelas instalados para ouvir os presos da insurreição. E foi através de um desses informantes que Prestes ficou sabendo que Filinto Müller em pessoa estava dirigindo, de seu gabinete, a operação policial-militar montada para prendê-lo e a sua mulher. O relatório levado por Manoel dos Santos dizia que nos últimos dias Getúlio Vargas tinha autorizado um novo reforço dos tais "cabeças de tomate" — e que os homens começariam a realizar uma "operação pente fino", revistando rua por rua, casa por casa. Filinto sabia que no tempo de garoto Prestes tinha vivido alguns anos no bairro da Boca do Mato, próximo ao Méier, e decidira começar a caçada por ali. O informe garantia também que a polícia não tinha noção do endereço onde o casal estava escondido — e que as duas únicas informações obtidas nesse sentido, dadas por Barron e por um dirigente do partido durante uma sessão de torturas, eram muito vagas. Falavam apenas que Olga e Prestes estavam escondidos "para os lados do Méier", o que não ajudava muito à polícia. Uma última notícia da operação soou como uma pilhéria para Prestes: Filinto obrigava o policial que estivesse chefiando as batidas a levar pela coleira o cachorro policial Príncipe, que Prestes dera de presente a Olga e que fora deixado na casa da rua Barão da Torre no dia da prisão de Ewert. A polícia acreditava que, pelo faro, o cão poderia ajudar a localizar seus donos.

Dias depois, um novo relatório chegava com informações mais precisas — e mais graves. Depois de bater toda a Boca do Mato sem resultados, a polícia começaria naquela madrugada a esquadrinhar o Méier. Comandando o trabalho, Filinto dividira o mapa do bairro em quatro partes, ficando cada uma delas entregue a um pelotão de cinquenta "cabeças de tomate", chefiados respectivamente pelos policiais Jullien, Galvão (o mesmo carcereiro que levava Xanthaky para interrogar os Ewert no morro de Santo Antônio), Carlos Lolotti e Paulo Brasil. Além dos quatro chefes de grupo e dos duzentos soldados da Polícia Especial, todos armados de metralhadoras, algumas dezenas de policiais civis rondavam as esquinas, entravam nos bares, vigiavam qualquer movimento suspeito. As ordens de Filinto eram expressas: todas as ruas seriam varejadas e, nelas, nem uma só casa poderia deixar de ser vistoriada. Antes de bater à porta da casa, os soldados deveriam cercá-la também dos lados e pelo fundo, para evitar fugas. À menor suspeita de que tivesse sido localizada a casa de Olga e Prestes, deveria ser dado um tiro para o alto, e todos os grupos nas imediações convergiriam para o local. Encontrada a casa, a ordem era entrar atirando para matar.

Duas semanas depois de iniciada no Méier, a operação dera resultados pífios. Em uma casa pegaram alguns livros considerados subversivos e, de outra feita, um homem que tentara escapulir da polícia chegou a causar certo alvoroço — mas era apenas um ladrão comum, procurado pelo delegado do bairro. Na madrugada do dia 5 de março — sempre sob uma chuva torrencial, que parecia não terminar jamais — cinquenta soldados e três policiais civis, comandados pelo comissário José Torres Galvão, começaram a vistoriar as casas da rua Honório. Entraram pela ponta da rua que começava no Engenho de Dentro, onde havia calçamento e o chão era plano. Por volta das duas horas da madrugada ocorreu um pequeno incidente: em uma das casas rastreadas morava um alto funcionário do Tribunal do Júri, que considerou a invasão, àquela hora, um desrespeito a seus direitos individuais. Galvão comunicou-se pelo rádio de campanha de um dos carros com o capitão Filinto Müller e recebeu uma ordem ríspida: "Prenda o sujeito e quem mais se opuser às buscas". Cada quarto, sala, cozinha, banheiro e quintal era revistado rigorosamente. Velhos, mulheres e crianças eram despertados para que Galvão pudesse ver se "o homem" estava escondido ali. Às quatro horas da manhã o grupo entrou na parte íngreme da rua, onde o calçamento ainda não havia chegado. O dilúvio das últimas semanas tinha aberto um sulco no meio da rua, por onde corria lama grossa e vermelha. Naquele trecho os soldados tiveram que subir a pé, pois os carros da polícia que ali haviam se aventurado estavam atolados até o meio da lataria. Às cinco horas uma patrulha chegou à casinha do número 279. Repetindo o que vinham fazendo maquinalmente havia tantos dias, cerca de dez soldados deram a volta pelos fundos e dos dois lados, enquanto um grupo, com Galvão à frente, batia forte na porta de entrada. Dona Júlia acordou sobressaltada e perguntou antes de abrir o trinco:

— Quem é?

Galvão, do outro lado:

— Abra, é a polícia.

Ela abriu uma fresta e se assustou com a quantidade de armas apontadas contra seu rosto. Um dos soldados que estava de guarda na porta dos fundos gritou:

— Galvão, tem alguém tentando abrir a porta aqui de trás!

Era Prestes, ainda de pijama e chinelos, que tentava escapar pelo quintal. Quando ouviu o grito, voltou e quis entrar no quarto, por cuja janela pensava saltar para a rua. Não houve tempo. Ao perceber quem era o homem que tentava escapar, Galvão deu a ordem aos soldados que se espremiam na porta de entrada:

— Entrem atirando! É Prestes!

Um número indefinido de soldados e policiais civis avançou sobre dona Júlia, de metralhadoras engatilhadas, em direção ao pequeno corredor por onde Prestes entrara. Foi então que aconteceu o inesperado. Uma mulher alta pula na frente de Prestes, protegendo-o com seu corpo, e dá um berro para os soldados. Não era um pedido de clemência, mas uma ordem dada por Olga:

— Não atirem! Ele está desarmado!

O gesto inesperado deixou-os paralisados. Talvez por ser mulher, talvez por ter gritado com tanta energia, a verdade é que, se houve oportunidade para levar Prestes morto, ela não tinha sido aproveitada. Galvão chegou à porta e disparou seu revólver para o alto — e segundos depois toda a rua Honório estava tomada por um exército de policiais encharcados. Francisco Jullien apareceu trazendo Príncipe pela coleira e o cão logo reconheceu os donos. Sem revelar medo, Prestes pediu a Galvão para mudar de roupa, mas não conseguiu:

— O senhor vai assim mesmo.

Na rua, tentaram colocá-los em carros separados, mas Olga percebeu que aquilo significaria a morte de Prestes. Agarrou-se ao marido com tamanha força que não houve outra alternativa senão permitir que os dois fossem transportados juntos para a sede da Polícia Central. Havia tantos policiais guardando-os dentro do veículo que Olga teve que ir sentada no colo do marido. O comboio atravessou a cidade despertando os moradores das ruas por onde passava: sirenes ligadas, tiros para o alto, garrafas de cachaça correndo nos caminhões que transportavam os duzentos soldados molhados.

A chegada do casal e de dona Júlia, que viera em outro carro, transtornaria a vida do prédio da rua da Relação. Homens armados de metralhadoras guardavam todas as portas e os cruzamentos das ruas que davam acesso ao edifício e, no portão principal, o capitão Miranda Correia, protegido por forte escolta, esperava o cortejo. Ele já comunicara a prisão de Prestes a Filinto Müller, que preferiu não estar presente à chegada de seu antigo comandante. Ao ser informado, Filinto telefonara ao presidente Getúlio Vargas para transmitir-lhe a notícia e voltara a dormir.

Quando desembarcaram no saguão do edifício, Olga e Prestes foram separados. Miranda Correia informou que eles seriam ouvidos em salas diferentes. Prestes foi colocado dentro de um pequeno elevador, sempre acompanhado por policiais armados, e ela levada para outra sala. Quando a porta gradeada do elevador se fechou, os dois se olharam pela última vez.

12. A POLÍCIA SUICIDA BARRON

Foi o tenente Eusébio de Queiroz Filho, chefe dos "cabeças de tomate", quem transmitiu a notícia a Prestes, minutos após sua chegada à Polícia Central. E o fez de forma provocadora e sorridente:

— É bom que o senhor saiba que foi o americano Victor Barron quem o entregou. Mas parece que a consciência do gringo doeu muito e ele acabou de suicidar-se, saltando da janela deste prédio.

A primeira suspeita de que Barron não era um suicida, mas teria sido morto pela polícia, viria em uma declaração do próprio capitão Filinto Müller, horas depois. Ao conceder uma entrevista aos jornalistas, para contar detalhes da prisão de Prestes e Olga, ele cometeu um lapso e revelou que Barron tinha morrido sem dar o endereço do esconderijo do casal. A declaração do chefe de polícia comprovava que, apesar da violência a que foi submetido, o americano nada acrescentara à vaga informação de que os transportara "para os lados do Méier". Filinto Müller foi preciso ao conversar com os jornalistas:

— Barron obstinou-se em negativas. Era um homem experimentado em situações difíceis, acostumado a enfrentar e desorientar policiais. Além de repetir que havia levado Luís Carlos Prestes de automóvel para o Jardim do Méier, ele não quis adiantar mais nada.

Se Barron não denunciara Prestes — versão que o próprio Prestes sustentou desde que recebeu a notícia da sua morte —, por que razão se mataria? De onde viria o "arrependimento"? Entre os jornalistas que ouviram o capitão Filinto estava um correspondente da agência noticiosa americana Associated Press, que, além dessas, fazia outras perguntas sem resposta: como pode alguém suicidar-se pulando do segundo andar, de uma janela que não dá para o solo, mas para um pátio superior interno, o que reduz a queda, na realidade, para *um* pavimento? O correspondente estrangeiro publicaria reportagem em jornais dos Estados Unidos com mais indagações desconcertantes: ainda que saltando do primeiro andar, a morte talvez se justificasse caso Barron tivesse caído de cabeça no cimento e fraturado o crânio — mas o atestado de óbito assinado pelo dr. Borges de Mendonça e entregue à embaixada americana dava como *causa mortis* "fratura de costela, causando ruptura dos pulmões e rim esquerdo, acompanhada de hemorragia interna". Sem pretender incriminar ninguém pessoalmente, os jornalistas comentavam entre si que aqueles eram ferimentos típicos de quem tinha sido espancado.

Prestes ficara indignado com a notícia da delação seguida do "suicídio" de Barron. Ao ser qualificado, tratou delegados e investigadores com rispidez. Reagia às perguntas com monossílabos, e à maioria delas recusava-se sequer a dar respostas. Quando o escrivão perguntou qual era sua profissão, ele foi seco:

— Capitão do Exército.

O funcionário, provocativo, corrigiu-o:

— O senhor quer dizer ex-capitão, não?

Ele irritou-se:

— Ex-capitão, não! Sou capitão do Exército brasileiro!

Cercado pelos "cardeais" da polícia política — Bellens Porto, Hymalaia Virgolino, Miranda Correia, Canavarro Pereira —, Prestes deixou claro, desde os primeiros minutos da prisão, que não iriam arrancar qualquer informação dele, decisão que seria mantida até o último instante de seu longo período de prisão. Quando o delegado Bellens Porto perguntou qual havia sido sua participação no movimento de 27 de novembro, ele cortou:

— Não tenho qualquer declaração a prestar nesse sentido.

— Mas onde o senhor esteve no dia 27 de novembro de 1935?

— Não tenho qualquer declaração a prestar nesse sentido.

— Quais são as suas ligações com o senhor Harry Berger, ou Arthur Ernst Ewert?

— Não tenho nada a informar aos senhores. Só posso fazer declarações a respeito da Coluna Prestes. Tudo quanto tinha a declarar a respeito do que fiz ultimamente está nos meus manifestos públicos.

Ao final, Bellens Porto entregou-lhe a última página do "depoimento" para que ele assinasse. Prestes irritou-se uma vez mais:

— Não assino! Só assinarei rubricando também as páginas anteriores. Evitarei assim que se possam fazer enxertos, atribuindo-me declarações que não prestei!

Era a primeira vez que um preso se dirigia naquele tom à cúpula da polícia. Os delegados atenderam ao pedido. Quando acabou de rubricar folha por folha, assinou finalmente a última e declarou, em tom de enfado, para quem quisesse ouvir:

— Tudo isso, afinal, não passa de uma palhaçada!

A única autoridade que não teve coragem de enfrentar Prestes cara a cara foi Filinto Müller. O chefe de polícia chegou cedo a seu escritório, espiou por uma fresta para dentro da sala onde Prestes era interrogado por seus principais subordinados, mas não quis ser visto por ele. Duas únicas visitas de estranhos à polícia foram permitidas por Filinto: os majores Cordeiro de Farias e Riograndino Kruel, que tinham participado da Coluna, apareceram no prédio da Polícia Central logo de manhã e conversaram alguns minutos com o antigo chefe. Após a saída dos dois, Prestes comentaria, amargo:

— Eu sei que não vieram aqui para solidarizar-se comigo, mas para um reconhecimento: queriam certificar-se de que sou eu mesmo.

De seu gabinete, Filinto Müller saboreava a vitória. Recebeu o ministro da Justiça, Vicente Rao, que visitava a Polícia Central por determinação do presidente da República, para apresentar os cumprimentos de Vargas ao capitão e aos policiais que tinham prendido Prestes. A pedido dos repórteres, fazem uma pose ao lado da mesa do chefe de polícia, sobre cujo tampo estavam vários caixotes contendo o material apreendido na rua Honório. Lado a lado estavam Rao, Filinto, Miranda Correia,

Torres Galvão e, aos pés do anfitrião, o cachorro Príncipe. Terminada a visita, o chefe de polícia redige um telegrama circular dirigido a todos os governadores de estados:

> Tenho a honra de comunicar a Vossa Excelência que a polícia desta Capital, em diligência realizada hoje, efetuou a prisão do chefe comunista Luís Carlos Prestes, apreendendo copioso arquivo. Cordiais saudações.
>
> Filinto Müller
> Chefe de Polícia

Filinto não exagerava ao utilizar a expressão "copioso" para designar o farto material acumulado por Olga e Prestes em tão pouco tempo e apanhado pela polícia na rua Honório. Eram caixas e mais caixas de cartas, papéis, documentos, manifestos e recibos, que um dos autos de apreensão resumia de maneira eloquente:

> [...] um mapa do Distrito Federal; uma proclamação aos soldados, cabos, sargentos e oficiais conscientes do 22º BC e da Polícia; uma proclamação aos operários, camponeses, soldados, estudantes, pequenos comerciantes, povo oprimido de Pernambuco; um impresso em papel rosa com o título "Aparemos as unhas dos ladrões do povo"; um cartão de visitas em nome de Antônio Vilar, Lisboa; uma proclamação em papel rosa sob o título "Libertemos Harry Berger, que sofre com sua companheira as piores torturas da Polícia Central e no pátio da Polícia Especial"; uma proclamação impressa em papel verde aos oficiais e sargentos do Exército; cinco folhas mimeografadas com título "Começou a Revolução"; um impresso em papel branco com o título "Harry Berger, um grande lutador antifascista e antiguerreiro"; três folhas mimeografadas com o título "Resoluções do CC sobre as tarefas dos comunistas na preparação e na realização da revolução nacional"; duas folhas datilografadas

com o título "Contra as provocações policiais dirigidas pelo Intelligence Service e contra a reação fascista do governo traidor e tirânico de Getúlio e comparsas, levantemos bem alto a bandeira de luta da libertação do Brasil"; uma folha mimeografada com o título "Instruções para o trabalho sindical e preparação de greves na atual situação de estado de sítio"; uma folha de papel almaço margeada por linhas azuis, manuscrita a tinta, começando pela frase "reconhece um bilhete que escreveu a Berger com o pseudônimo de Gin"; quatro folhas mimeografadas com os termos de declarações prestadas na polícia por Adalberto Andrade Fernandes; uma folha de identificação para pedido de visto em passaporte, em nome de Antônio Vilar e de Maria Bergner, com duas fotografias à margem, passada pelo consulado do Brasil em Buenos Aires em 11 de abril de 1935, acompanhada de dois atestados médicos e dois certificados de antecedentes criminais, todos com o carimbo do consulado geral do Brasil em Buenos Aires; um passaporte da República portuguesa concedido a Antônio Vilar e sua mulher, Maria Bergner Vilar, em 8 de março de 1935, em Rouen, na França; uma centena de cartas em francês e em português, assinadas por "amigo Gar", "amigo Cleto", "Amiguinha", "Prado", "Mel", "Souza", "G.", "B." e "amigo S."; uma folha datilografada com o título "Cópia do informe recebido em 6 e datado de 5, sobre a Garota"; duas folhas datilografadas com o título "Cópia do informe sobre as respostas da Garota ao último questionário", e assinada a lápis por "M."; duas folhas datilografadas com o título "Respostas da Garota".

Dinheiro não havia muito na rua Honório: pouco mais de mil gulden holandeses e 162 dólares. Até aquele momento, somados os dólares, pesos, francos, gulden, marcos e libras apreendidos em vários aparelhos ou em poder dos estrangeiros detidos, havia uma pequena fortuna nos cofres da polícia. Mas não era dinheiro o que a polícia buscava. No meio da maçaroca de papel recolhida no aparelho do Méier, Filinto Müller encontrou elementos para completar um quebra-cabeça que permitiria, meses depois, atribuir a Prestes uma pena muito maior do que a que lhe seria imposta por chefiar a rebelião comunista. Analisando questionários e relatórios localizados na rua Honório, a polícia começava a desenterrar o que a imprensa batizaria de "o tribunal vermelho" — o processo através do qual a direção do Partido Comunista condenou à morte e executou a jovem mulher de Miranda, Elvira Cupelo Colônio, a Garota, ou Elza Fernandes.

Nunca ficaria muito claro se Elvira era apenas uma desequilibrada mental ou, como concluiu a cúpula comunista, uma traidora que havia se passado para o lado da polícia. Para muitas das presas da Casa de Detenção, onde ela foi recolhida, tratava-se apenas de uma adolescente do interior, deslumbrada com o Rio de Janeiro e a notoriedade alcançada pelo fato de ser mulher do mais importante dirigente do Partido Comunista. Maria Werneck de Castro, advogada que estava recolhida à ala feminina da Detenção, acusada de envolvimento na revolta, espantou-se quando viu a jovem revelar, dentro da cela, o fim que costumava dar ao dinheiro que recolhia dos militantes como contribuição para o partido. Às gargalhadas, Elvira escandalizava as outras presas ao falar:

— Maria, sabe aquele dinheiro que fui buscar na sua casa, dizendo que era ordem do Miranda? Não era para o partido, mas para eu comprar toalhas novas para a nossa casa. Não é a mesma coisa? Nós não somos todos comunistas?

Desequilibrada, despreparada ou agente infiltrada, a polícia tratou de tirar proveito de Elvira. Os registros de entrada e saída de presos da Casa de Detenção, manuscritos num grosso volume de capa negra, guardariam para sempre pelo menos uma certeza: sem explicação aparente, Garota foi colocada em liberdade inúmeras vezes, sendo repetidamente detida pela polícia dois ou três dias depois. Por mais duras que fossem as recomendações de Carmen Ghioldi, Maria Werneck de Castro,

Nise da Silveira e outras presas, de que a polícia fazia aquilo para transformá-la em isca e descobrir novos endereços de aparelhos, Elvira não parecia fazer caso das advertências. E, a cada saída sua, mais meia dúzia de dirigentes caía nas mãos de Filinto Müller. E como a polícia, em suspeita generosidade, permitia que ela fizesse visitas regulares à cela onde o marido estava detido, na Casa de Correção, ele também passou a ficar sob a mira do partido.

Ainda durante o período em que Olga e Prestes estavam na rua Honório, a direção decidiu tirar a dúvida a limpo. Em uma de suas saídas do presídio, o partido agarrou-a, deixando-a sob a custódia de Francisco Meirelles, em sua casa na estrada de Guaratiba. Por ser um dos poucos estrangeiros experientes ainda em liberdade, Léon-Jules Vallée foi encarregado de redigir os questionários a que Garota seria submetida durante o processo que se iniciava. Manuscritas por Vallée em francês, as perguntas eram levadas por mensageiros aos quatro membros do Secretariado Nacional encarregados do caso: o secretário-geral Lauro Reginaldo da Rocha, o Bangu, Honório de Freitas Guimarães, o Milionário, Adelino Deícola dos Santos, o Tampinha, e José Lago Molares, o Brito. O vaivém de perguntas e respostas durou duas semanas, ao fim das quais a direção concluiu que Elvira tinha efetivamente colaborado com a polícia a troco da promessa de que ela e o marido seriam libertados e enviados à terra natal dele, a Bahia, onde sonhavam viver juntos. O resultado do "inquérito" foi enviado à casa onde Olga e Prestes se escondiam, no Méier, juntamente com dois bilhetes de Miranda, em que o dirigente preso reclamava, preocupado, da ausência da mulher, que havia muitos dias não o visitava na cadeia. Sobre esses bilhetes, a direção do partido optou por considerá-los falsos, "certamente escritos pela polícia para nos confundir", como diria o Milionário. A respeito do "processo" de Elvira, Prestes foi duro: se o partido concluíra que ela de fato havia traído, "por que tanta vacilação em executar a decisão tomada pela direção?", ele indagava em sua mensagem escrita:

> Fui dolorosamente surpreendido pela falta de resolução e vacilação de vocês. Assim não se pode dirigir o Partido do Proletariado da classe revolucionária. [...] Já formulei minha opinião a respeito do que precisamos fazer. Por que modificar a decisão a respeito da Garota? Há ou não há traição por parte dela?

A sorte de Elvira estava lançada. A decisão de executar a sentença foi finalmente tomada em reunião de que participaram o Milionário, o Abóbora (Eduardo Ribeiro Xavier), o Tampinha, o novo secretário do partido, Bangu, Manoel Severino Cavalcanti, o Gaguinho, e Francisco Natividade Lyra, o Cabeção. No final de fevereiro Elvira foi transferida da estrada de Guaratiba para uma casa situada em local ermo, próxima à estrada do Camboatá, no subúrbio carioca de Deodoro, onde já a esperavam Milionário, Gaguinho, Tampinha, Abóbora e Cabeção. Ao cair da tarde, enquanto a jovem conversava com o grupo em uma salinha dos fundos da casa, Cabeção foi ao quintal, cortou um pedaço de corda que servia de varal de roupas e sentou-se ao lado de Elvira. Num gesto rápido passou-lhe a corda em volta do pescoço e apertou. Garota quis resistir e tentou erguer-se da cadeira, mas Cabeção, um homem enorme, atirou-se sobre ela e jogou-a no chão. Subjugada, Elvira foi estrangulada pelo grupo. O único a não participar foi Abóbora, que diante da violência da cena pôs-se a vomitar num canto da sala. O corpo foi carregado para outro cômodo, onde Cabeção, auxiliado pelos demais, dobrou-o em dois, juntando os pés à cabeça e aterrorizando o grupo com o ruído dos ossos que se partiam. Nessa posição o enfiaram dentro de um grande saco de aniagem, que foi levado até o quintal. Ali mesmo, ao pé de uma árvore, Elvira foi sepultada.

Se a suspeita de que Elvira tivesse sido morta provocou sensação na imprensa brasileira, francamente governista, a morte do americano Victor Barron foi aceita pelos jornais do Rio e de São Paulo sem que se questionasse uma sílaba sequer da versão policial que o dava como suicida. Além da insistência da Associated Press em apurar as verdadeiras circunstâncias em que ele morrera, no entanto, sua mãe, Edna Hill, e vários intelectuais norte-americanos tanto fizeram que a notícia chegou às primeiras páginas dos grandes diários dos Estados Unidos. No dia 6 de março Edna Hill recebeu das mãos do carteiro em sua casa em Oakland, na Califórnia, um telegrama expedido a cobrar pelo secretário de Estado dos Estados Unidos, redigido em apenas um parágrafo:

> Lamento informá-la que o embaixador americano no Rio de Janeiro, Brasil, relatou-me telegraficamente que seu filho, Victor A. Barron, conseguiu evadir-se de sua guarda e suicidou-se no dia 5 de março, ao pular para a área pavimentada de um pátio dois andares abaixo.
>
> Cordel Hull
> Secretário de Estado

Se Edna Hill tivesse lido o jornal *The New York Times* daquela manhã, teria sabido mais cedo da tragédia de seu filho, e de forma mais dura. Seguindo o tratamento dado inicialmente por toda a imprensa americana para o caso, o diário nova-iorquino publicou a notícia conforme a polícia brasileira a divulgara:

> COMUNISTA TRAI SEU CHEFE E DEPOIS SE MATA
>
> Victor Allen Barron, americano, diz à polícia do Rio de Janeiro onde é o esconderijo de Prestes.
>
> Rio de Janeiro, 5 de março — Desesperado pelo fato de ter dado a informação que resultou na prisão de Luís Carlos Prestes, suposto líder da rebelião radical de novembro último, o americano Victor Allen Barron, 27 anos, cometeu suicídio hoje, aqui, jogando-se do segundo andar do quartel-general da polícia. Seu crânio fraturou-se e ele foi levado a um pronto-socorro, onde faleceu logo após ter chegado. Barron, de acordo com a Embaixada americana daqui, era um cidadão de Portland, Oregon, porém ultimamente vivia no número 501 da rua Haro, em San Francisco. Ele chegou

ao Brasil em junho passado dizendo alternadamente ser operador de rádio e comerciante. A polícia local descreve-o como um comunista que foi preso há um mês sob a acusação de haver participado da revolta, dirigindo um automóvel para os rebeldes, sobretudo para Prestes, transportando-o de um lugar para o outro.

A prisão de Prestes foi efetuada com a ajuda de seu próprio cão, que a polícia encontrou na casa de Harry Berger, suposto comunista americano, que prenderam em dezembro. O cão os levou até a casa onde Prestes estava, conduzindo-os até seu dono. Prestes, conhecido como o Cavaleiro da Esperança, cortou a barba enquanto estava clandestino. Ele foi encontrado por mais de cem policiais, entre uniformizados e à paisana, que formaram um verdadeiro cordão de isolamento em volta do bairro.

A notícia publicada pela Associated Press mudou o curso dos fatos nos Estados Unidos. Reproduzida inicialmente apenas pelo *The Washington Star*, a suspeita estava no dia seguinte em todos os jornais, e motivou uma ação fulminante contra o governo, no sentido de que se apurasse a verdadeira causa da morte de Barron. Acionado por Edna Hill, o senador Albert Carter procurou o secretário de Estado Cordel Hull pedindo providências em relação ao corpo diplomático americano no Rio. Não satisfeita, Edna Hill colocou no correio, naquele mesmo dia, uma carta endereçada ao presidente Franklin Roosevelt:

Caro presidente Roosevelt:

Venho pedir ao senhor o favor de mandar investigar a causa da morte do meu filho no Rio de Janeiro, Brasil. De maneira alguma eu acredito que ele tiraria a própria vida, a não ser que a punição a ele infligida fosse muito dura de ser suportada. Sei que se tivesse uma chance de retornar para casa ele teria sacrificado qualquer coisa em troca disso.

Ele amava sua casa e seu povo.

Eu não posso entender por que me contaram três histórias a respeito de sua morte; uma da imprensa, uma do embaixador no Brasil e outra do senador Albert Carter.

O senhor poderia descobrir se ele deixou alguma mensagem para sua mãe? E outra coisa, senhor presidente Roosevelt, para a qual eu gostaria de chamar a sua atenção: quando recebi o telegrama sobre a morte do meu filho, a mensagem veio a cobrar — tive que pagá-la antes de ler. Além de ter sido pesarosamente assaltada, fiquei numa situação embaraçosa.

Estou escrevendo-lhe esta carta numa última esperança de descobrir o que realmente aconteceu para causar a morte de meu jovem filho, que tinha apenas 26 anos.

Gostaria também de saber se o corpo tem uma cicatriz na perna, já que não tive qualquer chance de identificá-lo como meu filho, de modo algum.

Muito respeitosamente sua,

Sra. Edna Hill
44th. Avenue nº 1023
Oakland, Califórnia

O que Edna Hill supunha ser uma terceira versão, dada pelo senador Albert Carter, era, na verdade, o rol de suspeitas levantadas pelos jornais, comprovando que não havia razões aparentes para Barron suicidar-se e que, ainda que tentasse fazê-lo, seria impossível que uma queda de pouco mais de dois metros de altura causasse ferimentos tão graves. Tanto a carta de Edna Hill quanto as manifestações feitas no Congresso americano eram despachadas incontinenti pelo presidente Roosevelt para o mesmo endereço: a mesa de Cordel Hull, secretário de Estado. Uma grande comissão foi montada para forçar o governo a apurar não só a verdadeira causa da morte de Barron, mas também a omissão da embaixada americana no Brasil em proteger um cidadão norte-americano. Chefiada pelo advogado Charles Arthur, neto de Chester Arthur, ex-presidente dos Estados Unidos, a comissão era recheada de grandes nomes: Jeanette Rankin, a primeira mulher a obter uma cadeira no Congresso americano, os escritores Malcolm Cowley, John dos Passos, Sherwood Anderson, Crane Brinton, Lilian Hellman, Theodore Dreiser e Upton Sinclair, o compositor Aaron Copland, o historiador Waldo Frank e o linguista Edward Sapir, entre outros. O grupo dirigiu a Roosevelt, ao secretário de Estado e fez publicar como matéria paga nos jornais de Washington e Nova York um memorial em que o embaixador dos Estados Unidos no Brasil, Hugh Gibson, era acusado de ter prestado colaboração extraoficial à polícia do Rio. "Estamos inclinados a julgar o embaixador Gibson", dizia o documento, "como, no mínimo, parcialmente responsável pelas razões que causaram o 'suicídio' do sr. Barron." O extenso manifesto terminava com acusações graves:

> À parte todas as versões, um fato fica claro e cristalino. Se Barron deu ou não informações à polícia que ajudaram a prender Prestes, ou se ele foi simplesmente assassinado, ou se foi torturado e coagido até não poder mais suportar viver, uma coisa é certa: em vez de cumprir o seu dever para com este cidadão americano, em vez de protegê-lo dos métodos da polícia, que cheiram à Inquisição da época medieval, a embaixada americana no Brasil realmente ajudou ou tentou dar ajuda à polícia de um governo estrangeiro contra um cidadão americano. A embaixada americana no Brasil fica, portanto, acusada de coadjuvante no crime, em companhia da brutal polícia do presidente Getúlio Vargas. Estão os americanos negociando com os brasileiros de modo livre e independente ou estão engajados numa conquista? Será que na diplomacia é esta a política da boa vizinhança? O povo americano quer saber.

Por requerimento do deputado Vito Marcantonio, o Capitólio aprovou a instalação de uma Comissão Parlamentar de Inquérito para apurar as denúncias de que a embaixada americana no Rio de Janeiro se omitira ou mesmo havia colaborado nos episódios que envolveram a morte de Barron. Menos de uma semana depois o Congresso aprovava a resolução número 243, que obrigava o Departamento de Estado a transmitir, "com a máxima urgência", as seguintes informações ao Congresso dos Estados Unidos, para instruir a Comissão de Inquérito:

1) Todos os fatos a respeito da morte de Victor A. Barron, cidadão americano, que morrera sob a custódia da polícia do Rio de Janeiro em 5 de março de 1936.

2) O que foi feito pelo embaixador Hugh Gibson para proteger o cidadão Victor A. Barron.

3) Se o embaixador Hugh Gibson ajudou ou contribuiu para a prisão ou o interrogatório de Victor A. Barron.

4) Se o embaixador Hugh Gibson ou seus agentes interrogaram o referido Victor A. Barron enquanto sob custódia da polícia brasileira, com o propósito de obter informações a respeito de suas atividades políticas.

5) Toda e qualquer informação a respeito da conduta do embaixador Hugh Gibson em relação à prisão e morte de Victor A. Barron.

O deputado Alexander Johnson, do Texas, um político conservador que tentara por todos os meios obstruir a constituição da Comissão de Inquérito, conseguiu convencer o plenário a restringir as investigações, delineadas no questionário, à participação ou não da embaixada americana na morte de Barron, impedindo que o Congresso buscasse a verdade do tema central: Barron se suicidara ou fora morto sob tortura? Ainda assim, o Congresso obrigou o secretário Cordel Hull a remeter ao deputado Sam McReynolds, presidente da Comissão de Assuntos Estrangeiros da Câmara, um minucioso calhamaço sobre o envolvimento da embaixada na chamada "conexão brasileira" do movimento comunista internacional. Como o que se apurava era apenas o envolvimento de Hugh Gibson e seus agentes, as respostas do Departamento de Estado foram consideradas satisfatórias e, no dia 26 de março, o plenário aprovou resolução do texano Johnson, determinando o arquivamento do inquérito que nem sequer fora iniciado.

Mas o esfriamento do "caso Barron" não tiraria o Brasil do

centro das pressões internacionais. A notícia de que Arthur Ewert e sua mulher Elise estavam sendo massacrados por torturas nas prisões brasileiras acabou vazando na imprensa. Na imprensa estrangeira, claro, já que os jornais brasileiros, sem nenhuma exceção, tinham se transformado em porta-vozes do noticiário oficial — incluindo-se aí até os diários que não tinham simpatias por Getúlio Vargas. No afã de agradar ao governo, os jornais metiam no mesmo saco anticomunismo e antissemitismo e alimentavam diariamente entre a população um verdadeiro ódio aos estrangeiros em geral — e aos comunistas e judeus em particular. E o estrangeiro que não o fosse era automaticamente convertido em judeu pelo noticiário dos jornais. Foi assim que a notícia da prisão de Ewert foi dada por *O Globo* em uma escandalosa manchete de oito colunas de primeira página:

> FILHO DE ISRAEL E AGENTE DE MOSCOU!
>
> Num bangalow verde, em Copacabana, residia o emissário do Komintern, com dinheiro e instruções para a rebelião vermelha! Harry Bergen, representante de Stalin! Apreendido em seu poder o arquivo da Aliança Nacional Libertadora e um salvo-conduto para entrar em repartições públicas!

Ewert não se chamava *Bergen*, não era judeu, não fora preso em Copacabana, era adversário de Stálin e não tinha salvo-conduto para entrar em repartição alguma, mas nada disso tinha importância. O essencial era envenenar a população com a monstruosa conspiração judaico-comunista que vinha de fora, não importava de onde, para escravizar o Brasil.

Além das sucessivas denúncias de torturas feitas por membros do Congresso Nacional, como o deputado paranaense Otávio da Silveira e o senador paraense Abel Chermont — e que a imprensa nacional ignorava olimpicamente —, um incidente entre o capitão Filinto Müller e um pequeno grupo de ingleses ajudaria a mobilizar a opinião pública europeia em defesa dos Ewert. Nos primeiros dias de março desembarcaram no Brasil lady Marian Cameron Campbell e lady Christine Hastings, esposas de dois membros da Câmara dos Comuns da Inglaterra. Acompanhadas de um secretário particular, Richard Gavin Freeman, as duas senhoras anunciaram à imprensa, no cais do porto, que vinham ao Brasil apurar, em nome de instituições de seu país, denúncias sobre torturas a presos políticos, especialmente estrangeiros. Avisado pelos repórteres, Filinto Müller foi em pessoa até o Hotel Glória, onde a delegação se hospedara e, depois de decidir que aquela viagem "era coisa de Moscou", prendeu as ladies Campbell e Hastings num dos apartamentos do hotel, guardadas por dois policiais, e mandou que o aterrorizado Freeman fosse atirado num dos xadrezes da Polícia Especial. A situação perdurou por quatro dias até que, quando parecia transformar-se num incidente diplomático, o embaixador inglês no Brasil conseguiu autorização para que os três fossem libertados e imediatamente embarcados no navio *Arlanza*, que zarpava para a Europa. A repercussão não poderia ter sido pior. Semanas depois a revista britânica *The New Statesman and Nation* publicava com destaque o artigo intitulado "Uma desventura brasileira", em que os desafortunados turistas davam a sua versão do tratamento que recebiam os presos no Brasil, versão devidamente apimentada pelo depoimento sobre o que Richard Freeman vira nas celas do morro de Santo Antônio e sobre a situação dos Ewert.

O artigo agitou os meios políticos londrinos: um telegrama confidencial do embaixador brasileiro em Londres, Régis de Oliveira, informou ao chanceler José Carlos de Macedo Soares que a embaixada do Brasil na Inglaterra continuava a receber "inúmeras cartas de membros do Parlamento e de outras pessoas de certa consideração, insistindo sobre os rumores que dizem correr a respeito de maus tratamentos dados pela nossa polícia a um tal Arthur Ewert, antigo membro do Reich, e a sua mulher". A campanha, dizia o diplomata, parecia inspirada "por uma tal Minna Ewert, residente nesta capital, e que se intitula irmã da suposta vítima das nossas autoridades". Régis de Oliveira rogava a Macedo Soares informações pormenorizadas a respeito do casal. Embora Arthur Ewert estivesse à beira da loucura, preso num socavão de escada cujo teto era meio metro inferior à sua estatura, a carta do ministro das Relações Exteriores do Brasil, em resposta à consulta vinda de Londres, era um primor de mentira e dissimulação:

> Arthur Ewert e sua mulher, Elisa Saborowsky Ewert, ou Machla Berger, estão presos no Rio de Janeiro desde dezembro do ano findo, sendo infundados todos os rumores que correm nessa capital sobre os maus-tratos infligidos a ambos pelas nossas autoridades policiais, que, agindo com a máxima energia, não necessitam, entretanto, fazer uso de meios violentos, tão ao agrado daqueles que, pleiteando medidas humanitárias, só conseguem vencer pela tirania.
>
> Cônscio da obra nefasta levada a efeito em nosso país pelos agentes moscovitas, nacionais e estrangeiros, o governo brasileiro trata apenas de defender-se com a segurança e a energia dos fortes, fazendo cumprir a lei e perseguindo, em seus redutos, aqueles que tentam subverter a ordem e atacar as nossas instituições.
>
> A Berger e a sua esposa, bem como a todos os presos comunistas no Brasil, concede a polícia toda a assistência médica e judiciária. Ainda assim, obstinou-se Berger em fazer greve de fome, receando ser envenenado. Desta forma, diminuiu consideravelmente de peso, acusando natural enfraquecimento. Uma junta médica foi nomeada para examiná-lo, ficando comprovado que Berger se encontrava em perfeito estado de saúde, necessitando apenas alimentar-se convenientemente.
>
> Quanto a sua esposa Elisa Ewert (aliás Machla Berger), goza também de boa saúde, tendo ficado há dias ultimado o seu processo de expulsão. A pseudoesposa de Luís Carlos Prestes, Maria Bergner Vilar, que usa também o nome de Olga Prestes, será também expulsa do território nacional.
>
> José Carlos de Macedo Soares
> Ministro das Relações Exteriores

13. O EMBAIXADOR DO BRASIL NA GESTAPO

Olga não ignorava que corria o risco de ser deportada. Durante os dez dias no prédio da rua da Relação, ouvira notícias de que, desde a revolta, Getúlio Vargas devolvera à Europa centenas de "estrangeiros indesejáveis". Mas sabia também que havia algo a seu favor: ninguém conhecia sua verdadeira identidade. De verdadeiro a polícia só tinha seu prenome, obtido durante o depoimento de Rodolfo Ghioldi. Em todos os interrogatórios a que fora submetida nos primeiros dez dias de prisão, ela se recusara a prestar qualquer informação às autoridades e repetia até à irritação as mesmas respostas:

— Nome?

— Maria Bergner Vilar.

— Nacionalidade?

— Brasileira.

Apesar do sotaque forte, ela dizia isso com firmeza e naturalidade. Os policiais insistiam:

— Como? Brasileira?

— Sim, brasileira. Eu sou a mulher de Luís Carlos Prestes, que é brasileiro. Portanto, sou brasileira.

A imprensa, a princípio, identificou-a como Olga Meirelles, irmã do tenente Sylo Meirelles, companheiro de Prestes na revolta. Depois o noticiário garantia que seu verdadeiro nome era Olga Berger, nascida em Ostende, na Bélgica, e que conhecera Prestes quando trabalhava na legação comercial soviética em Bruxelas. Os dois teriam se casado em Montevidéu, a caminho do Brasil. O jornal *O Estado de S. Paulo* garantia, em furo de reportagem, que a mulher com quem Prestes se casara era, na verdade, Olga Jazikoff Pandarsky, extremista presa em São Paulo meses antes, deportada por decreto do presidente Getúlio Vargas e que retornara clandestinamente ao Brasil.

O mistério a respeito de seu verdadeiro nome e de seu passado, no entanto, duraria pouco. A embaixada do Brasil em Berlim mantinha estreitas e amistosas relações com o comando da polícia secreta nazista, a Gestapo, e o embaixador José Joaquim Moniz de Aragão brindava seus superiores no Brasil com preciosas informações que obtinha nos quartéis da organização. Regularmente chegavam ao Itamaraty contribuições espontâneas de Aragão contendo relatórios sobre as atividades da chamada "subversão internacional" na Europa. Era com especial deleite que o diplomata brasileiro identificava sobretudo os que fossem, como ele dizia, "da raça israelita". Poucos dias depois da prisão de Olga e Prestes, um alentado ofício de Moniz de Aragão chegava ao gabinete do chanceler José Carlos de Macedo Soares, protegido pela advertência *confidencial*, deslindando o segredo que envolvia a mulher do chefe comunista brasileiro:

> Senhor Ministro:
>
> Em aditamento ao meu ofício nº 136, de 16 do corrente mês, enviei a Vossa Excelência no dia 23 deste mês o telegrama de nº 40 resumindo uma série de informações que me foram prestadas em caráter estritamente confidencial pelo serviço secreto alemão. O referido serviço, ao me fornecer os aludidos dados, mais uma vez pediu que fizesse notar sobre a inconveniência de ser aí divulgada a origem das comunicações feitas em caráter absolutamente confidencial, pois isso poderá prejudicar a ação dos informantes e expô-los à vingança por parte dos agentes da Terceira Internacional. As fichas de identificação de Harry Berger, que obtive do serviço secreto alemão, e que remeti anexas ao meu ofício confidencial nº 51, de 4 de fevereiro último, foram publicadas pela maioria dos jornais do Rio de Janeiro e de diversos estados, com a menção de terem sido fornecidas pela polícia

alemã. Tratando-se de uma comunicação que me foi feita, como disse, confidencialmente, esse fato causou aqui desagradável impressão e confesso que fiquei surpreendido ao me mostrarem exemplares de *A noite* e de *O Globo* com a reprodução das referidas fichas sem que nem ao menos tivessem apagado as notas indicativas de serem provenientes da polícia de Berlim. Respeitosamente devo insistir, a pedido das autoridades da Gestapo, a fim de que no futuro esse fato seja evitado. Tratando-se de assunto de nosso próprio interesse, estou certo de que Vossa Excelência intervirá do melhor modo no sentido indicado.

Desde que tive notícias pelos jornais da prisão de Luís Carlos Prestes e de uma mulher que, segundo creio, até agora a nossa polícia não tenha conseguido identificar completamente, tratei de comunicar-me com a Gestapo, fornecendo-lhes algumas fotografias estampadas em jornais nossos, da mulher "que aí se faz chamar Maria Meirelles, Maria Bergner Villar e Maria Prestes. Depois de apuradas sindicâncias o serviço secreto alemão informou-me ter podido identificar Maria Prestes, que aí se intitula esposa de Luís Carlos Prestes. Para que Vossa Excelência possa avaliar o trabalho feito, é bastante indicar que a Gestapo consultou 25 mil fotografias e 60 mil fichas até conseguir estabelecer precisamente a identidade daquela mulher.

Tudo poderia ser mais simplificado se a nossa polícia pudesse atender ao pedido reiterado que tenho feito de me serem remetidas fichas e fotografias de agentes comunistas aí presos e bem assim dos que têm sido expulsos para que, talvez, possam melhor ser aqui identificados. Além do mais, como retribuição aos serviços que me tem prestado a Gestapo, e pelo meu intermédio, seria justo, a meu ver, que conforme desejo que me têm manifestado, comunicássemos as cópias de documentos apreendidos aí em poder de extremistas e que eventualmente se refiram direta ou indiretamente à ação do comunismo na Alemanha. Pelas informações agora obtidas, e como referi no meu telegrama nº 40,

Olga Meirelles, Olga Villar, Maria Bergner ou Maria Prestes, citada nos jornais brasileiros como esposa de Luís Carlos Prestes, pode ser identificada como sendo Olga Benario, agente comunista da Terceira Internacional deveras eficiente, de grande inteligência e coragem. Olga Benario é de raça israelita, tendo nascido em 12 de fevereiro de 1908, em Munique, na Baviera. Desde o ano de 1925 que Olga Benario é conhecida da polícia alemã como agente comunista extremamente ativa e eficiente. De 1926 a 1928 ela trabalhou na Delegacia Comercial dos Sovietes em Berlim, cujos escritórios estavam instalados na sede da própria embaixada. Nessa ocasião ela também se entregou a serviços de espionagem de caráter militar, interessando à defesa nacional. Em 1928 foi condenada à pena de três meses de prisão por ter provocado e conseguido com violência, em 11 de abril daquele ano, a fuga do agente comunista Otto Braun, com quem vivia e que estava preso na prisão de Moabit. Olga Benario fugiu depois de cumprir aquela pena para a Rússia, tendo tomado parte no Quinto Congresso Internacional da Juventude Comunista, que se realizou em Moscou de 19 de agosto a 18 de setembro de 1928. Até o ano de 1929 ela residiu na capital soviética. As suas relações com Luís Carlos Prestes devem datar do ano de 1935, depois da reunião em Moscou do Congresso Mundial da Terceira Internacional.

Olga Benario tem usado os seguintes nomes para as suas atividades comunistas:

Eva Krüger, solteira, nascida em Berlim em 12 de março de 1908;

Olga Berger, solteira, nascida em Erfurt em 2 de abril de 1904;

Frieda Wolf Behrendt, casada, nascida em Erfurt em 27 de julho de 1903;

Maria Vilar ou Maria Prestes, nascida em 1908.

Há suspeitas aqui de que ela tenha servido de agente de ligação entre Arthur Ewert, aliás Harry Berger, Luís Carlos

Prestes e a Legação Soviética em Montevidéu, e de que foi especialmente encarregada de organizar a propaganda da Juventude Comunista no Brasil. Considerando as ligações que Olga Benario manteve há tempos passados com Otto Braun, anteriormente citado, a polícia secreta alemã julgou útil fornecer-me informações detalhadas sobre esse indivíduo reputado como perigoso elemento de propaganda do Comintern. Otto Braun, professor de curso elementar, nasceu em Ismaning, pequena cidade perto de Munique, em 28 de setembro de 1900 e no ano de 1921 foi identificado como agente comunista muito ativo. Viveu em companhia de Olga Benario, na Alemanha, de 1926 a 1928, isto é, até a sua fuga da prisão de Moabit, desta capital. No ano de 1926 Braun tornou-se muito conhecido nos meios comunistas alemães, tendo exercido a chefia da organização do Partido Comunista na Turíngia e dirigiu, em várias cidades deste país, cursos de formação de milícias vermelhas de choque do Partido Comunista alemão, fazendo várias conferências sobre o papel da ação comunista na luta de classes e em favor da revolução soviética internacional. Em 1928 ele foi preso pela polícia alemã sob a acusação de crime de alta traição, sendo, como disse, libertado à força com auxílio de Olga Benario em 11 de abril de 1928. Na sua fuga atravessou a Bélgica e a Holanda, munido de falsos documentos, indo refugiar-se na Rússia, onde foi se juntar novamente com Olga Benario. Nessas condições é muito possível, como aliás supõe a polícia secreta alemã, que ele também tenha agido no Brasil em contato com os demais agentes de Moscou.

Otto Braun tem usado, entre outros, os seguintes nomes: Oscar Schumann, Karl Wagner, Erwin Resch, Arthur Behrendt, Hans Landeburg. Junto Vossa Excelência encontrará fotografias, em duplicata, de Olga Benario e de Otto Braun, assim como cópias das fichas de identificação e das impressões digitais de ambos. Todos esses documentos me foram fornecidos também pelos serviços da Gestapo.

Devo também informar a Vossa Excelência que tendo procedido a uma sindicância no Departamento Consular desta Missão, cheguei à conclusão de que em época que não pôde ser determinada, Otto Braun veio solicitar daquele departamento informações sobre os documentos exigidos e possibilidades de poder viajar para o Brasil. Essa informação me foi prestada pelo vice-cônsul, sr. Carlos Meissner Júnior, tendo presente a fotografia que lhe mostrei do referido indivíduo. Esse fato vem, ainda mais, reforçar a suspeita sobre a possibilidade de estar ou ter estado Braun em nosso país.

Tenho procurado exercer uma severa vigilância no serviço de vistos em passaportes de viajantes que se destinem a portos brasileiros. Na maioria esses indivíduos são judeus e se apresentam como turistas exibindo passagens de primeira classe e certificados bancários, quase todos concedidos pelo Iwria Bank, desta capital. Deve ser considerado que as aludidas passagens são, na maioria dos casos, tomadas em vapores franceses cujo custo é inferior ao que cobram as companhias alemãs de navegação para a classe única ou mesmo de segunda classe. É estranhável que certos indivíduos, mesmo sendo sapateiros, alfaiates, marceneiros etc. se intitulam genericamente comerciantes e pretendam ser considerados como turistas, e embora exibam passagens de ida e volta não consta que nenhum deles tenha regressado do Brasil.

Nessas condições tratei de saber exatamente detalhes sobre o Iwria Bank, e pela investigação procedida posso afirmar que se trata de um banco israelita bastante suspeito, pois parece se ocupar principalmente dos interesses financeiros dos proprietários e profissionais israelitas que aqui ainda residem. Não há dúvida que esse banco tem agido ilegalmente, facilitando a evasão de capitais de judeus para o estrangeiro, e há fundada suposição de que também opere no sentido de transferir dinheiro para a propaganda comunista, principalmente na Tchecoslováquia e possivelmente para outros países. Nessas condições, determinei e espero merecer aprovação de Vossa Excelência para que nosso Departamento Consular não mais aceite garantias bancárias daquele estabelecimento.

Rogo a Vossa Excelência levar o que precede ao conhecimento de nossas autoridades competentes, salientando o caráter estritamente confidencial com o qual me foram transmitidas as aludidas informações.

Aproveito o ensejo para renovar a Vossa Excelência os protestos de minha respeitosa consideração.

Moniz de Aragão

Aparentemente o chanceler Macedo Soares não levou a sério as reiteradas recomendações de Moniz de Aragão de não dar publicidade às informações. Menos de 24 horas depois da chegada do ofício ao Itamaraty, todos os dados sobre a verdadeira identidade e os antecedentes políticos de Olga eram estampados no *Correio da Manhã*, do Rio, e na *Folha da Manhã* e no *Correio Paulistano*, de São Paulo. Quem passou o furo aos jornais teve o cuidado, no entanto, de preservar a imagem pública do Itamaraty, omitindo as propostas antissemitas de Moniz de Aragão e ocultando, igualmente, a intimidade com que ele se referia às relações da embaixada brasileira em Berlim com a polícia secreta nazista. Os detalhes sobre o passado de Olga Benario vieram a público no mesmo dia em que ela era transferida da rua da Relação, onde ficara em uma cela improvisada, para um presídio coletivo. O temor reverencial que policiais de todos os níveis guardavam por Prestes parecia estender-se também a sua mulher: apesar das ameaças e do terrorismo psicológico, ninguém lhe tocara um fio de cabelo. Mas durante a mudança ela temeu que uma das promessas da polícia poderia estar sendo cumprida: como se recusasse a colaborar com seus interrogadores, os delegados tinham prometido mandá-la para uma prisão de criminosas comuns.

O receio de ser colocada junto com ladras e assassinas explicava o ar de pânico que Olga Benario estampava no rosto quando foi deixada dentro de uma cela onde se encontravam mais de dez mulheres. O medo, entretanto, durou poucos minutos: ali estavam médicas, escritoras, atrizes, algumas operárias, duas advogadas e, para surpresa de Olga, sua amiga Sabo, a mulher de Ewert. Todas, sem exceção, estavam presas pelos mesmos motivos que ela — envolvimento na revolta de 27 de novembro: Maria Werneck de Castro, Nise da Silveira, Eneida de Moraes, Rosa Meirelles, Beatriz Bandeira, Antonia Venegas, Eugênia Álvaro Moreira, Francisca Moura, Armanda Álvaro Alberto, Valentina Barbosa Bastos, Haidée Nicolucci, Catarina Besouchet e Carmen Ghioldi. Através das grades da cela, que ficava no segundo andar de um pavilhão em forma de U, Olga podia ver mais 48 cubículos, menores que o seu — o das mulheres era duplo —, onde se apinhavam cerca de duzentos rapazes. O grande número de militares podia ser facilmente identificado pelos cabelos, cortados rente, acima das orelhas. E eram raros os que aparentavam mais de trinta anos. Olga sabia que ali estava uma ínfima parte do total das vítimas da repressão que se abatera sobre o Brasil depois da frustrada rebelião que seu marido chefiara. Na véspera de ser transferida para a Casa de Detenção, na rua Frei Caneca, ela ouvira um policial ler num dos jornais do Rio, para amedrontá-la, um balanço das atividades da polícia divulgado pelo capitão Filinto Müller. Em quatro meses a polícia realizara 3250 detenções para averiguações, 441 buscas domiciliares (eufemismo utilizado para designar as invasões de residências, em geral à noite, sem mandado judicial), e tinha levado aos xadrezes pouco mais de 3 mil pessoas, sendo 901 civis e 2146 militares. Tudo isso apenas na jurisdição oficial de Filinto, isto é, a cidade do Rio de Janeiro.

A cela dupla das mulheres ficava na parte menor do U, ao lado de uma pequena enfermaria. A posição dava às suas ocupantes o privilégio de divisar todo o presídio, à exceção das duas celas que ficavam exatamente sob o piso, no andar térreo. E como o chamado "salão das mulheres" havia sido originalmente duas celas cuja parede divisória fora posta abaixo, as presas contavam com conforto dobrado, em relação aos homens: duas latrinas de barro vitrificado, instaladas ao rés do chão, e duas pias de ferro. Cortinas de pano surrado, presas no alto em arames, garantiam a privacidade das usuárias das toilettes improvisadas. Na parede oposta à que separava a cela da enfermaria tinha sido instalado um "guarda-roupa" — na verdade uma armação de cabos de vassoura coberta com lençóis pregados por tachinhas — e que, muito mais do que guardar o que quer que fosse, escondia um orifício cavado na parede, possibilitando a comunicação com os presos da cela vizinha. Através do "periscópio", como chamavam o buraco, as presas que tivessem maridos ou namorados na Detenção podiam passar alguns minutos por dia ali, depois do banho de sol dos homens, trocando rápidas e furtivas declarações de amor. O pátio central do pavilhão, para onde davam as portas de todas as celas e onde os presos tinham o direito de circular "livremente" até as sete da noite, quando eram de novo trancafiados nas celas, tinha recebido a denominação de Praça Vermelha. Era ali que se realizavam os comícios e os cursos de marxismo, de matemática superior, de alfabetização, de línguas, de história do Brasil e, por exigência de alguns tenentes revoltosos, aulas de ginástica.

Como a maioria dos presos estava ali desde novembro, Olga encontrou a Casa de Detenção funcionando com organização própria. Havia o Coletivo, instância máxima entre os presos, eleito democraticamente por todos, que tomava a iniciativa de mobilizar a população do presídio em suas reivindicações, nos protestos coletivos e nas greves de fome. Como os presos estrangeiros e os que tinham vindo de outros estados não possuíam família no Rio de Janeiro, o Coletivo se encarregava de recolher e redistribuir, equitativamente, a comida extra recebida das visitas: frutas, chocolates, bolos e doces.

Olga ainda estava procurando ambientar-se com suas novas companheiras de prisão quando apareceram na porta da cela, guardadas por dois soldados armados, as funcionárias da cantina do presídio, trazendo o caldeirão com o rancho daquela noite, uma comida intragável, e distribuindo pratos de alumínio e colheres entre as presas. Àquela hora o movimento do final da tarde na Praça Vermelha já terminara: às sete da noite os carcereiros corriam cela por cela, trancando à chave os pesados ferrolhos das grades. Acabado o jantar, Olga ouviu um vozeirão anunciar de uma das celas do segundo andar, de modo a que todo o presídio ouvisse:

— Agrade ou agrade, todos à grade! Vamos ouvir a PR ANL, a "Voz da Liberdade"!

Ela logo se acostumaria ao jeito brasileiro de enfrentar a tragédia da prisão sob uma ditadura. Todos os dias, religiosamente após o jantar, ela ouviria a mesma frase: estava no ar a "estação de rádio" improvisada pelos presos. De pé, os prisioneiros cantaram primeiro a "Internacional" e depois o hino da Aliança Nacional Libertadora, cuja música era a mesma do hino da Independência:

Aliança, Aliança,
Contra vinte ou contra mil!
Mostremos nossa pujança,
Libertemos o Brasil!

Este canto é preciso que brade,
Que não cesse o clamor desta voz!
No Brasil há de haver liberdade,
Conquistada nas ruas por nós!

Ainda meio intimidada, Olga cantou junto os dois hinos — o primeiro em francês e o da Aliança num português carregado de sotaque. Aí subiu numa das grades o jovem e gordo médico Manuel Venâncio Campos da Paz Júnior, locutor oficial da "Voz da Liberdade", para transmitir notícias sérias, que chegavam clandestinamente da rua, ou deboches e piadas que um dos presos, Aparício Torelli, o Barão de Itararé, depois reconhecido como um dos maiores humoristas brasileiros de todos os tempos, passava o dia inventando em sua cela. Em homenagem à chegada de Olga Benario, naquele dia o Barão tinha preparado uma "notícia" especial sobre o desafeto de seu marido. Campos da Paz, que tinha como chefe da claque seu próprio pai, fez suspense:

— E atenção, atenção, companheiros e camaradas, para uma notícia de última hora que nos chega da rua: minutos antes de enlouquecer, o presidente da República decidiu condenar à prisão perpétua o conhecido meliante Filinto "Mula"!

Enquanto o programa da "Rádio Liberdade" se desenrolava, Olga ia reconhecendo mais alguns rostos familiares entre as barras de ferro das grades ou ali mesmo, na sua cela. Ela conhecia o "locutor" Campos da Paz Júnior de um encontro na praia com Américo Dias Leite, quando ia buscar as cartas que chegavam de Paris para Yvone Vilar. Embora entendesse pouco português na época, ela pôde perceber a malícia da pergunta feita a Dias Leite pelo médico rechonchudo:

— Dias, você pensou que nos enganava, dizendo ter ido à Europa para estudar? Agora eu vejo o belíssimo contrabando de olhos azuis que você trouxe da França...

Entre suas companheiras de cela, além de Sabo e Carmen Ghioldi, ela reconhecia a jovem advogada Maria Werneck de Castro. Meses antes da prisão, Prestes recomendara que Olga procurasse o advogado Luiz Werneck de Castro, marido de Maria, para tentar legalizar oficialmente sua permanência no Brasil. E, no escritório de Werneck, conversara rapidamente com ela, sem se identificar como a mulher de Prestes. Mas pouco depois viria o fracasso da revolta, a clandestinidade, e os planos de permanecer legalmente no Brasil se perderam.

Os primeiros dias na Casa de Detenção, Olga passou-os guardando certa reserva. Mesmo sabendo que todas as presas ali eram revolucionárias, comprometidas com a mesma luta, o melhor era tomar cuidado. Ela acompanhara de perto, junto com o marido, no aparelho do Méier, as suspeitas que o partido levantara contra Elvira e Miranda — e isso a deixava especialmente desconfiada. Foi Maria Werneck quem a procurou para quebrar o gelo, relembrando o encontro havido meses antes. Uma semana depois de ter chegado à prisão da rua Frei Caneca, Maria Prestes, como era tratada pelos presos, era uma figura popular na cadeia.

Nos primeiros dias de abril, Olga começou a desconfiar que estivesse grávida, mas a princípio isso não a preocupou demais.

Tanto ela quanto as outras presas do salão de mulheres estavam às voltas com os traumas mentais que Sabo trouxera do morro de Santo Antônio para a Detenção. Como uma das fórmulas para abalar sua estrutura emocional, os torturadores da Polícia Especial, onde ela estivera presa por três meses, aplicavam-lhe uma violenta surra todas as noites, pontualmente às três da madrugada. Essa regularidade na tortura deixara Sabo de tal forma neurotizada que ali, na Detenção, onde não havia castigos físicos e estava entre amigos, as sequelas permaneciam. Às três em ponto, Sabo se punha a gritar, a pedir, em alemão, que não a matassem, que parassem de espancar seu marido. Na primeira vez que isso aconteceu, todo o presídio despertou, supondo que de fato alguém estivesse sendo torturado ali dentro. Em poucos minutos começou o "canecaço" — cada preso agarrou sua caneca de lata e passou a bater ritmadamente nas grades, despertando até os detentos da Casa de Correção, em outro pavilhão, e atraindo centenas de soldados armados de metralhadoras que imaginaram tratar-se de uma rebelião em massa. Com o tempo os presos se acostumaram à gritaria da alemã. No começo as mulheres que dividiam a cela com ela procuravam acudi-la em seu pesadelo, mas só Olga tinha condições de acalmá-la. Falando em alemão, carinhosamente, conseguia fazê-la dormir de novo, até que, semanas depois, Elise tivesse superado o trauma.

Poucos dias após sua chegada à Detenção, Olga presenciou uma cena emocionante. Mais de cem presos que haviam participado da rebelião em Natal e Recife chegaram ao Rio a bordo do navio *Manaos*. Eram, exatamente, 114 homens e duas mulheres, que vieram no porão de carga do vapor, guardados por meia centena de soldados. A exemplo do que acontecia na Detenção, o *Manaos* trouxera intelectuais, operários, camponeses, estudantes e muitos militares jovens. Depois de alguns dias reservados aos interrogatórios preliminares, os presos foram levados para a rua Frei Caneca. No momento em que os guardas abriram os portões de ferro do pavilhão para que entrasse a multidão de nortistas e nordestinos, os presos puseram-se de pé em suas celas e começaram a entoar os hinos: primeiro o hino nacional brasileiro, depois a "Internacional" e finalmente o hino da Aliança. Quando as grades das celas foram abertas para que os novos hóspedes pudessem se instalar, o orador oficial do presídio, o argentino Rodolfo Ghioldi, foi encarregado pelo Coletivo de fazer a saudação aos revolucionários que chegavam.

A orientação que Ghioldi recebera era taxativa: tinha que ser um discurso otimista, triunfalista, para levantar o moral daquela gente que tinha viajado em condições horrorosas. O argentino retrucou que a realidade não permitia muito otimismo: os tempos eram de Hitler, Mussolini, Filinto Müller. A direção não quis discutir: ele que usasse seu talento e fizesse um discurso animador. Ghioldi cumpriu a tarefa com brilho, e arrancava palmas e lágrimas emocionadas enquanto, de cuecas e pendurado na sacada do segundo pavimento, anunciava em castelhano castiço que Francisco Franco, Hitler, Getúlio e Mussolini estavam com seus dias contados; que o glorioso Exército Vermelho de Stálin esmagaria o nazifascismo como uma barata repelente. Provisoriamente estavam eles ali na Detenção, mas, na verdade, detinham o futuro em suas mãos. O horizonte era vermelho e estava próximo da humanidade. Não parecia um discurso burocrático, feito de encomenda, mas uma declaração sincera, lavrada com calor e paixão. Eram raros os presos, antigos ou recém-chegados, que não tinham o rosto coberto de lágrimas ao aplaudir o argentino com ar de galã. Ghioldi acabou de falar e recolheu-se, ele próprio emocionado, à sua cela. Em seguida entrou um dos nortistas, um jovem semicalvo, de cabelos escuros e ar tenso, e se apresentou:

— Muito prazer, senhor Ghioldi, meu nome é Graciliano Ramos. Estou muito contente e o felicito por suas palavras tão bonitas. Mas reconheça, aqui entre nós, com sinceridade: o senhor não acredita em uma única vírgula do que acabou de falar, não?

Disciplinado, Ghioldi foi obrigado a mentir:

— Não, *señor* Ramos. Eu acredito em rigorosamente tudo o que falei para vocês.

Graciliano não se convenceu:

— Não sei exatamente qual é a sua história, mas eu sou do Nordeste e conheço bem o meu povo. E este é um povo que está tão atrasado, tão embrutecido pela miséria, que creio que não poderá fazer a revolução jamais.

O comunista argentino insistia, aparentemente convicto:

— Mas, *señor* Ramos, o mujique russo era muito mais atrasado que o nordestino e, no entanto, fez uma revolução que vai mudar a face do mundo. A revolução não depende apenas do grau cultural de um povo. E sem esses camponeses russos, atrasados e embrutecidos, não teria existido a Revolução Russa.

Graciliano Ramos deixou a cela de Ghioldi em silêncio, sem contestar.

O clima no presídio mudou com a chegada dos revolucionários do Norte. Não apenas porque a presença deles praticamente duplicara a população carcerária, mas principalmente pela alegria e pelo deboche que faziam com todos os temas. Até os militares que tinham vindo no *Manaos* eram menos exigentes com a disciplina que os do Rio. E foi com os nortistas que chegou à Detenção e foi implantada com festas a última maravilha das comunicações: o "merdafone". A novidade — segundo se soube, inventada por um engenhoso sargento marxista-leninista de Pernambuco — consistia em segurar a corda de descarga das privadas num determinado ponto, de forma a que o nível da água fosse mantido no fundo do vaso sanitário, como se ele estivesse seco. Duas latrinas de celas diferentes, mantidas assim, transformavam-se milagrosamente em um excelente meio de comunicação, que exigia apenas que o usuário perdesse o nojo de meter o rosto dentro daquele buraco malcheiroso para falar e ouvir o que era dito na outra ponta. O suposto autor da invenção gabava-se, aos berros, ao anunciá-la aos presos:

— Isto é muito mais avançado que o telefone. Não fosse o cheiro de merda, eu, e não Alexandre Graham Bell, passaria para a história!

Olga integrou-se ao Coletivo como se fosse uma brasileira. Dias após sua chegada, a exibição do coral feminino ensaiado por ela passou a ser atração obrigatória nos programas diários da PR ANL. As mulheres cantavam a "Internacional" em francês, a maioria lendo a letra que ela copiara várias vezes em pedaços de papel, durante o dia, e encerravam a programação entoando, em italiano, o "Bandiera Rossa":

Avanti popolo! A la riscorsa!
Bandiera Rossa! Bandiera Rossa!
Bandiera Rossa che trionferá!
E viva il comunismo per la libertá!

A última estrofe era cantada em coro por trezentas e tantas vozes, num estrondo que muitas vezes valeu punições aos membros do Coletivo:

Viva Lenine, abasso il ré!
Viva Lenine, abasso il ré!

Um mês depois de ter sido transferida para a rua Frei Caneca, Olga anunciou às companheiras de cela que não tinha mais dúvidas: estava esperando um filho de Prestes. Sua primeira preocupação foi tentar comunicar isso ao marido. Ela procurou o chefe da carceragem, acompanhada da médica Nise da Silveira, presa como ela, para informar que a partir daquele momento exigia os cuidados necessários a uma grávida. E quis saber se podia escrever a Prestes para comunicar-lhe que seria pai ainda naquele ano. O policial não fez muito caso e disse apenas que ela escrevesse e que ele ia ver se era possível fazer chegar a carta às mãos do chefe comunista. Seguindo a orientação do guarda, ela escreveu não uma, mas dezenas de cartas ao marido, sempre em francês e sempre encerradas com um carinhoso *la tienne* — a tua. Cartas que ele nunca receberia. A notícia da gravidez da mulher de Prestes transformou o presídio. Todos queriam ajudar a diminuir as dificuldades de uma gestação dentro da cadeia. Os presos que recebiam visitas começaram a pedir aos parentes que trouxessem comidas especiais e vitaminas, sempre seguindo as prescrições de Nise da Silveira, que a vida acabava de transformar de psiquiatra em ginecologista e obstetra.

Cada um contribuía como podia. Carmen Ghioldi, exímia bordadeira, arranjou agulhas e linha de crochê e passou a produzir um minúsculo guarda-roupa para o bebê. Por uma curiosa espécie de premonição, ninguém fazia roupas masculinas, mas sempre para menina. Rosa Meirelles, uma das presas, contou a Olga que o tenente gaúcho José Gay da Cunha, preso em uma das celas do térreo, era desenhista. Olga havia sido apresentada a ele de longe, através da grade, por Rosa, e se lembrava do rapaz alto, de nariz adunco, que lhe abanara a mão lá de baixo:

— Muito prazer! Então você é a Maria Prestes?

— Sim, sou eu. E você, é tenente do *Tercêrro* ou da *Escôla*?

No seu português tedesco, *tercêrro* era o 3º Regimento de Infantaria, e *escôla* era a Escola de Aviação Militar, de cujo levante o tenente-aviador Gay da Cunha participara. Dias depois ele fora à enfermaria, com suspeita de intoxicação provocada pelo jantar da noite anterior, e se valera do descuido do guarda para chegar à grade da cela das mulheres. Olga aproveitou a oportunidade para fazer-lhe um pedido: queria que ele desenhasse, em pequenos pedaços de papel, os aviões existentes na Aviação Militar do Brasil, para que Carmen Ghioldi pudesse bordá-los nos babadores e camisinhas do bebê. Os desenhos foram feitos com capricho, contrabandeados para a cela das mulheres e, poucos dias depois, um pacotinho com roupas minúsculas descia do salão das mulheres até o piso térreo, através do "voador", para que Gay da Cunha conferisse se os bordados respeitavam seu traço original.

O "voador", outro produto da inventividade nordestina, era um sistema de linhas e roldanas, feitas com os carretéis vazios das linhas de crochê de Carmen Ghioldi, que servia para o transporte de bilhetes e volumes pequenos, de pouco peso, entre a Praça Vermelha e as celas do primeiro andar. Em geral era utilizado para levar e trazer mensagens que não podiam ser transmitidas aos gritos, ou para a remessa e devolução dos "deveres de casa" dos cursos de marxismo e filosofia que Olga e Rodolfo Ghioldi ministravam à maioria dos presos. Quando era necessário fazer alguma comunicação entre celas de um mesmo piso, o "voador" obrigava a uma operação dupla: o carretel era atirado para alguém no pátio, que recebia a mensagem e a transmitia para a cela cujo número vinha indicado no bilhete.

Foi através do "voador" que Olga recebeu um minúsculo recorte do jornal *O Globo* com a notícia de que Prestes, ouvido na véspera pelo juiz Barros Barreto, assumira integral responsabilidade pelo levante de 27 de novembro, eximindo todos os seus companheiros, estrangeiros ou dirigentes do Partido Comunista, de qualquer participação na organização da revolta. Pelo mesmo recorte, Olga pôde perceber o medo que seu marido inspirava ao governo. O jornal publicava declarações de Eusébio de Queiroz, nomeado comandante do quartel-general da Polícia Especial, em que o militar revelava as medidas de segurança tomadas para guardar "o chefe vermelho":

— É muito perigoso aproximar-se do morro de Santo Antônio, que está minado e eletrificado. Debaixo de um "chapéu de sol", no alto do morro, está instalada uma guarnição com três metralhadoras, tornando praticamente impossível a fuga do prisioneiro. As cercas de arame farpado estão ligadas a uma rede de alta voltagem, o que constitui sério perigo para a vida daqueles que tentarem contrafazer a ordem estabelecida.

Quando as notícias sobre o marido não vinham pelo "voador", Olga recebia instruções para estar a tal hora no guarda-roupa de sua cela, porque alguém iria transmitir-lhe pelo "periscópio" novidades vindas de fora. Muitas vezes ela tinha que esperar horas na fila — especialmente se antes dela estivesse Valentina Bastos, sua colega de cela. Valentina era apaixonada pelo marido, o milionário Adolfo Barbosa Bastos, o Bebê Chorão, preso sob a acusação de ter contribuído com uma verdadeira fortuna para os cofres do Partido Comunista, embora nunca tivesse sido militante da agremiação. Valentina e Adolfo passavam muito tempo trocando declarações de amor através do "periscópio", ainda que o máximo que conseguissem ali fosse acariciar as pontas dos dedos um do outro. Para a utilização do "periscópio" sem levantar suspeitas dos guardas era preciso montar um dispositivo que envolvia quase todos os presos. Durante as conversas ou namoros pelo orifício da parede, pelo menos uma das descargas de privada do presídio precisava ser acionada, para que seu ruído abafasse as vozes dos que falavam — artifício que levou a jornalista Haidée Nicolucci a batizar aqueles momentos de "a hora da pororoca".

Com o passar das semanas, a gravidez de Olga ficava mais evidente. Em uma de suas muitas visitas ao cartório onde eram tomados os depoimentos dos presos do levante, Olga dirigiu-se aos repórteres que a cercavam em busca de notícias e anunciou que dentro de alguns meses daria à luz um filho de Luís Carlos Prestes. Um fato, entretanto, impedia que ela e seus companheiros de prisão pudessem desfrutar a perspectiva da maternidade. A ameaça de expulsão do Brasil era cada vez mais concreta. Nos primeiros dias de maio o delegado Eurico Bellens Porto, encarregado por Filinto Müller de presidir o inquérito policial sobre a revolta, anunciava que seu trabalho chegava ao fim: centenas de pessoas — brasileiros e estrangeiros, civis e militares — haviam sido indiciadas como participantes do levante, mas, no que se referia às três mulheres presas na Casa de Detenção, suas conclusões eram ambíguas. Primeiro ele dizia não ter como puni-las no Brasil, pois a nenhuma delas havia sido imputado qualquer crime. "Não encontro elementos bastantes que permitam incluir como indiciadas com atuação definida as estrangeiras Elisa Ewert, Carmen Alfaya de Ghioldi e Maria Bergner Prestes", lamentava Bellens Porto em ofício dirigido a Filinto Müller. Mas se a lei não previa qualquer punição para as três, pior para a lei. O inadmissível era colocar em liberdade as mulheres dos três chefes comunistas. Bellens Porto arranjou uma forma ainda mais dura de penalizar as três: "Trata-se evidentemente de elementos indesejáveis, cuja permanência em território nacional não é aconselhada. Por estas razões, *data venia*, lembro a V. Excia. a conveniência de contra elas serem instaurados competentes processos de expulsão".

14. UMA "ESTRANGEIRA NOCIVA"

EMBORA A AMEAÇA DE EXPULSÃO fosse cada vez mais iminente, uma ponta de esperança permitia que Olga sonhasse ter seu filho no Brasil: apesar do estado de sítio que acabava de ser renovado, apesar do clima de anticomunismo e de hostilidade aos judeus que se disseminava no Brasil, apesar da indisfarçada simpatia que o governo Vargas manifestava pelo nazismo na Alemanha, a Constituição brasileira, que continuava em vigor, garantia às mulheres que estivessem esperando filhos de pais brasileiros o direito de tê-los no país. Não lhe importava continuar na prisão, pois sabia que um dia tanto ela quanto Prestes acabariam sendo libertados. O que a aterrorizava era a perspectiva de ser enviada ao seu país de origem. Para ela que, além de judia, era comunista, cair nas mãos de Hitler seria o fim de tudo.

Mesmo que as leis brasileiras lhe fossem favoráveis, as notícias que Olga recebia pelo "voador" ou através do "periscópio" eram desanimadoras. De todos os casos de expulsão de estrangeiros "indesejáveis" de que tivera notícia — e eram centenas e centenas —, um, particularmente, Olga acompanhara de perto, ainda em liberdade, pelo noticiário dos jornais, e ficara estarrecida com seu desfecho. Depois de manter presa durante quatro meses, sob a vaga acusação de "subversão", o governo Vargas decidira deportar uma garota de dezessete anos, Genny Gleizer, judia romena, apesar da manifestação de centenas de sindicatos e associações de estudantes e intelectuais, tanto do Brasil como do exterior. Durante o processo de expulsão de Genny, a opinião pública testemunhara alguns gestos comoventes de solidariedade. Quando se anunciou, por exemplo, que se ela casasse com um brasileiro as leis a protegeriam da deportação, vários escritores e intelectuais se ofereceram como voluntários. Num comício pela libertação de Genny, no centro de São Paulo — onde tinha sido presa —, o estudante Paulo Emílio Salles Gomes anunciou que sairia do palanque diretamente para o cartório, em busca de um juiz que oficializasse seu casamento com a garota. Chegou tarde. O jornalista Arthur Piccinini, que acompanhava o "caso Genny" para o diário *A Plateia*, tomara-lhe a frente e havia solicitado ao Juízo de Paz do bairro da Sé, na capital paulista, a publicação dos proclamas para seu matrimônio. Insensível a tudo isso, em outubro de 1935 o governo deportou Genny Gleizer para a Europa.

Os comunistas brasileiros sabiam que esse poderia ser o destino da mulher de Prestes e se preparavam para o pior. O Comitê Brasileiro do Socorro Vermelho Internacional conseguiu fazer chegar aos núcleos da organização em todos os portos da Europa manifestos dando conta da situação política brasileira e das sucessivas deportações que o governo vinha fazendo de "extremistas" europeus para seus países de origem — especialmente para os países dominados pela vaga nazifascista. Assim, o apelo dos comunistas brasileiros era de que os estivadores de portos europeus vistoriassem todos os navios procedentes do Brasil para tirar de seus porões os estrangeiros deportados. A mobilização de uma categoria profissional tradicionalmente politizada, como os portuários, chegava a paralisar os portos da Europa cada vez que um navio vindo do Brasil atracava para reabastecer ou descarregar algum produto. Quando as autoridades tentavam impedir as buscas nos porões dos navios, os portos entravam simultaneamente em greve até a revogação da ordem. Numa única ação, realizada no porto do Havre, na França, conseguiu-se retirar do convés de carga de um navio da Marinha Mercante dezessete deportados — alemães, italianos, portugueses e poloneses. Nos armazéns e nos cais dos portos da Espanha ainda republicana um pequeno panfleto circulava de mão em mão, aos milhares, inspirado neste pedido feito pelos comunistas brasileiros:

Aos camaradas da Seção Espanhola do
Socorro Vermelho Internacional

O reacionário governo brasileiro, em guerra aberta e cruel contra os anti-imperialistas do país, vai deportar dezenas e dezenas de militantes estrangeiros. Nós vos participamos esse fato, para que estejais vigilantes em relação a todos os navios procedentes do Brasil e faciliteis o desembarque na Espanha dessas vítimas da reação brasileira. Sobretudo, nós vos pedimos que façais todos os esforços no sentido de evitar que os nacionais de países fascistas cheguem a estes. Eles querem desembarcar na Espanha ou na França, o que vos solicitamos providenciar.

Saudações Revolucionárias
Comitê Regional de São Paulo do
Socorro Vermelho Internacional

O endurecimento da repressão no Brasil justificava os temores do Socorro Vermelho. Prestes estava ameaçado de ser processado como chefe da rebelião, como mandante da morte de Elvira Colônio e como desertor do Exército. Por ordem de Filinto Müller, o prefeito Pedro Ernesto, do Distrito Federal, havia sido preso. Antônio Maciel Bonfim, após saber do desaparecimento da mulher e que, provavelmente, ela teria sido executada por ordem da direção do Partido Comunista, tornara-se ainda mais loquaz em seus depoimentos à polícia. No mês de abril de 1936, Olga foi retirada de sua cela e levada aos escritórios burocráticos da Casa de Detenção para ser acareada com o antigo secretário-geral do partido. As duas figuras eram tão importantes para o processo que o delegado Bellens Porto dirigiu pessoalmente a audiência. Olga não só se recusou a reconhecer Miranda como sequer aceitou rubricar as folhas do auto de reconhecimento. Bonfim, ao contrário, disse sem hesitar que reconhecia aquela mulher como a mesma que encontrara em reuniões junto com Prestes, Ewert e Ghioldi. Sem nenhum pudor, acrescentou que a polícia poderia encontrar mais declarações suas a respeito das atividades da alemã nas declarações que prestara anteriormente ao delegado Antônio Canavarro Pereira.

Impassível, Olga ouvia tudo aquilo tentando de novo encontrar resposta para uma pergunta que fizera a si mesma e a Prestes: "Como aquele homem conseguira chegar ao mais alto posto de um partido comunista?". Ao relatar aos companheiros de prisão, pessoalmente ou pelo "voador", o comportamento de Bonfim na acareação, ela percebeu que as suspeitas não eram apenas suas. Até o discreto e retraído Graciliano Ramos, que parecia participar pouco da vida do presídio e passava as horas enterrado na cela, fazendo anotações em blocos de papel, já manifestara espanto pelo despreparo e o exibicionismo suspeito de Antônio Maciel Bonfim.

No final de maio Olga engordara bastante: a barriga estufava e começava a aparecer sob o vestido. Foi nessa época que o governo decidiu promover comemorações cívicas pela passagem dos primeiros seis meses da revolta de novembro, então batizada de Intentona Comunista. Comandantes do Exército, da Marinha e da Aviação Militar fizeram pronunciamentos relembrando os episódios e organizaram visitas aos túmulos dos militares mortos no levante. Os jornais noticiavam que a sede nacional do Rotary Club dedicaria a sua reunião-almoço daquele mês, marcada para o dia 27, "ao estudo do problema da defesa contra o extremismo, havendo convidado o capitão Miranda Correia, delegado de Segurança Política e Social, para fazer uma conferência sobre o assunto". Como convidados de honra, compareceriam ao ágape os ministros Vicente Rao, da Justiça, o general João Gomes, da Guerra, o contra-almirante Aristides Guilhem, da Marinha, e o chefe de polícia, capitão Filinto Strümbling Müller. A partir de então o governo passaria a difundir a versão de que os revoltosos tinham matado praças e oficiais legalistas durante o sono, na madrugada de 27 de novembro. O exame das necrópsias das duas dezenas de mortos, no entanto, não oferecia nenhum indício de que tal acusação fosse procedente.

Mas as comemorações não se dariam apenas entre os vencedores. À sua maneira, dentro do presídio, os derrotados de 27 de novembro também receberiam presentes pela passagem da data. O autor da surpresa seria o sargento Júlio Alves, dono de incrível habilidade manual para o trabalho com metal. Nos últimos meses Júlio Alves recomendara a um capitão nascido em Minas Gerais que pedisse a seus parentes para aumentar as remessas de um certo queijo que lhe traziam de presente, quando das visitas, e que vinha acomodado em latas redondas, do tamanho de uma bola de futebol. Menos que o conteúdo, Júlio Alves queria mesmo era as latas, de metal macio e fácil de trabalhar, que ele transformava em fogareiros e panelas para uso nas cozinhas clandestinas das celas. Dessa vez, no entanto, ele se superou. No fim da tarde de 27 de maio o "voador" funcionou sem parar, depositando em cada uma das 49 celas da Casa de Detenção um pequenino embrulho de papel contendo o presente com que o sargento Alves comemorava o meio aniversário da revolta: uma gazua esculpida no metal das latas de queijo, capaz de abrir sem dificuldades qualquer uma das fechaduras das celas. Cada gazua vinha acompanhada de uma advertência rabiscada no papel de embrulho: "Só usar em caso de extrema necessidade. Se pegam isso conosco, pode dar fuzilamento. Viva a Revolução proletária!". Aparício Torelli, o Barão de Itararé, espalhou pelo presídio a notícia de que as gazuas, além de abrirem portas, tinham o condão de juntar marxistas e cristãos.

— Elas foram feitas pelo sargento Júlio Alves, indiscutivelmente comunista, e foram benzidas pelo padre Nascimento, aparentemente cristão.

Padre Nascimento era uma das figuras mais folclóricas do presídio. Quando entrou pela primeira vez no pavilhão da Detenção, tinha a mão esquerda levantada, com o punho cerrado, e na direita arrastava uma canastra de frutas e queijos para os presos. Diretor de uma creche para órfãos na cidade de Niterói, foi preso por ingenuidade, enquanto percorria as lojas da cidade pedindo contribuições aos comerciantes para "as famílias dos pobres comunistas presos em novembro". Alguém o denunciou e ele foi levado preso ao Rio de Janeiro. Quando chegou à rua Frei Caneca, os policiais o ameaçavam:

— Agora, padre filho da puta, vamos colocá-lo com os comunistas e o senhor vai ver de perto quem são os demônios para quem pedia dinheiro.

A forma que a polícia encontrou para martirizá-lo foi obrigá-lo a assistir às sessões de torturas na Casa de Correção, pavilhão vizinho ao da Detenção. Depois de uma dessas experiências, ele parou em frente à cela de Olga Benario, olhou fixo para a barriga arredondada da alemã e jogou-se ao chão, de joelhos, com as mãos postas, perguntando pateticamente a ela:

— Diga-me, senhora: haverá Deus?

Entre as denúncias que havia contra ele, estava o crime de ligar o rádio de ondas curtas do orfanato nas transmissões da Rádio Moscou e da Rádio Republicana da Espanha, após o jantar, e chamar os órfãos para ouvirem os programas junto com ele. Naquela época, as transmissões da Rádio Moscou começavam com a execução da "Internacional". Os meninos ficaram de tal forma habituados que, quando padre Nascimento se esquecia, havia sempre um deles a puxá-lo pela batina:

— Padre, está na hora de ouvir o samba!

O samba era a "Internacional" comunista.

Padre Nascimento detinha o título de aluno mais assíduo de *todos* os cursos ministrados na cadeia. Estudava marxismo com Olga Benario, filosofia com Ghioldi, aprendia russo e inglês com Raphael Kemprad, russo branco criado na Alemanha e preso no Rio ninguém soube por que, xadrez, damas, geografia política e história do Brasil com quem os ensinasse. Quando duas turmas se reuniam ao mesmo tempo, ele pedia a alguém que lhe fizesse um resumo da aula e o enviasse a sua cela pelo "voador". Só uma classe ele se recusava a frequentar, alegando "questões de consciência": as intermináveis sessões de ginástica impostas pelos tenentes. Mas era preguiça mesmo.

Como a maioria dos presos, padre Nascimento tinha especial predileção pelos cursos ministrados por Rodolfo Ghioldi. O argentino, que planejara passar o seu período na cadeia "o mais discretamente possível", era bombardeado por pedidos de presos que queriam conhecer melhor a chamada "teoria revolucionária". O que significa revolução anti-imperialista? O que quer dizer revolução democrática? O que é a aliança operário-camponesa? O que quer dizer que o proletariado é a classe dirigente e que o Partido Comunista é a vanguarda do proletariado? O que é o APRA peruano? O que foi a Revolução Mexicana? Encerrado em seu cubículo, ele recebia pelo "voador" as perguntas mais estapafúrdias, e não tinha remédio senão sair de seu pretendido anonimato. Quando as celas estavam trancadas, ele ajudava os presos a fazer o "dever de casa", muitas vezes passado por Olga, através de bilhetinhos. Abertas as portas, ele falava abertamente, para todos, algo que Olga nunca se animou a fazer. Embora falasse sobre América Latina, filosofia marxista, Revolução Chinesa, ele preferia dissertar sobre o movimento camponês... do Brasil. Ao cabo de alguns meses, falando um português sofrível, Ghioldi chegou a escrever um ensaio de mais de cem páginas sobre o problema agrário brasileiro. A partir das entrevistas que ele fazia às dezenas com os revolucionários vindos do campo, havia se transformado em um especialista no assunto.

Mesclando depoimentos sobre o que testemunhara na União Soviética com rudimentos de teoria marxista, Olga Benario preferia falar para grupos menores, dentro do salão das mulheres. À sua volta sentavam-se desde modestos sapateiros até oficiais do Exército e advogados, como Hermes Lima, que décadas depois (em 1962) viria a ser primeiro-ministro do Brasil, e depois ministro do Supremo Tribunal Federal, até ser cassado em 1969. Olga dava sua aula e ditava, ao final, uma série de perguntas para os alunos. Em três dias eles deviam devolver, pelo "voador", os questionários respondidos. A aula seguinte seria dedicada a discutir a compreensão que cada um tinha tido do tema ensinado. As turmas eram tão heterogêneas que, mesmo sendo estrangeira, em algumas das sabatinas ela se dava ao requinte de fazer correções de erros de gramática e concordância nas provas.

A vida no presídio só se transformava nos dias de visitas, que aconteciam um domingo por mês. Havia presos que se preparavam durante três semanas para aqueles minguados cinquenta minutos. Ao chegar o dia, os homens se barbeavam, as mulheres se perfumavam, e a excitação era tão grande que às cinco da manhã a maioria estava de pé, mesmo aqueles que não tinham quem os visitasse. Terminadas as visitas, o clima de festa ainda se mantinha por algumas horas: era a troca de notícias, uns querendo saber da saúde dos parentes dos outros, pais indicando com a mão o tamanho dos filhos. Depois vinha a redistribuição dos cigarros, chocolates, queijos e goiabadas vindos de fora e em seguida um clima de depressão baixava sobre o presídio. Aos poucos os grupos iam se desfazendo, cada preso procurava o seu cubículo e, acocorados sobre as camas toscas, punham-se a ler e reler dezenas de vezes as mesmas cartas. Quem apurasse o ouvido poderia perceber soluços vindos de dentro de celas de calejados revolucionários. Era o único dia do mês em que a "Voz da Liberdade" não ia para o ar.

As visitas permitiam também que o presídio fosse arejado por notícias de fora. Foi num dia de visitas que se soube que o homem que prendera Olga e Prestes, Josué Torres Galvão, fora assassinado com cinco tiros por um soldado, no próprio quartel da Polícia Especial. Menos de 24 horas depois do crime, o assassino, Hernani de Andrade, chefe de um grupo de capturas, se suicidaria misteriosamente. Em surdina, diziam os visitantes, a notícia que corria é que os dois haviam se desentendido sobre quem ficaria com a recompensa de cem contos de réis prometida por Filinto Müller para o policial que prendesse Prestes. E foi também num dia de visitas que Olga Benario ficou sabendo que o governo estava firmemente decidido a deportá-la para a Alemanha. O Instituto dos Advogados tentara designar, para defendê-la, um advogado de seu Departamento de Assistência Judiciária, Dyonisio da Silveira, mas ele recusou-se a aceitar o encargo. Pela primeira vez, então, o governo permitiu que Olga escrevesse uma carta a Prestes. E só aí ele soube que sua mulher estava grávida. Na resposta a Olga, fez-lhe duas recomendações: que procurasse um médico homeopata para tratar-se durante a gravidez — Prestes sempre se tratou pela homeopatia — e que indicasse o dr. Heitor Lima como seu advogado. Embora estivesse, como dissera o Barão de Itararé, "grávida a olho nu", Olga teve que ser submetida a um exame ginecológico, feito pelo médico Orlando Carmo, indicado pela polícia, para comprovar formalmente seu estado. Mesmo não havendo dúvidas de que a Constituição lhe assegurava o direito de permanecer no país, estando para dar à luz o filho de um brasileiro, não faltaram juristas a teorizar sobre o acerto da decisão de Vargas e Filinto Müller de expulsá-la do Brasil. Quando alguém lembrava a garantia constitucional, a resposta era sempre a mesma: "Bem, mas estamos sob estado de guerra, não é?". Consultado pelos jornais, o jurista Clóvis Bevilácqua foi obrigado a dar voltas e voltas para justificar a decisão do governo:

— A questão já foi estudada em todos os seus aspectos em face do direito civil. É, porém, diverso, o caso ora em debate. Estamos agora no terreno do direito internacional com um caráter punitivo. Essa punição, no entanto, visando a expulsanda, vai atingir o nascituro. Além disso, estamos em um período de estado de guerra, e a expulsão de que se cogita envolve o ponto de vista do interesse público, que está acima de todos os demais interesses.

A questão do "interesse público" a que se referia pomposamente Clóvis Bevilácqua não passava, na verdade, de um despacho administrativo assinado por Demócrito de Almeida, um delegado auxiliar, e por Filinto Müller, um capitão na chefia da polícia, que entenderam que a expulsão de Olga, "além de justa, é necessária à comunhão brasileira". Mesmo sabendo que a deportação poderia significar a morte de mãe e filho, Bevilácqua não resistiu à ironia ao declarar que só via uma saída para impedir a expulsão de Olga:

— Só por questão de humanidade... No tempo em que havia a pena de morte, não se executava a sentença quando a paciente estava grávida. Aguardava-se o nascimento da criança. Era também uma questão de humanidade...

Conforme mandava a lei, Olga teve que manifestar por escrito seu desejo de ser defendida por Heitor Lima, que no mesmo dia recebeu a comunicação dessa decisão, em ofício que lhe foi dirigido pelo capitão Miranda Correia. Mesmo sendo um liberal sem a mais remota ligação com as ideias dos revoltosos de novembro, Lima respondeu ao policial afirmativamente:

Senhor Capitão

Afonso de Miranda Correia

Delegado de Segurança Política e Social

A resposta ao vosso ofício comporta três ordens de considerações.

Em primeiro lugar, a "conduta do governo, facilitando a defesa dos indiciados em crimes contra a ordem política e social, quando o Estado de Guerra lhe facilitaria, com aparências de legitimidade, a coarcitação do direito de defesa, deve ser posta em relevo. Quero assinalar esse fato, que satisfaz a consciência jurídica nacional.

Em segundo lugar, se, salvo casos especialíssimos, ao advogado não é lícito recusar o seu ministério a quaisquer acusados, por mais horrendo que seja o delito a eles atribuído, mais imperativo, instante e compulsório é o dever de assistência, quando se trata de presos incomunicáveis, feridos pelo repúdio geral, numa situação adequada à infringência das fórmulas sem cuja observância toda condenação será iníqua, porque não representará a dedução lógica e jurídica dos debates livres entre acusação e defesa. Sobreleva ainda que, num período em que ao advogado não se outorgam imunidades, a recusa do patrocínio redundaria em ato de covardia.

Em terceiro lugar, e finalmente, é uma mulher que invoca o meu nome. Bastaria tal circunstância para que eu, fiel à atitude de combate pela mitigação do infortúnio feminino na face da terra, e empenhado em resgatar, em parcela mínima embora, os crimes da civilização masculina contra a mulher, nos quais como homem tenho a minha parte de responsabilidade, bastaria tal circunstância, repito, para que eu acudisse ao apelo. Leio, porém, nos jornais, que a indiciada se prepara para o acontecimento culminante na vida da mulher: a maternidade. Está, portanto, nimbada de uma auréola que a torna, por assim dizer, sagrada. Quaisquer, pois, que fossem os riscos da tarefa, eu os afrontaria, dedicando-me a ela enquanto encontrar na lei recursos para o desempenho da minha missão.

Saudações,

Heitor Lima

A primeira medida tomada pelo advogado, três dias depois de aceitar a defesa de Olga — ou Maria Prestes, como ele insistiu em tratá-la durante todo o processo —, foi entrar com um pedido de *habeas corpus* junto à Corte Suprema. Não para colocá-la em liberdade, que disso nem se cogitava, mas para tentar impedir que se consumasse a expulsão já determinada pelo ministro da Justiça, Vicente Rao, com base na exposição de motivos que lhe fizera Filinto Müller. Quanto mais Heitor Lima remexia as montanhas de depoimentos e denúncias do processo da revolta, tanto mais se materializava a certeza de que a decisão da expulsão se resumia a uma vingança pessoal de Getúlio Vargas e Filinto Müller. Não contra ela, que nenhum dos dois conhecia, mas contra o marido e pai de seu filho, Luís Carlos Prestes. Não havia, em todo o processo, uma só acusação, uma única imputação de qualquer delito que ela pudesse ter praticado no Brasil. Nem sequer sua extradição havia sido pedida pelo governo de Adolf Hitler. Getúlio e Filinto tomavam espontaneamente a decisão de enviar ao Reich nazista uma judia, comunista e grávida de quatro meses. Contra a Constituição, exibiam o parágrafo de três linhas da Lei de Segurança Nacional que o próprio Rao redigira meses antes:

> A União poderá expulsar do território nacional os estrangeiros perigosos à ordem pública ou nocivos aos interesses do país.

Cuidadoso ao evitar tratar da questão do antissemitismo, mas com coragem suficiente para qualificar o presidente da República de "homem de surpreendentes defeitos, em quem falece a visão de conjunto, reveladora do estadista", Heitor Lima protocolou na secretaria da Corte Suprema o pedido de *habeas corpus*, que terminava assim:

> Se o *habeas corpus* for concedido, que sucederá? Presa e incomunicável continuará a paciente. Prosseguirá o inquérito, no qual a polícia vê fortes elementos para a condenação. O Poder Judiciário, tomando conhecimento das provas que a polícia afirma irrefragáveis contra a paciente, condenala-á. Ficará assim Maria Prestes reduzida à condição de nada fazer de nocivo à ordem pública. Mas, embora presa e condenada, muito poderá fazer de útil, como esposa e mãe.
>
> A presente petição não vai selada, nem devidamente instruída, porque a paciente se encontra absolutamente desprovida de recursos. O vestido que traz hoje é o mesmo que usava quando foi presa, e o pouco dinheiro, os valores e as roupas que a polícia apreendeu na sua residência até hoje não lhe foram restituídos.
>
> Requer, pois, o impetrante, que esta Egrégia Corte Suprema:
>
> 1º — Determine que o presente pedido se processe sem custas.
>
> 2º — Solicite do Sr. Ministro da Justiça informações sobre o alegado neste requerimento, do qual lhe remeterá cópia.
>
> 3º — Requisite os autos do processo de expulsão.
>
> 4º — Ordene o comparecimento da paciente para a sessão de julgamento.
>
> 5º — Faça submeter a paciente a uma perícia médica, no sentido de precisar o seu estado de gravidez.
>
> 6º — Solicite que o Sr. Chefe de Polícia informe se, no inquérito a que, juntamente com Luís Carlos Prestes, responde a paciente, é Maria Prestes acusada de vários delitos contra a ordem política e social.

7º — Conceda afinal a ordem de *habeas corpus*, a fim de que a paciente não seja expulsa do território nacional, sem prejuízo do processo ou processos a que esteja respondendo ou venha a responder.

O advogado,
Heitor Lima

A primeira reação da Corte Suprema ao *habeas corpus* veio de seu presidente, o ministro Edmundo Lins, e não era muito animadora. A resposta ao pedido do advogado de que a ação se processasse sem custas foi dada do próprio punho do ministro, no alto da primeira folha do *habeas corpus*:

Pague o selo devido e volte, querendo.

E. Lins

O troco do advogado Heitor Lima foi dado à altura. No mesmo dia, e também de próprio punho, ele replicava, feminista como sempre, ao pé do pedido:

Se a justiça masculina, mesmo quando exercida por uma consciência do mais fino quilate, como o insigne presidente da Corte Suprema, tolhe a defesa a uma encarcerada sem recursos, não há a história da civilização brasileira de recolher em seus anais judiciários esta nódoa: a condenação de uma mulher, sem que a seu favor se elevasse a voz de um homem no Palácio da Lei. O impetrante satisfará as despesas do processo.

Heitor Lima

O desfecho do pedido não poderia ser mais trágico. Designado relator do processo, o ministro Bento de Faria indeferiu, uma por uma, todas as solicitações do advogado. E, alegando que o instituto do *habeas corpus* estava suspenso pelo estado de sítio e pelo estado de guerra decretados por Getúlio Vargas, decidiu simplesmente não tomar conhecimento do pedido. Votaram com o relator o presidente da Corte Suprema e os ministros Hermenegildo de Barros, Plínio Casado, Laudo de Camargo, Costa Manso, Otávio Kelly e Ataulpho de Paiva. Os três ministros restantes — Eduardo Espínola, Carvalho Mourão e Carlos Maximiliano — criaram um artifício para evitar simplesmente *desconhecer* o pedido: conheceram, mas negaram o *habeas corpus*. Por unanimidade, o tal "Palácio da Lei" a que se referira Heitor Lima condenava Olga Benario à morte.

15. REBELIÃO NA PRAÇA VERMELHA

NEM NAS NOITES que se seguiam às visitas se viu tanta depressão no presídio da rua Frei Caneca. A notícia de que a Corte Suprema decidira, por unanimidade, ignorar o pedido de *habeas corpus* para Olga estourou como uma bomba entre os presos. A Praça Vermelha estava deserta e pela primeira vez a "Voz da Liberdade" não iria ao ar num dia de semana. Havia, entretanto, uma diferença: dessa vez o choro tinha dado lugar ao ódio. Quem apurasse o ouvido na noite de 17 de junho na Casa de Detenção não escutaria soluços, mas vozes conspirando baixinho em todas as celas. O Coletivo decidira que Olga não seria levada sem resistência dos presos, e todos tinham que se preparar para isso.

Um episódio ocorrido três ou quatro dias após a decisão da Justiça serviu para mostrar que a polícia de Filinto Müller esperava alguma forma de reação dos presos e estava vigilante. Às três horas da madrugada os presos foram despertados por uma barulheira de móveis e objetos caindo, ruídos que vinham de trás da enfermaria, onde ficava a pequena capela que separava o chamado "pavilhão dos primários", ou Casa de Detenção, do outro, denominado Casa de Correção. O barulho que acordou os presos serviu para revelar, antes do tempo, o dispositivo de prontidão que Filinto Müller montara em torno do presídio, para prevenir eventuais revoltas contra a decisão de deportar Olga Benario. Em poucos minutos dezenas de guardas armados de metralhadoras ocuparam a Praça Vermelha, com fileiras de bombas de gás lacrimogêneo penduradas nos cinturões. Três soldados receberam ordens para entrar na cela onde estavam Hercolino Cascardo, Alcedo Cavalcanti, Agildo Barata e Sebastião da Hora, participantes de uma comissão nomeada pelo Coletivo para reivindicar melhores condições para os presos junto ao diretor da Detenção, Aloysio Neiva. Supunha-se que eles estivessem liderando uma rebelião contra a saída de Olga. Os presos, por sua vez, acreditavam que toda aquela movimentação policial se devia exatamente a isto: estavam tentando isolar as lideranças para tirar Olga da cela sem resistência dos presos. Mesmo desarmados, Agildo e Cascardo se atiraram sobre os soldados, tentando tomar-lhes os fuzis. Para generalizar a confusão, começou, ensurdecedor, o "canecaço". Filinto Müller foi chamado em casa e chegou à Frei Caneca comandando duas companhias de "cabeças de tomate", que isolaram todas as ruas nas imediações do complexo carcerário. No salão das mulheres Olga foi escondida dentro do guarda-roupa que protegia o "periscópio", e suas companheiras de cela já tinham decidido: se alguém entrasse para retirá-la, reagiriam com as únicas armas disponíveis: as unhas e os dentes. Só ao nascer do dia, quando as tropas conseguiram impor a ordem dentro do pavilhão, é que se soube a origem do ruído que quase provocara uma tragédia: uma ratazana esbarrou em uma peça de madeira do altar improvisado da capela, fazendo cair ao chão turíbulos, imagens, garrafas de água benta e um pesado oratório de madeira.

Tanto a notícia da "rebelião" como a da decisão da Corte Suprema chegaram ao cubículo onde Prestes se encontrava encerrado, no morro de Santo Antônio, através do mesmo sistema pelo qual ele vinha se informando sobre o que se passava no país desde o dia de sua prisão — embora submetido a regime de rigorosa incomunicabilidade. Soldados e carcereiros que o acompanharam na Coluna, ou que simplesmente admiravam o mito do Cavaleiro da Esperança, ocultavam no meio da comida que lhe era servida, embrulhados em papel impermeável, minúsculos cilindros feitos com as colunas de jornais, cortadas cuidadosamente e que, depois de enroladas, passavam a ter a dimensão de um cigarro. Após a comida ele se enfiava debaixo dos cobertores e, à medida que desenrolava os pequenos tubos, lia os jornais do dia. Lia tudo, até os anúncios. Como sua solitária não possuía sanitário — ele era obrigado a usar o do comandante, sempre acompanhado de escolta —, Prestes simplesmente atirava sob o colchão as tiras de jornais lidos. A cada quinze dias o comandante do Quartel General da Polícia Especial, tenente Eusébio de Queiroz, fazia pessoalmente uma revista na cela do preso ilustre, e encontrava aquele monte de papel sob o colchão. Talvez temendo levar uma descompostura de Prestes, nunca teve coragem de adverti-lo pela quebra da incomunicabilidade — Queiroz preferia fingir que nada vira. Minutos depois da vistoria, aparecia um soldado para retirar os pedaços de jornais. Foram esses contrabandos de notícias que permitiram a Prestes ter informações sobre as condições de saúde e a situação jurídica de sua mulher. Cada vez que Olga era levada do presídio para depor nos cartórios onde se preparava o processo, ele podia vê-la nas fotografias, permanentemente acompanhada de policiais e sempre elegante — o cabelo preso atrás, em coque, uma pequena bolsa que recebera de presente de uma amiga e o mesmo vestido de sempre, cortado por ele na clandestinidade do Méier. Ao ler as descrições que a imprensa fazia dela, ou os diálogos havidos entre ela e os repórteres, o coração do líder comunista se apertava. Dizia o *Correio da Manhã*:

> Sorridente ante as perguntas da autoridade, Olga, no entanto, ficou um tanto perturbada com a presença dos fotógrafos. Nas suas declarações, sempre calma, Olga falou regularmente o português, fazendo pausas antes de responder, evidentemente para pensar. Quando chegou à Chefia de Polícia, Olga foi alvo da curiosidade geral: trajava um vestido branco, estava sem chapéu, trazendo os cabelos repartidos ao meio e atados atrás por uma fita. Sapatos pretos, de salto baixo e uma bolsa de couro cinzento completavam a modesta toilette da bela extremista que usou vários nomes como agente de Moscou em diversas cidades da Europa.

No *Diário da Noite*, o tratamento era semelhante:

À saída do gabinete do delegado Demócrito de Almeida, Olga Benario foi interpelada por nosso repórter. Como sempre, fugiu a todas as perguntas sobre sua atividade e sobre o auxílio que haja prestado a Luís Carlos Prestes. Revelando-se sentimental, disse que "levarei com honra, até o fim, o nome do meu marido". Como lhe perguntássemos onde e de que forma se dera o seu casamento com Luís Carlos Prestes, esquivou-se, dizendo apenas que de fato era casada com ele, acrescentando chamar-se Maria Bergner e contar 28 anos de idade. Queixou-se de estar sendo vítima de perseguição por parte das autoridades brasileiras, que procediam em relação a ela de maneira inclemente. Satisfazendo à curiosidade da reportagem, Olga declarou:

— A polícia vai praticar um ato absurdo contra uma mulher que está para ser mãe.

Mas Prestes não era, é claro, o único preocupado com a sorte da mulher e da criança. Desde o dia da prisão do casal, no Rio de Janeiro, uma gigantesca campanha vinha sendo conduzida na Europa pela mãe dele, dona Leocádia, e por sua irmã, Lígia. Na noite de 7 de março, o apartamento da família Prestes em Moscou receberia de novo uma visita importante, dessa vez portadora de péssimas notícias. Dmitri Manuilski fora pessoalmente, em nome do Comitê Executivo do Comintern, informar à família que Prestes e Olga tinham caído nas mãos de Getúlio Vargas e Filinto Müller. Dona Leocádia, que ignorava até que o filho tivesse se casado, resolveu na mesma hora que não ficaria mais um dia sequer na União Soviética: partiria no primeiro trem para a Espanha, acompanhada de uma das quatro filhas — e Lígia foi a escolhida. Decidiram-se pela Espanha por ser um país que estava sob um governo de frente popular, democrático, que facilitaria a entrada das duas mulheres com passaportes brasileiros vencidos havia muito tempo, pois o Brasil não mantinha relações diplomáticas com a União Soviética.

Mãe e filha percorreram o território espanhol de ponta a ponta, organizando comícios nas principais cidades, pedindo a libertação dos presos políticos do Brasil e, especialmente, do chefe do levante e dos estrangeiros ameaçados de deportação. Em Madri o embaixador brasileiro, que resistia à ideia de conceder passaportes novos para as duas, acabou capitulando quando uma multidão passou a reunir-se todas as tardes à porta da embaixada, exigindo em coro "*el pasaporte para la madre y la hermana de Prestes*". A campanha durou mais de um mês, começando em Madri e percorrendo todas as capitais provinciais. Nas cidades maiores aparecia no palanque, para encerrar os comícios, a lendária figura de Dolores Ibarruri, La Pasionaria.

Da Espanha as duas rumaram para a França, onde encontraram uma Paris coberta de cartazes enormes, exigindo a libertação de Prestes e de Olga, "reféns do nazifascismo brasileiro". Da França partiram para Londres, onde a viscondessa de Hastings, a mesma que Filinto prendera e expulsara do Brasil, hospedou as duas mulheres e organizou comícios, no Hyde Park, para milhares de pessoas. No dia da chegada à Inglaterra, dona Leocádia e Lígia receberam a visita protocolar de lorde Listowell, membro da Câmara dos Lordes, e um dos primeiros a subscrever, semanas antes, um manifesto dirigido a Getúlio Vargas, pedindo a redemocratização do Brasil. Lorde Listowell apareceu à frente de dona Leocádia vestido a caráter, de fraque, cartola e bengalão, e trazendo nos braços uma *corbeille* de lírios brancos para as visitantes. Mas dona Leocádia e Lígia sabiam que, para atingir o Brasil, a campanha teria que mobilizar a opinião pública norte-americana. Voltaram, então, a Paris, para tentarem obter um visto de entrada nos Estados Unidos. Quando foram recebidas pelo embaixador americano, as duas mulheres perceberam que ele tinha sobre a mesa um volumoso dossiê sobre a repercussão da campanha feita por elas na Espanha, Inglaterra e França. O embaixador bateu a mão sobre a papelada e perguntou a dona Leocádia:

— A senhora quer que eu lhes dê vistos de entrada para que possam fazer *isto* nos Estados Unidos?

O visto, evidentemente, foi negado. Tentaram de novo no consulado americano em Londres, insistiram em Bruxelas, voltaram a tentar em Genebra, mas sempre sem resultados. Decidiram manter a campanha na Europa. O "Comitê de Paris" pela libertação de Prestes e Olga era um dos mais ativos e tinha como seus principais dirigentes os escritores André Malraux e Romain Rolland, que participavam de todos os comícios e eram oradores obrigatórios nas manifestações de rua. Todos os países da Europa contavam com pelo menos um comitê instalado, e também na América Latina, na Austrália e na Nova Zelândia havia mobilizações pela libertação do casal. Cada notícia que chegava do Brasil era vertida para o francês e retransmitida para todos os comitês, pelo mundo afora. Manifestos, cartazes e volantes eram despachados para vários pontos do mundo, pedindo a instituições e personalidades que pressionassem o governo brasileiro para que Olga e Prestes fossem libertados.

Durante o mês de julho os presos da Detenção foram mantidos por Getúlio Vargas sob um macabro suspense. A expulsão de Elise Ewert e de Carmen Ghioldi já havia sido decretada e ambas apenas aguardavam as providências burocráticas para que o ato se consumasse. Sobre Olga, contudo, nenhuma manifestação oficial. A tensão durou até o dia 28 de agosto, quando um recorte de jornal introduzido clandestinamente no presídio correu de mão em mão até chegar ao salão das mulheres, trazendo a temida notícia:

> O presidente da República assinou decreto na pasta da Justiça expulsando do território nacional, por se ter constituído elemento nocivo aos interesses do país e perigoso à ordem pública, a alemã Maria Bergner Vilar, que também usa os nomes de Frieda Wolf Behrendt, Olga Bergner, Olga Meireles, Eva Kruger, Maria Prestes e Olga Benario.

Mas os dias foram passando e, para surpresa geral, Olga permanecia na Casa de Detenção, juntamente com Elise Ewert e Carmen Ghioldi. A demora, na verdade, tinha uma explicação:

temendo a mobilização do Socorro Vermelho nos portos europeus, Filinto Müller não queria correr o risco de ver toda a sua trama para vingar-se de Prestes e agradar aos nazistas frustrar-se num ataque de estivadores comunistas ao navio que transportasse Olga à Alemanha. Em contato permanente com a direção do porto do Rio de Janeiro, ele esperaria quanto tempo fosse necessário para que atracasse no Brasil algum navio que se dirigisse à Alemanha sem escalas. O atraso no embarque permitiu uma última tentativa para salvar Olga e sua criança, já no sétimo mês de gravidez. No dia 15 de setembro, o advogado Luís Werneck de Castro, marido de Maria Werneck, a companheira de cela de Olga, impetrou junto à Corte Suprema um novo pedido de *habeas corpus* para suspender a expulsão. A petição explicava que Olga encontrava-se em adiantado estado de gravidez e solicitava que fossem sustados temporariamente os efeitos do decreto de Vargas. Werneck de Castro pedia, na verdade, o adiamento da expulsão até que a paciente fosse examinada por uma junta médica de três membros, nomeados pelo juiz-relator do *habeas corpus*, para determinar se ela estava ou não em condições de empreender viagem até a Europa. Com isso o advogado pretendia atingir dois alvos: se a Corte Suprema concedesse o solicitado, a sonolenta burocracia judiciária brasileira acabaria permitindo que ela tivesse o bebê no Brasil. Deportá-la depois, tendo no colo um bebê recém-nascido e cidadão brasileiro, seria outra questão para o governo enfrentar, imaginava Werneck. Em segundo lugar, ele acreditava que, mesmo recusado, o pedido poderia estimular o presidente da República, que se reuniria dali a alguns dias com seu ministério, a indultar a pena imposta a Olga. A Corte Suprema, a exemplo do que fizera anteriormente, desconheceu o pedido. E na reunião ministerial, de que participou o capitão Filinto Müller, nem sequer se colocou o assunto em pauta.

A notícia de que o atraso no embarque de Olga se devia à espera de Filinto por um meio de transporte a salvo dos portuários europeus acabou chegando aos ouvidos de Heitor Lima, autor do primeiro pedido de *habeas corpus*. A única chance de impedir que Olga caísse nas mãos de Hitler era tentar embarcá-la num navio que fosse obrigado a fazer escalas na Europa — um navio de passageiros, de linha regular, portanto. O advogado pôs-se a arquitetar um plano, escrevendo uma dramática carta à mulher do presidente da República:

> Exma. Sra. Darcy Vargas
>
> Somente impelido por móveis relevantes ousaria um patrício vosso a dirigir-vos a palavra, sem prévia apresentação. Como advogado de Maria Prestes fui hoje incumbido por um grupo de mães brasileiras de encaminhar à minha constituinte a importância com que possa adquirir uma passagem de primeira classe, e ainda cercar-se, durante a travessia e no porto de desembarque, dos cuidados exigidos pelo seu delicadíssimo estado de saúde, preservando assim a vida do filho que vai nascer.
>
> Imediatamente dirigi ao ilustrado ministro da Justiça uma carta, solicitando-lhe que me facilitasse o desempenho de tão honrosa incumbência. Todavia, por muito que confie na inteligência do professor Vicente Rao, não devo esquecer que a mentalidade viril é a menos apta a perceber os problemas femininos. Desbastado e polido por muitos séculos de civilização, guarda o homem ainda, sob a pompa verbal e a hipocrisia das maneiras, os instintos cavernários que desde a noite dos tempos lhe mostraram na companheira a escrava inerme, a serviço de seus prazeres e caprichos.
>
> A fábula de que a mulher é um enigma foi inventada precisamente para justificar as atrocidades da civilização masculina contra ela. Não há nada mais facilmente acessível que a alma da mulher. O homem, porém, finge não entendê-la a fim de furtar-se a uma soma de enormes deveres para com ela. Neste episódio tinha eu, pois, de dirigir um apelo aos sentimentos maternais da primeira dama da sociedade brasileira, rogando a sua intervenção junto ao nobre presidente da República, simplesmente para que se permitisse que o

gesto dessas mães que se cotizaram para mitigar o infortúnio de Maria Prestes não se perdesse.

A mulher brasileira é inexcedível na dedicação, na piedade, na tolerância. Não sabe odiar; o que mais sabe, o que sabe sempre é orientar, socorrer, acudir e perdoar. Numa palavra: só sabe amar. Eu amesquinharia a atitude dessas almas sublimes se me atrevesse a qualificá-la; vós, porém, sentir-lhe-eis a grandeza suprema. Em nome das mães brasileiras que me procuraram, insisto pela vossa interferência. O Brasil já se habituou a considerar-vos uma figura tutelar, pronta sempre a cooperar em todas as iniciativas humanitárias. Singela, despretensiosa e natural como sois, não é o mundanismo que vos atrai aos lugares onde se cuida do infortúnio alheio, mas o puro sentimento de solidariedade humana, o vosso espírito harmonioso, o vosso fino e comovido coração.

Provai ainda uma vez que a vossa generosidade excede a vossa beleza: tereis sido, então, imensamente generosa.

Heitor Lima

Heitor Lima esperava que, envolvendo a mulher do presidente da República na trama, Filinto Müller não teria poderes para impedir que Olga embarcasse num navio de passageiros. Mas, como não houve qualquer resposta à carta, a sorte estava lançada. Agora só restava aguardar o dia da deportação. No dia 21 de setembro de 1936 o capitão Filinto Müller chamou seus principais assessores ao gabinete da rua da Relação, juntamente com Aloysio Neiva, diretor da Casa de Detenção, para transmitir-lhes uma informação e uma ordem. Na madrugada do dia 23 atracaria no cais do porto do Rio de Janeiro o navio *La Coruña*, fretado pela companhia navegadora alemã Hamburg-Südamerikanische Dampfschiffahrt-Gesellschaft, com uma única finalidade: recolher Olga Benario Prestes e Elise Ewert. O cargueiro permaneceria no Rio apenas durante o dia 23 e não havia perspectivas, tão cedo, de que outro navio pudesse fazer o trajeto previsto para o *La Coruña*, que rumaria diretamente para Hamburgo, no Norte da Alemanha. Dois policiais brasileiros que falavam o alemão correntemente haviam sido destacados para acompanhar as presas durante a viagem. A ordem, portanto, era retirar as duas mulheres da Casa de Detenção. À força, se fosse necessário.

Pouco depois do jantar apareceu à porta do salão das mulheres o policial Carlos Brandes, homem insinuante, que frequentava as rodas da alta sociedade carioca apresentando-se como "alto funcionário do Itamaraty", e que a esquerda garantia ser o representante do Intelligence Service no Brasil. Vinha acompanhado de dois funcionários graduados do gabinete de Filinto Müller e protegido por três policiais armados. Apoiou as duas mãos na grade da cela feminina e disse, delicadamente:

— Boa noite. A polícia soube que dona Olga não passou bem o dia de hoje e fomos encarregados de transferi-la para um hospital com recursos... Se ela não tiver melhor atendimento, poderá ter um parto prematuro...

O homem não acabou de completar a frase. Cerca de dez mulheres puseram-se de pé e começaram a bater freneticamente com as canecas na grade de ferro. Não se sabe se foi Maria Werneck de Castro ou Beatriz Bandeira quem berrou em direção à Praça Vermelha:

— Levantem-se! O canalha do Brandes está aqui para levar a Maria Prestes!

Dentro de cada cela, o encarregado pelo Coletivo tratou de pegar o presente que o sargento Júlio Alves distribuíra no dia 27 de maio — a gazua. Em poucos minutos as celas foram abertas, os presos espalhados às centenas pelo pátio central. Os que não conseguiram localizar, na confusão, a preciosa chave falsa, não tiveram dúvidas: fizeram as camas em pedaços e, com os travões de madeira, arrebentaram os ferrolhos enferrujados. Os presos saíam das tocas como animais furiosos, seminus, cada um deles levando nas mãos o que poderia ser usado como arma: garrafas de leite vazias, tamancos de madeira, pedaços de camas quebradas. Brandes tentou ser enérgico, mantendo porém a versão original. Em frente ao salão das mulheres, gritou para baixo:

— Eu não vim aqui para discutir com os senhores, vim cumprir uma missão. Os senhores estão assumindo uma gravíssima responsabilidade ao tentar reter esta senhora aqui! Parece até que estão fazendo isto de caso pensado, para que ela aborte, perca o filho e depois a polícia seja responsabilizada por tudo. Estou dizendo aos senhores que ela vai para um hospital.

Um grito mais forte se sobrepôs à zoeira que vinha de baixo:

— Para um hospital em Berlim, seu nazista filho da puta!

Brandes e seus acompanhantes já estavam cercados pelos presos que tinham arrombado ou aberto as portas das celas do primeiro andar, mas ele ainda tentou parlamentar, dirigindo-se ao médico Campos da Paz, pai:

— Doutor Campos da Paz, eu apelo ao senhor para que acalme seus companheiros e explique a eles que eu não seria capaz de uma ação menos digna!

Como resposta, mais gritos e insultos:

— Fascista filho da puta! Para tirar Maria Prestes daqui vocês terão que nos matar a todos, um por um!

O rosto empapado de suor, Brandes insistia:

— Eu lhes dou a minha palavra de honra que esta mulher vai ser imediatamente internada numa maternidade! Estou disposto a dar-lhes todas as garantias: já mandei buscar uma ambulância, a fim de transportá-la confortavelmente. Não posso de forma alguma submeter-me à vontade dos senhores e deixar de cumprir as ordens que recebi!

O tenente Gay da Cunha — o autor dos desenhos de aviões nos babadores — chamou um grupo de colegas, militares como ele, da Escola de Aviação e do 3º Regimento de Infantaria e propôs:

— A possibilidade de parlamentar com nossos carcereiros é nula. A violência é a única alternativa que nos resta. O chefe da guarda do presídio está ali em cima, ao lado do Brandes. Vamos pegá-lo e aos dois escoltas como reféns, senão isto aqui acaba em poucos minutos.

Um grupo de oficiais subiu as escadas de ferro que davam acesso às celas do primeiro andar. Levando nas mãos estiletes de metal feitos pelo sargento Júlio Alves com latas de goiabada, meteram-se no bolo que se formava em volta de Brandes e, de surpresa, agarraram pelo pescoço o chefe da guarda e os dois soldados, que foram arrastados para o térreo. Os três reféns foram trancados dentro de uma cela e guardados por um grupo de atléticos oficiais. O Coletivo se reuniu num canto, e foi Rodolfo Ghioldi quem anunciou o nome do preso que iria conduzir as negociações a partir dali:

— *Hablará* Valério Konder!

Sozinho, o terceiro guarda que viera escoltando Brandes tratou de salvar a própria pele e saiu correndo pela porta por onde entrara. Um grupo de presos aproveitou a confusão e ocupou a cela das mulheres, armados de estiletes. Lá dentro, Olga estava deitada na cama, protegida apenas pelas cortinas ensebadas que tapavam o "periscópio". O médico comunista Valério Konder, enérgico, avisou a Carlos Brandes:

— O senhor pode se retirar daqui. A partir deste momento nós só conversamos com o doutor Aloysio Neiva, diretor do presídio. À menor tentativa de tirar Maria Prestes daqui pela força, os reféns pagarão com a vida.

Ninguém tinha a ilusão de que a resistência pudesse ter algum êxito, mas todos sabiam que a agitação daria à polícia a impressão de que eles estavam dispostos a tudo. Os presos atiravam para a Praça Vermelha tudo o que havia dentro das celas, arrancavam as portas de ferro das dobradiças enferrujadas e jogavam-nas do primeiro andar ao chão, num ruído ensurdecedor, enquanto os outros batiam as canecas no chão, nas paredes, nas grades, gritando como malucos:

— Não levam! Não levam! Não levam!

Um único preso não participava daquilo. Encolhido sobre a cama, acendendo um cigarro no resto do anterior, Graciliano Ramos parecia que iria mesmo enlouquecer. Olhando fixo para o chão, com a cabeça presa entre as mãos, ele repetia, paralisado, com a voz quase inaudível no meio daquele inferno:

— Não é verdade que queiram fazer isto... Para a Alemanha de Hitler? Ela é judia... Ela está grávida... O Brasil não pode fazer isto com ela...

No meio da noite a polícia deu mostras de que não estava disposta a nenhuma forma de negociação. Chefiadas por Filinto Müller, tropas da Polícia Especial armadas de metralhadoras, lança-granadas de gás e até lança-chamas cercaram o conjunto carcerário da rua Frei Caneca. Um grupo de atiradores de elite isolou o pavilhão conflagrado, todos aguardando ordens para entrar. A tensão durou a noite inteira. Embora armados de tamancos, garrafas vazias e estiletes inofensivos, comparados com o arsenal que os cercava, os presos continuavam falando grosso:

— Para levar Maria Prestes daqui vocês terão que matar trezentos brasileiros, cachorros fascistas!

O nervosismo tomou conta dos dois lados, e ninguém se arriscava a tomar qualquer iniciativa. Passava do meio-dia quando veio o primeiro comunicado de fora. Autorizado pelo capitão Filinto Müller, o diretor do presídio, Aloysio Neiva, mandava fazer uma proposta concreta: Olga Benario sairia dali diretamente para um hospital, acompanhada de uma comissão de presos eleita pelo Coletivo. A primeira a ser consultada foi a própria Olga, que concordou de imediato. Ela dizia que a resistência era uma manifestação heroica dos brasileiros, mas não levaria a nada. Seriam todos massacrados pelas tropas que cercavam o prédio. Além disso, Olga temia que Filinto Müller invertesse a situação, fazendo de Prestes o seu refém. Seu pavor era que, continuando a resistência, eles acabassem por matá-lo. Para convencer os mais renitentes, que pretendiam manter a rebelião até o fim, ela fez um apelo:

— Deixem-me ir para o hospital, quero ter meu filho aqui no Brasil...

Quando finalmente o Coletivo — por ingenuidade ou por reconhecer que aquela era uma batalha perdida — aceitou a proposta da polícia, a noite caíra de novo. Depois de muita parlamentação, ficou estabelecido que a "comissão" que acompanharia Olga até o hospital seria composta, na verdade, por apenas dois presos, um indicado pelos homens, outro pelas mulheres. Os escolhidos foram Campos da Paz Júnior, por ser médico, e Maria Werneck de Castro, advogada que demonstrara grande firmeza nas 24 horas de resistência. Acertou-se também que iriam os três de ambulância até o hospital e maternidade Gafrée Guinle e que os acompanhantes só sairiam do lado de Olga quando ela retornasse ao presídio. Quando Maria Werneck começou a descer as escadas ao lado dos funcionários que carregavam a maca onde Olga fora acomodada, Campos da Paz gritou-lhe, de baixo:

— Saio por baixo e encontro vocês duas no portão principal!

Juntaram-se os três mas, antes que chegassem ao segundo portão, que dava para a rua, Maria percebeu que se tratava de um golpe. O médico foi agarrado por dez policiais, separado do grupo e metido num camburão. Maria entrou na parte de trás de uma ambulância, junto com Olga, e o cortejo saiu pelas ruas, cercado por dezenas de policiais armados de metralhadoras e protegido de todos os lados por jipes repletos de soldados. Pela fresta da ambulância, Maria Werneck percebeu, surpresa, que estavam mesmo sendo levadas para o Gafrée Guinle. Por alguns minutos, imaginou que Olga pudesse estar de fato a ponto de ter o bebê prematuramente e que o governo não queria correr riscos. Olga segurava na sua mão e dizia apenas:

— Não se preocupe, tudo vai terminar bem...

Quando a ambulância parou, Maria olhou de novo pelas frestas e tranquilizou Olga:

— Você tinha razão: estamos em frente ao Gafrée Guinle, que eu conheço muito bem.

As portas se abriram e Maria foi tomada de terror. O trânsito de carros e pedestres tinha sido interrompido em todas as ruas adjacentes para que não houvesse testemunhas, e a porta do hospital estava tomada por dezenas de veículos militares e policiais, numa autêntica operação de guerra. Quem apareceu à sua frente foi King Kong, ex-carcereiro da Detenção, um negro enorme, trazendo uma metralhadora pendurada no peito por uma alça de couro. Apontou para o camburão policial que encostava de ré, rente à porta de saída da ambulância, e ordenou a Maria Werneck:

— Você entra ali.

Ela resistiu:

— Não! Eu vou ficar com a Maria Prestes! Eu tenho a palavra do doutor Brandes de que permaneceria em companhia dela e não sairei daqui!

O próprio Brandes apareceu e Maria Werneck dirigiu-se a ele:

— Doutor Brandes, o senhor não me conhece apenas da cadeia. O senhor me conhece de fora e me deu a sua palavra de que eu a acompanharia até o hospital. Daqui eu não saio!

Brandes foi cínico:

— É, dona Maria, eu lhe dei minha palavra, mas são ordens superiores.

King Kong sorriu, apontando-lhe o cano da metralhadora:

— Eu não disse? Você entra ali.

Olga Benario segurou-lhe a mão com força e disse:

— Vai, Maria, vai. Não adianta resistir aqui.

As duas se beijaram e Maria Werneck foi colocada no interior do camburão, cuja porta se fechou em seguida. Lá dentro ela notou que não estava sozinha. Sentiu uma perna cutucando a sua e perguntou quem estava ali. Um vozeirão respondeu:

— Sou eu, Maria, o Campos da Paz Júnior. Não me deixaram retornar ao presídio, temendo que eu denunciasse a trama aos companheiros.

Olga nem sequer chegou a descer no hospital. O comboio militar seguiu até o cais do porto sob uma chuva fina e insistente. Quando foi retirada da ambulância, ainda deitada na maca, a caminho da escada do navio, Olga pôde ver, rapidamente, entre os pingos de chuva, o nome *La Coruña* gravado no casco. Por um instante, teve esperanças de estar sendo embarcada num navio espanhol. Mas ela moveu a cabeça um pouco, virou os olhos para cima e viu, tremulando no mastro principal, uma bandeira com a suástica negra no centro. Era a bandeira da Alemanha de Adolf Hitler.

16. NOS PORÕES DA GESTAPO

Dez quilos mais magra, apesar da gravidez de sete meses, levando consigo apenas os 150 dólares encontrados pela polícia na casa da rua Honório e uma trouxinha com roupas do bebê, Olga foi deitada na cama de uma minúscula cabine do *La Coruña*, onde ficou absorta por alguns minutos, até que foi despertada pelo barulho de batidas à porta. Era João Guilherme Neumann, o investigador encarregado por Filinto Müller de escoltá-la durante a viagem e entregá-la aos oficiais da Gestapo, em Hamburgo. Neumann era um homem de 42 anos, neto de colonos alemães que cultivavam flores na cidade serrana de Petrópolis, no estado do Rio de Janeiro. Ele trabalhava na equipe de capturas da polícia política — fora o autor da prisão de Beatriz Bandeira, companheira de cela de Olga — e tinha sido o escolhido para acompanhá-la por falar alemão. Constrangido, o tira disse à prisioneira que nada tinha contra ela ou suas ideias e que estava ali por estrito dever profissional:

— Sou um policial que não discute as ordens recebidas, a não ser que sejam absurdas.

Neumann foi quem contou a Olga que não viajariam sozinhos para a Alemanha: naquele momento Elise Ewert estava sendo retirada da Casa de Detenção para ser embarcada na cabine vizinha à de Olga, acompanhada de Luiz Felipe Peixoto, outro policial escalado por Filinto. Tão logo ela chegasse, o *La Coruña* partiria com destino a Hamburgo. Quando foi retirada da ambulância, Olga pôde ouvir uma discussão áspera entre o comandante do navio, capitão Heinrich von Appen, e os policiais brasileiros e alemães. O barulho no porto a impedira de entender o motivo do bate-boca, que agora era esclarecido por Neumann. Von Appen, ao vê-la com a barriga enorme, perguntou aos policiais:

— Ela está grávida de quantos meses?

— Sete meses — alguém respondeu.

— Então não embarca — determinou, ríspido, o capitão. — Eu recebi ordens de transportar duas presas e dois policiais, mas ninguém me falou em gravidez de sete meses. Isto vai contra todas as leis internacionais de navegação. No meu navio mando eu.

Um policial alemão, à paisana, exibiu uma carteirinha para o comandante do navio e apresentou argumentos convincentes:

— A ordem de embarque foi dada pelo presidente Getúlio Vargas e a prisioneira é considerada de interesse máximo para o comando da Gestapo. Se você não levá-la, acho melhor nem atracar seu navio em Hamburgo: os oficiais estarão lá, esperando-a. Se ela não chegar, é muito possível que o lugar reservado a ela seja guardado para você.

Não era só o capitão Von Appen quem mandava no *La Coruña*: Olga foi embarcada contra sua vontade e contra as leis de navegação. Ela aproveitou a conversa mole de Neumann e disse-lhe que seria preciso instalar uma campainha em sua cabine, para a eventualidade de sentir-se mal durante a noite. Neumann acedeu e explicou-lhe as limitações que a condição de prisioneiras impunha a ela e a Elise. Durante o dia poderiam circular apenas pelo pequeno corredor fronteiro às portas das quatro cabines — as de Olga e Elise no meio, as de Peixoto e Neumann nas pontas. Como as cabines ficavam sob a popa do navio, na extremidade de um corredor, o capitão só teve o trabalho de mandar isolar uma das pontas da passagem, onde foi colocada uma placa com letras pintadas em alemão: LOCAL INTERDITADO POR ORDEM DO COMANDANTE — ENTRADA PROIBIDA. Nas próximas semanas, portanto, a visão que Olga e Elise teriam do mundo seria através de quatro escotilhas dispostas naqueles dez metros de corredor.

O policial pediu que Olga se recolhesse ao quarto, pois segundo suas ordens durante a noite ela teria que permanecer lá, com a porta trancada por fora. Caso precisasse de alguma coisa, antes da instalação da campainha, deveria bater na porta que ele a atenderia. Uma hora depois de deitar, Olga ouviu um barulho estrondoso, que fez tremer toda a cabine. Só aí percebeu que lhe tinha sido reservada uma cabine ao lado dos motores do navio. Elise acabara de chegar e o *La Coruña* se preparava para zarpar. A primeira noite foi de insônia e vômitos. A cada meia hora Olga era obrigada a caminhar até a pia do pequeno banheiro para tentar aliviar a náusea. Além do balanço do navio e do ronco do motor, a proximidade com a casa de máquinas transformava a cabine numa estufa, que tinha como ventilação apenas uma pequena entrada de ar no teto. Ao nascer do dia o navio estava jogando menos — e só então conseguiu dormir.

Olga passou seu primeiro dia a bordo trancada na cabine, atendida por Sabo. Além da campainha, que o capitão mandou instalar de manhã, Neumann conseguira que o médico de plantão no navio arranjasse pastilhas contra náuseas para que Olga pudesse ao menos livrar-se dos enjoos provocados pela gravidez e agravados pelas condições da viagem. Nos dias seguintes as duas colocaram as cadeiras de suas cabines no corredor, onde passavam horas conversando, levantando-se a cada par de horas para olhar o mar azul através das escotilhas redondas. A viagem transformou-se numa prisão também para os dois policiais, obrigados a passar o dia inteiro ali, caminhando do quarto para o corredor, do corredor para o quarto. Olga procurava tratá-los com polidez, mas dirigia-se a eles apenas quando necessário e evitava conversas mais prolongadas. Quanto a Elise, nem isso. Ainda sob o trauma das torturas e sevícias aplicadas por policiais brasileiros e alemães, ela simplesmente se recusava a falar com qualquer um dos dois. Quando não havia outra alternativa, ela dirigia a palavra a eles, mas para protestar contra a qualidade da comida ou do tratamento dedicado a Olga. Mesmo percebendo que a mulher de Prestes não queria muita conversa, Neumann insistia em aproximar-se dela, às vezes para reclamar da rispidez de Sabo — "ela é uma fera", dizia o policial — ou até para saber detalhes de sua vida política e pessoal. De certa feita a conversa acabou caindo na questão da deportação e ele perguntou, curioso:

— Mas a senhora provou que era casada com o capitão Prestes?

Ele era um policial, estava a serviço de Filinto Müller, ia estar com os homens da Gestapo em Hamburgo... o melhor era despistá-lo:

— Sim, casei-me com ele em Marselha, na França, mas não tínhamos os papéis que comprovassem.

Ao contrário do que havia sido dito pela polícia, o *La Coruña* faria uma escala antes de Hamburgo, mas ainda em território brasileiro. No quarto dia de viagem o navio chegou a Salvador, na Bahia, com o porto inteiramente tomado por tropas — Filinto não pretendia correr nenhum risco. Era uma parada rápida, o suficiente para que fosse embarcada uma carga de piaçava. Olga pediu autorização para que um marujo descesse à cidade e lhe comprasse, com alguns dos dólares que levava, objetos para seu uso durante a viagem, pois embarcara apenas com a roupa do corpo e um enxoval mínimo para o bebê. Von Appen autorizou, e o navio já avançava em direção ao mar alto quando lhe trouxeram dois pares de chinelos (um para ela, outro para Elise), pasta e escova de dentes, linha e agulhas de tricô e crochê.

No dia 30 de setembro o navio costeava a ilha de Fernando de Noronha, no litoral norte do Brasil, e Neumann contou-lhe que o governo iria transferir para lá os presos da revolta de novembro que fossem condenados pela Justiça. Aproveitando o bom tempo e o mar calmo, o comandante decidiu realizar ali um exercício de salvamento, durante o qual Olga e Elise permaneceram trancadas em seus quartos. Três dias depois, sob uma noite negra, cruzaram a linha do Equador. De madrugada, Olga percebeu sons muito familiares e imaginou que estivesse sonhando: ela ouvia músicas da sua infância em Munique, cantadas em alemão. Levantando-se, entendeu o que se passava: um grupo de marinheiros comemorava a passagem para o hemisfério norte dançando e cantando ao som de uma gaita de boca, no convés principal. Duas noites depois, Olga e Elise receberiam autorização para sair da cabine após o jantar e olhar pelas escotilhas: o *La Coruña* iria cruzar com o dirigível alemão *Zeppelin*, que voava da Europa para a América do Sul. Quando o *Zeppelin* apareceu no horizonte, o comandante mandou acender holofotes no convés, apontados para o céu, para saudar a tripulação do dirigível e para que ele ficasse ainda mais visível aos tripulantes do navio. Por alguns minutos o *Zeppelin* sobrevoou o *La Coruña* e fez evoluções à sua volta, voando tão baixo que dava a impressão de que trombaria com as chaminés do navio. Correndo de uma escotilha para a outra, para pegar ângulos melhores, Olga e Sabo puderam ver de perto os passageiros na amurada do dirigível alemão, homens e mulheres elegantes, de copos nas mãos, acenando para baixo.

No fim da primeira semana de outubro, quando navegava ao largo de Funchal, na ilha da Madeira, o capitão Von Appen recebeu novas advertências de que o navio não deveria atracar em portos europeus sob nenhum pretexto. Se isso ocorresse, lembravam os radiotelegrafistas, as duas mulheres seriam inevitavelmente levadas para terra. O episódio ocorrido no Havre era repetido com evidente exagero, e os dezessete presos que haviam sido deportados do Brasil e libertados naquele porto francês transformavam-se em "mais de uma centena". Dizia-se também que o capitão Von Appen deveria preparar-se até para ataques piratas em alto-mar, como parte das tentativas para libertar Olga e Elise. Eram essas, pelo menos, as notícias que Neumann trazia para Olga após suas incursões pelos pavimentos superiores do navio.

O *La Coruña* ainda fervilhava com essas histórias, na noite de 12 de outubro, quando a tripulação foi surpreendida pela presença, a pequena distância, de outro navio, de grande calado, que fazia soar o apito solicitando socorro. Von Appen mandou que o imediato parasse as máquinas para verificar o que acontecia. O capitão subiu à ponte de comando, acompanhado de seus oficiais, e pôde ver que se tratava de um enorme veleiro de dois mastros e que não era um navio pesqueiro. No convés vários marinheiros tentavam em vão comunicar-se em espanhol com os alemães. Von Appen mandou chamar Neumann na cabine-cela das mulheres. Antes de subir, o policial abriu a porta do quarto de Olga para dizer-lhe que algo estranho estava acontecendo: um navio desconhecido estava parado ao lado do *La Coruña* e o capitão mandara chamá-lo à ponte de comando. Olga não teve dúvidas: os republicanos espanhóis estavam chegando para libertá-las em alto-mar. Quando Neumann chegou ao topo do cargueiro, ouviu que do outro barco alguém gritava: "Português! Português!", indicando o idioma da tripulação. Aos gritos o tira brasileiro acabou conseguindo decifrar o que pretendiam: o equipamento de navegação tinha quebrado e eles queriam apenas saber em que longitude se encontravam. Ao retornar, Neumann abriu novamente a portinhola da cabine de Olga:

— Dona Olga, ainda não foi desta vez. Era apenas um barco português de recreio perdido em alto-mar.

O dia 16 de outubro amanheceu com o navio em pleno canal da Mancha; ao anoitecer podia-se avistar as costas da Bélgica. A temperatura caíra muito e inesperadamente, o que levou o capitão Von Appen a autorizar a entrega de mais cobertores às presas e aos policiais que as escoltavam. No dia seguinte navegavam no mar do Norte, em cujas águas passaram todo o dia; à noitinha entravam no rio Elba, em território alemão. Às seis horas da manhã do dia 18 de outubro alguém bateu na porta da cabine de João Guilherme Neumann:

— *Herr Neumann! Herr Neumann!*

Era um marujo que o avisava para subir imediatamente ao camarote do capitão Heinrich Von Appen, acompanhado das prisioneiras. Neumann acordou Olga e Elise às pressas, chamou seu colega Peixoto e viu, por uma das escotilhas, que o navio estava atracado em Hamburgo. Os quatro subiram até os aposentos do comandante do *La Coruña*. Olga estacou, lívida, com o que viu: havia mais de dez oficiais e soldados, todos de fardas negras, com a inconfundível insígnia bordada na gola do dólmã. A SS, a tropa de choque nazista, estava ali para recebê-la. Enroladas em cobertores e calçando os chinelos tropicais de Salvador, Olga e Sabo esperaram menos de dois minutos para que a entrega se fizesse, sem qualquer formalidade. Um dos militares apenas se identificou verbalmente, dando seu nome e a patente, e disse que estava ali "em nome do Führer para receber as duas criminosas".

Os quatro passageiros do *La Coruña* separavam-se ali mesmo. João Guilherme Neumann e Luiz Felipe Peixoto tomaram um trem para Berlim, onde receberiam, das mãos do embaixador Moniz de Aragão, duas passagens de volta ao Brasil por um navio do Lloyd, e uma polpuda ajuda de custo de 250 libras esterlinas para cada um, devidamente autorizada pela Chancelaria, no Rio de Janeiro. Olga e Elise não puderam sequer se despedir: a mulher de Ewert foi colocada num carro de presos que arrancou em alta velocidade e Olga em outro, cercada de guardas armados da SS, desaparecendo no meio da neblina em direção a Berlim.

Foram quase sete horas de viagem sob uma temperatura que beirava zero grau. Na escuridão do amplo compartimento de presos, as únicas imagens que os olhos de Olga distinguiam eram vagos perfis de soldados, iluminados por brasas de cigarros ou por instantâneas chamas de fósforos que se acendiam alternadamente. Com as mãos estiradas ao lado das pernas e algemadas a argolas soldadas ao banco de metal do camburão, Olga passou a sentir fortes cãibras a partir da primeira meia hora de viagem, mas achou melhor não falar nada e resistir até a chegada. Pouco depois do meio-dia o veículo chegou a Berlim sob chuva forte e com a temperatura ainda mais baixa. As portas foram abertas e Olga percebeu onde estava: no prédio número 15 da Barnimstrasse, a temida prisão de mulheres da Gestapo, uma construção de mais de um século por onde havia passado, duas décadas antes, sua heroína Rosa Luxemburgo. Avisada pelo pressuroso Moniz de Aragão, a polícia secreta alemã havia preparado um verdadeiro comitê de recepção para a prisioneira: além do aparato enviado ao porto de Hamburgo, uma cabeleireira esperava-a na enfermaria da prisão, de tesoura na mão. Olga sentou-se numa cadeira, sempre algemada, e ouviu um oficial dizer:

— Vamos cortar seu cabelo para evitar a propagação de piolhos. Você sabe, isto é muito comum em judeus e comunistas.

Um uniforme listrado, que certamente fora utilizado por alguma prisioneira gorda, foi-lhe entregue por uma funcionária. Olga sentiu-se ridícula: magérrima, barriguda, com os cabelos picados rente à cabeça e metida num macacão que mais parecia um saco de batatas. Andando com dificuldade pelo peso da barriga, com o corpo dolorido pelo desconforto da viagem, foi conduzida até os fundos do prédio cinzento. À medida que caminhava para a cela, ouviu ruídos que a reanimaram: de vários pontos do edifício de quatro andares, vozes e choros de bebês saíam pelas janelas protegidas por grades de ferro. Ela procurou se consolar — "pelo menos não serei a única mãe neste inferno". A cela era um cubículo de dois metros por dois, com o chão de cimento áspero, um colchão fino, colocado sobre uma laje de concreto, um ralo cobertor de flanela — "eu devia ter tentado trazer o do navio", arrependeu-se —, uma pia e uma latrina no chão. Esticando-se nas pontas dos pés ela conseguia ver o pátio interno através de uma pequena claraboia cortada na parede e defendida por grades de ferro. Antes que terminasse o reconhecimento do lugar, a carcereira abriu a porta de ferro. Era um capitão-médico que vinha examiná-la para certificar-se do estado em que se encontrava a gravidez. Após um exame sumário durante o qual seu rosto revelava certo ar de nojo, o militar informou:

— Sua saúde é ótima e o parto deve acontecer dentro de quatro semanas.

Olga ainda não tinha chegado a Hamburgo quando Lígia e dona Leocádia receberam em Paris, das mãos de um marujo comunista que chegara à França num cargueiro brasileiro, uma carta contando o que acontecera à mulher de Prestes. Na verdade, só aí é que a família soube que Olga estava grávida e que havia sido deportada. Horrorizadas com a notícia, trataram de mobilizar os comitês, a Central Geral de Trabalhadores e o Partido Comunista francês para tentar tirar as duas do navio que então ainda se encontrava em alto-mar e poderia atracar em algum porto. Apesar da vigilância nos portos espanhóis e franceses, o *La Coruña* passaria ao largo do litoral europeu. Dona Leocádia ainda conseguiu que um advogado fosse a Hamburgo tentar pelo menos um contato com Olga ou Elise, mas ele não pôde sequer ver o navio. Todo o cais fora interditado por policiais da Gestapo e tropas da SS, e naquele dia ninguém entrou ou saiu dali sem passar pela barreira de soldados. A mãe e a irmã de Prestes não se deram por vencidas e decidiram ir à Alemanha, acompanhadas de um grupo de mulheres inglesas. No dia 11 de novembro chegavam ao quartel-general da polícia secreta, na rua Prinz Albrecht, onde foram informadas de que Olga passava bem e que o bebê ainda não havia nascido. Por mais que pedissem, não lhes permitiram visitar a prisioneira. A única concessão dos nazistas foi autorizar que deixassem na portaria de Barnimstrasse um pacote com alimentos e roupas.

Lá dentro, Olga recebeu o pacote sem qualquer indicação de quem o deixara. Mas como soubera, por uma prisioneira recém-chegada, da movimentação da sogra e da cunhada na França e na Inglaterra, deduziu logo a origem do presente. Lígia e dona Leocádia voltaram à França levando apenas uma vaga promessa dos alemães de que seriam avisadas pela Cruz Vermelha quando o bebê nascesse. Desesperada, dona Leocádia batia em todas as portas possíveis, e a todos repetia seu lamento:

— Os nazistas encarceraram meu filho, agora querem matar minha nora e meu netinho que ainda nem nasceu.

Percebendo que em Paris teriam poucas chances de obter informações, as duas decidiram viajar a Genebra, na Suíça, onde funcionavam as sedes da Cruz Vermelha Internacional e da Sociedade das Nações. Nesta última foram recebidas com frieza e o máximo que conseguiram foi a promessa de que seriam remetidos telegramas ao governo brasileiro. Telegramas que apenas indagariam sobre a situação judicial de Prestes — nada de protestos. Repetiram o apelo na Cruz Vermelha e obtiveram o compromisso de que os representantes da entidade na Alemanha fariam firmes gestões para que pelo menos a notícia do nascimento da criança fosse comunicada às duas.

Apesar das péssimas condições em que se encontrava na prisão berlinense, Olga não perdera a altivez. Citando a legislação internacional e os códigos alemães, exigiu o direito de receber jornais regularmente. Como a lei falava apenas em "jornais", o pedido foi atendido: todas as manhãs Olga passou a receber na cela o *Völkischer Beobachter*, jornal oficial do Partido Nazista, que só falava da "conspiração judaico-bolchevique" e das supostas virtudes do nacional-socialismo de Adolf Hitler. As notícias que a interessavam — sobre a situação dos comunistas e dos países europeus que resistiam ao fascismo — acabavam chegando pela boca das dezenas e dezenas de novas prisioneiras políticas que a cada semana eram despejadas em Barnimstrasse. Como insistisse em saber de que crime era acusada, Olga acabou informada pela direção do presídio que não havia qualquer imputação formal contra ela. A denúncia pela invasão armada de Moabit estava prescrita e a suspeita de cumplicidade com Otto no caso de espionagem tinha morrido por falta de provas. A inexistência de acusação, entretanto, ao contrário de tranquilizá-la, dava-lhe a certeza de que não sairia dali tão cedo. Quem não era acusado de nada não tinha por que contratar um advogado nem teria do que se defender. Olga não ignorava que os crimes que a tinham levado à cadeia jamais prescreveriam sob o nazismo: ser judia e comunista.

Na madrugada de 27 de novembro de 1936, um ano após a frustrada revolta do Rio de Janeiro, Olga acordou com o colchão encharcado. Correndo a mão pelo corpo, percebeu que a bolsa amniótica havia arrebentado. Levantou-se correndo, tateou os cantos da cela, localizou a caneca de lata e bateu-a contra a porta de ferro algumas vezes — era o código combinado com as carcereiras, para quando suspeitasse da iminência do parto. O sol começava a romper a camada de neblina gelada que envolvia a prisão quando a criança nasceu. Era uma menina, e o nome, como sabiam algumas prisioneiras de Barnimstrasse, estava escolhido havia vários meses: Anita Leocádia. Anita em memória da heroína brasileira Anita Garibaldi, mulher de Giuseppe Garibaldi, o revolucionário forjador da unidade da Itália, e Leocádia em homenagem à sogra que nunca vira pessoalmente, mas aprendera a amar e respeitar através de

Prestes — e que agora cruzava a Europa mobilizando comitês por sua libertação. A recém-nascida foi envolvida nas roupinhas tecidas pelas companheiras de cela, no Brasil, e que tinham sido praticamente a única bagagem de Olga na viagem até a Alemanha. As peças do enxoval, na verdade, eram tão grandes que acabaram servindo como mantas para Anita Leocádia. Surpreendentemente para uma gestação ocorrida em circunstâncias tão adversas, o bebê nascera gorducho e saudável. A chefe das enfermeiras informou a Olga que, com o nascimento da menina, ela teria a ração de alimentos alterada: às duas tigelas da rala sopa de ervilhas que recebia, seriam acrescentadas diariamente, durante os primeiros seis meses, uma caneca de leite e uma tigela de mingau de aveia. Mas a boa notícia veio acompanhada de uma advertência terrível:

— As normas desta prisão determinam que os bebês sejam separados das mães aos seis meses e mandados a orfanatos do partido — começou a mulher —, mas no seu caso vamos abrir uma exceção. Nós sabemos que há pessoas na França e na Inglaterra utilizando seu nome para fazer campanhas contra o Estado alemão. Para provar que este é um regime humanitário, vamos permitir que a criança fique em seu poder enquanto estiver sendo amamentada.

No meio do pânico de que foi tomada pela notícia, Olga viu uma ponta de esperança: a "concessão" feita pelos nazistas daria mais tempo à cunhada e à sogra para que intensificassem a campanha pela libertação de ambas. Ficar com Anita Leocádia, agora, dependia apenas de seu organismo: das canecas de leite e das tigelas de sopa de ervilha ela teria que extrair nutrição suficiente para produzir leite. Muito leite, por muito tempo.

Só no começo de fevereiro, quando Anita entrava no terceiro mês de vida, é que dona Leocádia e Lígia souberam, pela Cruz Vermelha, do nascimento. A organização informava também que Olga tinha recebido as duas cartas enviadas por dona Leocádia a Genebra, e que a correspondência entre elas estava autorizada oficialmente, mas seria submetida à censura pela Gestapo — teria que ser, portanto, escrita em alemão. O ofício da Cruz Vermelha transmitiu à avó as notícias sobre o risco que a garotinha corria: quando secasse o leite da mãe, elas seriam separadas. Junto à carta vinha um pequeno envelope, carimbado com a águia nazista do serviço de censura, contendo um bilhete de Olga para a sogra, a quem passara a tratar de "mãe":

Berlim, 31/1/37

Querida mamãe:

Acabo de receber suas cartas de 1º e 9 de janeiro. Você pode imaginar a alegria que elas me trouxeram.

Primeiro, quero informá-la de que você é avó. No dia 27 de novembro dei à luz a pequena Anita Leocádia. É uma menina saudável, que nasceu pesando 3800 gramas. Ela tem os cabelos negros e grandes olhos azuis. A criança se desenvolve bem e o seu sorriso tira-me da triste situação em que estou. Faço todo o possível para que nada lhe falte. Estou amamentando-a e tentarei fazê-lo enquanto me seja possível.

Atualmente estou em uma "detenção de proteção" (*Schutzhaff*), mais precisamente, na enfermaria de uma prisão feminina. No parto houve complicações e estive gravemente doente, mas agora já superei isso.

Você me perguntou quantas vezes pode escrever-me. Pelo regulamento da prisão, posso receber uma carta a cada dez dias. Fico contente de poder colocá-la a par do desenvolvimento da minha filha. Eu lhe peço que me escreva quando possível contando o que sabe sobre a situação do Carlos. Desde 23 de setembro, isto é, desde o dia em que fui expulsa do Brasil, estou sem notícias dele. Depois do nascimento da pequena eu lhe dirigi uma carta, mas até agora não obtive resposta. Eu queria que você me enviasse, em uma das próximas cartas, uma fotografia do Carlos, pois não tenho nenhuma aqui.

Querida mamãe, espero com impaciência a sua resposta. Com meus melhores votos por sua saúde...

Eu te beijo. Sua filha,

Olga

A campanha organizada a partir da França passou a reclamar, desde então, a libertação de Prestes, no Brasil, e a de Olga e Anita, na Alemanha. A dona Leocádia e Lígia juntou-se outra valente mulher, a alemã Minna Ewert, irmã de Arthur Ewert, que se movimentava por toda a Europa lutando pela liberdade do irmão e da cunhada. Minna conseguira fazer chegar às mãos do presidente Franklin Roosevelt, em Washington, um telegrama denunciando as torturas de que Arthur era vítima nas prisões brasileiras e pedindo a interferência do governo norte-americano.

A primeira preocupação da mãe e da irmã de Prestes passou a ser com a saúde de Olga: era necessário garantir-lhe alimentação substancial a fim de que amamentasse a menina o tempo suficiente para permitir o fortalecimento da campanha pela libertação de ambas. A cada duas semanas dona Leocádia e Lígia enviavam pelo correio um fornido pacote de vinte quilos para a prisão de Barnimstrasse, contendo alimentos, chocolate e alguma roupa. O imposto que os alemães cobravam pela entrada dos pacotes no país chegava a ser duas ou três vezes superior ao preço pago pelos artigos. Pelas raras cartas que recebiam, notavam que apenas a metade das remessas chegava às mãos da prisioneira, mas ainda assim o trabalho produzia resultados: Olga se recuperava da desnutrição e tinha leite abundante. Simultaneamente às remessas, o movimento pela libertação das duas prosseguia. Lígia e dona Leocádia não admitiam a ideia de separar a mãe da filha e exigiam que Olga também fosse solta, lembrando que era inocente e não havia denúncia ou acusação formal contra ela. Além disso, era preciso arranjar alguma forma de transmitir a Prestes a notícia de que ele era pai de uma menininha.

No Rio de Janeiro, o jovem advogado Heráclito Fontoura Sobral Pinto, cristão militante, resolve por sua própria conta defender Prestes e Arthur Ewert perante o Tribunal de Segurança Nacional, uma corte de exceção criada especialmente para julgar os envolvidos na insurreição de novembro de 1935. Sobral consegue entrar na cela onde o capitão estava preso, para comunicar-lhe sua decisão, e é furiosamente rechaçado. Prestes rejeita a oferta de defesa, alegando que Sobral é um homem de mentalidade burguesa, sem capacidade ou desejo efetivo de defendê-lo e sem condições de entender o pensamento dos comunistas. O advogado insiste e Prestes pede que ele se retire da cela, com uma ameaça:

— Qualquer iniciativa que o senhor tome em minha defesa sem meu consentimento vai lhe custar caro: eu o denunciarei internacionalmente como impostor!

Sobral Pinto não se intimidou com a reação do ilustre preso. Embora anticomunista ferrenho, para defender um comunista valia-se de um pensamento de santo Agostinho pinçado do Evangelho — "odiar o pecado e amar o pecador". Sobral explicava aos amigos que sabia que "o comunismo nega Deus, afronta Deus, mas compreendo que os comunistas façam isso por serem pecadores". Persistente, decidiu recorrer a uma das poucas pessoas que exerciam influência sobre o preso: a mãe, dona Leocádia. Semanas depois do áspero encontro na cela, Prestes recebia, por intermédio do advogado, um bilhete de Paris, em que a mãe pedia que ele tivesse confiança em Sobral Pinto. As palavras maternas mudaram o comportamento do filho, e a primeira providência do defensor, como patrono da causa de Prestes e Ewert, foi afrontar a ditadura denunciando, de maneira que se tornaria célebre, o tratamento dado ao comunista alemão. Nos primeiros dias de 1937 um jornal do Rio havia publicado uma notícia policial dando conta de que o cidadão Mansur Karan, da cidade de Curitiba, fora condenado à prisão por ter espancado um cavalo até a morte. Sobral valeu-se da decisão do juiz que condenara Karan e recorreu a um artigo da Lei de Proteção aos Animais para tentar salvar a vida de Ewert. A lei dizia que "todos os animais existentes no país são tutelados do Estado" — e já que a lei dos homens era insuficiente para impedir o flagelo do alemão, pelo menos que fosse protegido como um animal para que as torturas cessassem.

Graças à intervenção de Sobral, Prestes pôde receber cartas da mãe e da irmã. Embora ambas tivessem remetido abundante correspondência, a polícia não deixara chegar ao preso uma única linha. A primeira carta que recebe de dona Leocádia vem de Paris, datada de 6 de março de 1937. É através dela que Prestes fica sabendo do nascimento de Anita Leocádia.

> Meu querido filho:
>
> Desejo de todo o coração que continues bem de saúde e ânimo forte. Até hoje não recebi nada de tua parte, embora muitas tenham sido as cartas enviadas para a prisão onde te encontras desde março de 1936. Ignoro se as recebeste. Hoje resolvi escrever-te de novo, esperando desta vez um melhor resultado, quero dizer, que te cheguem às mãos estas linhas, portadoras do nosso amor e de nossas saudades, mas, principalmente, para te dar uma gratíssima notícia que acabamos de receber. A 27 de novembro nasceu em Berlim, em um hospital de uma prisão de mulheres, tua filhinha, a quem nossa querida Olga deu o nome de Anita Leocádia, em honra à heroína brasileira Anita Garibaldi e em atenção à tua mãe. Que criatura admirável é tua esposa e como é digna de ti. Congratulamo-nos efusivamente contigo pelo auspicioso acontecimento. Depois dos transes por que passamos e da terrível incerteza que pesava sobre a sorte da heroica Olga e do precioso penhor que trazia em seu seio, podes bem imaginar a indescritível emoção que nos dominou e, ao mesmo tempo, a enorme alegria que encheu nossos corações ao termos conhecimento de feliz sucesso. À nossa heroica Olga, somente à sua calma e paciência com que soube suportar os terríveis sofrimentos morais por que passou, devemos tão feliz acontecimento. Junto vai a carta que dela recebi, respondendo às que lhe havia escrito em

janeiro último, e assim ficará a par de alguns detalhes sobre o nascimento de tua filhinha. Além dessa carta de 31 de janeiro, nenhuma outra recebi. Porém, tenho escrito três vezes por mês, como determina o regulamento da prisão onde se encontra. Por intermédio de amigos, já lhe enviei um pequeno auxílio pecuniário, agasalhos etc. Por esse lado podes ficar tranquilo, que não nos descuidaremos desses dois entes queridos e tudo envidaremos para que nada lhes falte. Estamos terminando um pequeno enxoval todo feito por nós (eu e Lígia) que muito breve enviaremos para nossa muito querida Anita. Já enviei à Olga as fotografias pedidas. [...] Bem, meu querido filho, vou terminar que esta já vai longa demais, porém antes quero lembrar-te que se puderes escrever a Olga, que se aflige sem notícias tuas, podes me enviar a carta que eu a transmitirei a ela. Tuas irmãs te abraçam e beijam-te com imenso carinho. Com um apertado e saudosíssimo abraço, envio os meus mais ardentes votos pela tua preciosa saúde. Tua extremosa mãe,

Leocádia Prestes

17. DONA LEOCÁDIA ENFRENTA A GESTAPO

A NOTÍCIA DE QUE ERA PAI, de que Olga estava viva, de que a mãe e as irmãs estavam bem, encheu de esperanças um Prestes às portas da condenação por um tribunal de exceção. Ele releu, dezenas de vezes, a carta da mulher e a da mãe no cubículo em que continuava preso. Quando Sobral Pinto informou-o de que tinha obtido autorização para que respondesse à correspondência de Olga, ele fez uma exigência. Sabendo que as cartas eram censuradas, primeiro pela polícia de Filinto Müller, no Brasil, depois pela Gestapo, em Berlim, pediu ao advogado que lhe comprasse uma gramática alemã e um dicionário de alemão. "Pelo menos os nazistas daqui terão que arranjar um tradutor para censurar minhas cartas", desafiou. Munido de apenas dois livros e valendo-se dos rudimentos que aprendera com Olga, passou a escrever em alemão à mulher. Semanas depois receberia a primeira resposta — um bilhetinho que, passando pelo crivo da polícia nazista, fora remetido à Cruz Vermelha, em Genebra, e depois às mãos de dona Leocádia, na França, que o enviara ao escritório de Sobral Pinto, no Rio de Janeiro, pousando finalmente na cela de Prestes:

Berlim, abril de 1937

Meu Carli:

Antes de tudo, quero falar da nossa menina, que já tem mais de quatro meses. Sua aparência física é uma mistura de nós dois. Tem os cabelos escuros, como os teus, a tua boca e as tuas mãos. Os olhos são grandes e azuis, mas não claros como os meus. Os dela têm um azul de violetas. Tudo isso cercado por uma tez muito suave, branca, e por bochechas cor-de-rosa, muito bonitas. Como eu gostaria que tu a conhecesses. Mas o mais bonito é o sorriso. Sorri tão bonito que nos leva a esquecer tudo o que há de ruim neste mundo. Imagino como tu brincarias com ela, puxando-lhe, tenho certeza, os cabelos alegremente arrepiados.

Nossa mãe mandou-me tua fotografia. É frequente eu passar horas, com a nossa pequena Anita Leocádia no colo, a olhar a foto, como se estivesse a teu lado. Já faz mais de um ano que estamos separados, mas acharei forças para esperar o dia feliz em que estaremos de novo juntos.

A tua,

Olga

Só dali a dois meses, em junho, Olga receberia novas notícias do marido, em carta de dona Leocádia. Novas e más: no dia 8 de maio Prestes fora condenado pelo Tribunal de Segurança Nacional a dezesseis anos e oito meses de prisão; Arthur Ewert, a treze anos. Como o juiz Barros Barreto impusesse tantas exigências para que os advogados dos presos entrassem no recinto do tribunal, Prestes pediu que Sobral Pinto se ausentasse e fez ele próprio sua defesa — um libelo dirigido muito mais à população do que ao corpo de jurados que estava ali com a incumbência prévia de condená-lo. Olga ficou sabendo que mesmo depois do julgamento o rigor da prisão permanecia. Objetos de uso pessoal que Sobral levava para ele na cadeia eram minuciosamente revistados. "Lenços são desfraldados contra a luz, o cós das cuecas é desdobrado de milímetro em milímetro para que pudessem os policiais ter a certeza de que nenhum bilhete, nenhuma serrinha de aço estivessem sendo remetidos pela mãe a Luís Carlos Prestes", denunciaria o incansável advogado. "Um sabonete foi partido ao meio, paus de chocolate miudamente quebrados, gravatas foram viradas do avesso e o forro de um terno de casimira quase que foi descosido." Olga soube também que dona Leocádia, preocupada com a ameaça de internamento de Anita num orfanato nazista, decidira retornar a Berlim para tentar a libertação das duas. A única notícia boa que chegaria a

Prestes nesses meses seria uma nova carta de sua mulher, que tivera que esperar não mais dez, mas trinta dias, depois do bilhetinho de abril, para voltar a lhe escrever:

12 de maio de 1937

Carlos:

Não encontro palavras para dizer-te quantas alegrias me produziram suas linhas de 16 de março. Querido: quero te falar da pequena. Sabes, minha própria vida está de certo modo refletida na desse pequeno ser. Diariamente há nela novas maravilhas para serem descobertas e a cada dia ela penetra mais firmemente no meu coração. É tão belo que a menina se alimente em mim, que eu possa dar-lhe o melhor da minha força vital, da força que eu possuo. Geralmente está deitada em sua caminha, com as pernas no ar, e às vezes pega os pezinhos com as mãos. Quando alguém se aproxima dela, terias que ver como se ilumina a sua carinha. O mais alegre são os seus olhos azuis, tão claros e brilhantes. É surpreendente quanta expressividade pode haver num ser tão pequenino. Alegria, aborrecimento, fome, cansaço, tudo se reflete em sua carinha. Por sua vez, ela sabe muito bem, quando me aproximo dela, se estou alegre ou se estou triste. Quando dou-lhe o peito, apenas a tomo nos braços e abre a boquinha, como um passarinho faminto. E quando já não pode mais, solta o peito, me sorri e volta a cabecinha para tomar o resto. Quando a coisa não vai bastante rápido se impacienta e começa a bater-me com a mãozinha. Ah, quanto eu gostaria que alguma vez ela pudesse arrancar uma mecha tua, como faz sempre comigo.

Bem, eu poderia contar-te muitas outras coisas. Por exemplo, que fizemos ginástica, cantamos, mas tudo isso deixarei para uma próxima carta. No pátio há uma árvore e ali aninhou-se uma família de passarinhos. Acabam de nascer os filhotinhos. Se pudesses vê-los... Eles vão, voltam, regressam com insetos e outros alimentos. Passo horas olhando-os e penso em nós. Ah, só os seres humanos são capazes de destruir uma família da forma que fizeram conosco.

Um mar imenso nos separa, e no entanto sinto que estamos muito próximos.

A tua,
Olga

Por volta de julho de 1937, a mãe de Prestes retornou à Alemanha, dessa vez acompanhada das advogadas britânicas May Miles e Kathleen Kimber. Diante do rigor da carceragem de Barnimstrasse, onde Olga nem sequer fora informada que a sogra estava no país, dirigiram-se à sede da Gestapo. Os homens do serviço secreto não aceitavam discutir a hipótese da libertação de Olga. Com relação ao destino a ser dado à menina, insistiam em que essa era uma questão a ser tratada apenas "com os parentes dela", condição que se recusavam a reconhecer em dona Leocádia, alegando não haver qualquer papel que comprovasse o casamento de Olga com Prestes. Sem certidão, o governo não reconhecia o casamento e, por consequência, o parentesco entre dona Leocádia e Olga ou Anita. Os oficiais da polícia secreta nazista afirmavam que só havia uma pessoa em condições legais de tratar dos interesses de Olga e de Anita Leocádia: era Eugénie Gutmann Benario, a mãe de Olga, pois o compassivo advogado Leo Benario falecera anos antes. E toda vez que se referiam a Eugénie, frisavam pausadamente:

— Esta sim é uma boa alemã.

Dona Leocádia não entendia: como é que uma judia poderia ser "uma boa alemã" aos olhos da Gestapo? Com essa dúvida na cabeça, decidiu partir para Munique. Era uma viagem longa e penosa para uma mulher de 63 anos como ela, mas foi assim mesmo. As companheiras ficaram sem saber se compensava fazer um esforço tão grande, diante da intransigência da polícia, mas ela insistiu:

— Se dona Eugénie é a única pessoa que pode fazer alguma coisa por minha nora e minha neta, eu vou.

Após uma noite inteira de viagem de trem, as quatro estavam na elegante casa da Karlplatz, na capital da Baviera. Quando um empregado introduziu-as à sala de visitas, dona Leocádia surpreendeu-se com o luxo dos móveis, tapetes e objetos de arte. A mãe de Olga apareceu, ouviu por alguns minutos o que a brasileira dizia e não permitiu sequer que terminasse de falar:

— Nesta casa não permito absolutamente que se trate desse assunto! Olga não é mais minha filha! Por favor, retirem-se daqui imediatamente!

Perplexa, dona Leocádia ainda insistiu que a vida de Olga e de Anita estava nas mãos de Eugénie. Apontou para uma fotografia de Olga adolescente, emoldurada num quadro, e tentou outra vez:

— Só a senhora pode salvar a vida de sua filha, dessa moça maravilhosa. Por favor, não faça isso!

Eugénie foi clara:

— Esta *era* minha filha. Nada tenho a ver com a comunista que você diz que está presa em Berlim!

Ao perceber que a brasileira não sairia dali tão facilmente, a dona da casa chamou o filho Otto, oito anos mais velho que Olga, explicou-lhe o que acontecia e pediu que ele convencesse aquelas pessoas a saírem.

Otto Benario foi seco. Disse que era advogado e exigia que as quatro deixassem sua casa imediatamente:

— Minha mãe já disse: nesta casa não se trata desse assunto. Portanto, retirem-se.

Dona Leocádia não viu outra alternativa senão partir, arrasada, para a França. Em Paris, ela e Lígia decidiram contratar um advogado para cuidar do aspecto judicial do caso. Acabaram por escolher François Drujon, um dos mais afamados juristas franceses. Nem sequer um liberal — ao contrário, suas ideias conservadoras eram bem conhecidas —, Drujon não apenas aceitou a causa como, emocionado com a campanha de dona Leocádia, nada cobrou por seus serviços. Sua primeira iniciativa foi viajar a Berlim, sozinho, para sondar a Gestapo sobre as possíveis soluções para o caso. Drujon pôde fazer o que nunca permitiram a dona Leocádia e Lígia: foi recebido pela oficialidade da polícia secreta e teve autorização para ver Anita na prisão. Não viu a mãe, mas chegou a estar por alguns minutos com a garotinha em seu berço, na hora em que os bebês das prisioneiras tomavam sol no pátio. Drujon recebeu do comando da Gestapo a promessa de que a menina seria entregue à avó paterna desde que apresentasse algum documento oficial, passado no Brasil, em que Prestes assumisse a paternidade da criança. Não seria necessária a certidão de casamento, mas apenas o atestado de paternidade, para que ficasse formalmente assentado o parentesco entre dona Leocádia e Anita. Quanto a Olga, os alemães não lhe deram qualquer esperança. Diziam apenas que "o caso dela é muito complicado". O absurdo jurídico utilizado até então permanecia de pé e era suficiente para mantê-la eternamente encarcerada, sem direito de se defender. Como não tivesse processo formal contra si, Olga estava sob uma espécie de prisão preventiva permanente. A notícia, levada à família de Prestes em Paris, aliviou um pouco a angústia da avó e da tia de Anita: se conseguissem de fato arrancar a menina das mãos da Gestapo, teriam meio caminho andado. Depois era reforçar a campanha e tentar alguma forma de expulsão ou banimento para a mãe. O próximo passo, portanto, era pedir ao advogado Sobral Pinto que pegasse a declaração com Prestes na cadeia; assim, a libertação de Anita estaria resolvida. Pelo menos era isso o que imaginavam Lígia e dona Leocádia. Mas a coisa não era tão simples como parecia.

Poucas semanas após o nascimento de Anita Leocádia, Olga tinha manifestado uma vez mais seu proverbial atrevimento, obtendo da Gestapo autorização para enviar um requerimento à embaixada do Brasil em Berlim, pedindo o registro da recém-nascida como cidadã brasileira. Como justificativa, invocava a paternidade de Luís Carlos Prestes e a sua própria condição de "brasileira":

Berlim, 9 de dezembro de 1936

À Embaixada do Brasil

Berlim

Na qualidade de cidadã da República Brasileira, solicito que seja feito o registro de Anita Leocádia Prestes, nascida em 27/11/36, em Berlim, filha do capitão Luís Carlos Prestes e de sua esposa Olga Benario Prestes.

Ao mesmo tempo desejo saber se me podem indicar o atual paradeiro de minha sogra, sra. Leocádia Prestes e, se possível, o seu endereço.

Peço que dirijam sua resposta à Geheime Staatspolizei [Gestapo], sob o nº 2428/36 — II 1 A 1, para O. Benario Prestes.

Com estima e consideração,

O. Benario Prestes

No dia em que Olga solicitou autorização para fazer o requerimento, a Gestapo antecipou-se a ela e pediu informações à embaixada brasileira em Berlim sobre a data exata da prisão, no Rio de Janeiro, de Olga e Prestes, e da separação de ambos, como meio de certificar-se da alegada paternidade de Anita. Embora os dois pedidos tivessem chegado quase simultaneamente à legação brasileira, o tratamento dado a cada um deles revelaria, outra vez, a subserviência do embaixador José Joaquim Moniz de Aragão aos comandantes da polícia secreta nazista. A solicitação da Gestapo foi retransmitida ao Brasil horas depois de ter dado entrada na embaixada, através de telegrama assinado pelo próprio embaixador:

Segunda-feira — 20h16 — A polícia daqui pede informações às autoridades brasileiras, urgentemente, sobre a data exata da prisão, aí, de Olga Benario e de Luís Carlos Prestes. Este pedido tem em vista estabelecer a paternidade da criança do sexo feminino, filha de Olga, nascida aqui em 27 de novembro findo, sendo indispensável indicar até que data Prestes e Olga poderiam ter tido relações. A criança está com sua mãe, presentemente, no hospital da prisão de mulheres, em Berlim. Pede, também, remeter fotografia e possíveis indicações sobre a mulher do presumido secretário Ewert, que fugiu no momento da prisão deste para, possivelmente, ser aqui identificada. Rogo responder com urgência.

Moniz de Aragão

Para agradar à Gestapo, o servil diplomata rogava urgência. Para Olga, ainda que das informações pedidas dependesse o destino de um bebê, enviou um vago e desinteressado ofício — duas semanas depois do requerimento:

À Geheime Staatspolizei [Gestapo]
Prinz-Albrechtstrasse 8
Berlim
Ref. 2428/36 — II 1 A 1
Para Olga Benario
O Departamento Consular da Embaixada do Brasil em Berlim comunica, em resposta à carta de 9 do corrente, que o requerimento para registrar sua filha foi encaminhado ao Ministério das Relações Exteriores, no Rio de Janeiro, que decidirá sobre o assunto. Logo que seja dada uma resposta, será a mesma levada ao seu conhecimento.
A sra. Leocádia Prestes não é aqui conhecida e assim não é possível ser comunicado o seu endereço.
Berlim, 21 de dezembro de 1936

Ao declarar, em 21 de dezembro, que o requerimento "foi enviado" ao Rio de Janeiro, a embaixada brasileira mentia. Só oito dias depois, a 29 de dezembro (três semanas após receber a solicitação de Olga), é que Moniz de Aragão remeteria ao Brasil, por carta (e não por telegrama, como fizera com o pedido da Gestapo), um ofício dirigido ao ministro interino das Relações Exteriores, Mário de Pimentel Brandão, tratando do assunto. O embaixador do Brasil na Alemanha, na realidade, parecia saber a quem servia. O tratamento dado pelo Itamaraty ao caso não diferiu muito da orientação seguida pela representação brasileira em Berlim; também através de telegrama, a Chancelaria responderia uma semana depois à solicitação feita pela Gestapo, informando:

1) Prestes e Olga foram presos a 5 de março e viveram juntos até aquela data;

2) A polícia identificou a mulher que conseguiu fugir no momento da prisão de Arthur Ewert como sendo a mesma Olga Benario.

A resposta ao requerimento de Olga Benario não seria expedida nem em uma semana, nem em um mês, nem em um ano. O Ministério das Relações Exteriores simplesmente ignorou aquele assunto.

O governo brasileiro de Getúlio Vargas como um todo, na realidade, não parecia satisfeito com as punições que impusera a Prestes e a sua mulher. O comportamento da maioria das autoridades dava mostras que se pretendia que as penas do casal se transmitissem por hereditariedade à filha de oito meses de idade. Quando Sobral Pinto tentou levar um tabelião até a cela de Prestes, para que este assinasse o atestado de paternidade exigido pela Gestapo, foi informado de que era necessária uma autorização especial do próprio ministro da Justiça. E o ministro, recém-nomeado para o cargo, era ninguém menos que José Carlos de Macedo Soares, o mesmo que ocupava o Ministério das Relações Exteriores quando da deportação de Olga. Macedo Soares indicara "para cuidar do assunto" sua chefe de gabinete, a consulesa Odette de Carvalho e Souza, uma carola fascinada pela extrema direita que se deliciava em publicar intermináveis e tediosos "estudos de problemas espirituais, políticos e sociais ligados ao bolchevismo" — entre os quais um alentado tratado sobre "A aliança entre os comunistas de 1935 e os cangaceiros do Nordeste". Valendo-se do poder que o cargo lhe conferia, dona Odette tentou, por todos os meios, impedir que o tabelião recebesse autorização para testemunhar a assinatura de Prestes no atestado de paternidade. Nem mesmo o empenho do advogado Carlos Lassance, recém-nomeado diretor da prisão, para que a autorização fosse dada e o documento assinado logo, conseguiu demovê-la da obstrução. O desespero de Olga, de dona Leocádia e Lígia, de Prestes e de Sobral Pinto aumentava a cada dia. De um momento para o outro a Gestapo poderia decretar que a amamentação havia chegado ao fim e simplesmente desaparecer com Anita Leocádia. Embora as gestões tivessem começado em julho, em meados de setembro Sobral Pinto escrevia a dona Leocádia sem uma solução para o problema.

Rio, 18 de setembro de 1937

Exma. Sra. Leocádia Prestes

Não é por descaso que não tenho escrito a V. Excia. — é por absoluta falta material de tempo. Para conseguir aumentar meus rendimentos de trabalho, venho sacrificando diariamente, nestas últimas semanas, duas horas do tempo que reservo, ordinariamente, para o sono. E para agoniar ainda mais a minha vida já tão sobrecarregada, fiquei hoje sem datilógrafa.

Perdemos, o dr. Lassance e eu, todo o dia de ontem no esforço, até agora vão, de levar um tabelião ao presídio onde está o filho de V. Excia., a fim de lavrar uma escritura pública de reconhecimento, por parte de Luís Carlos Prestes, de sua filha Anita Leocádia. Só encontramos má vontade e medo. Todos temem sofrer a campanha, que já está sendo feita contra mim, de serem proclamados delegados do Comintern, a soldo de Stálin. Certamente V. Excia. já se acha informada de mais esta perfídia inventada contra o modesto advogado, que, fiel discípulo de Jesus Cristo, tem sabido, até este instante, colocar os deveres de sua consciência religiosa acima de suas conveniências pessoais.

Na impossibilidade de enviar a V. Excia., pelo avião de amanhã, a escritura supramencionada, e que espero fazer pelo avião de quinta-feira, mando hoje os documentos oficiais que atestam nada ter ficado apurado aqui contra Olga Benario Prestes. Fiz traduzir tais documentos e legalizá-los no consulado alemão.

Transmito, Outrossim, a V. Excia., outra notícia triste: nada consegui no Supremo Tribunal Militar, que confirmou a sentença de 1ª Instância. Vou empreender novo esforço, interpondo o recurso de embargos. Seremos, desta vez, mais felizes?

Alguns partidários do filho de V. Excia. não se mostram satisfeitos com a minha atuação no processo. Querem me dar um ou mais assessores, que seriam constituídos por Luís Carlos Prestes. Na próxima carta, e quando dispuser novamente da minha datilógrafa, exporei minuciosamente a V. Excia. mais este episódio, que tanta mágoa me causou. Consolo-me, porém, com as declarações do filho de V. Excia. feitas de público, de que "estando cercado, na Polícia Especial, só de vermes, apareceu-lhe, afinal, um homem". Este homem fui eu. Mais adiante, na sua defesa oral, acrescentou: "O sr. Sobral Pinto exerce a advocacia como um sacerdócio". Que mais poderei eu ambicionar nesta causa, da parte deste meu cliente *ex-officio*? Da parte dos juízes e da administração quero muito mais ainda, pois, até agora, não me atenderam no que venho pleiteando: Justiça.

Não podendo prosseguir, por falta de tempo, envio a V. Excia. os protestos do meu mais alto apreço.

Sobral Pinto

A tortura duraria ainda mais alguns dias. E graças à persistência de Sobral Pinto, no dia 21 de setembro de 1937 o tabelião Luís Cavalcanti Filho por fim entrou na cela de Luís Carlos Prestes para que fosse lavrada a escritura mediante a qual o preso reconhecia como sua filha a menor Anita Leocádia. No mesmo dia Sobral Pinto despachava a certidão diretamente para a Gestapo, em Berlim. A consulesa Odette de Carvalho e Souza perdera a batalha por uma diferença de dias: em 30 de setembro seria tornado público um certo Plano Cohen, segundo o qual estaria sendo articulada uma nova revolução comunista no Brasil. O plano, cuja autoria o governo atribuiu ao Comintern, tinha sido, na realidade, inventado pelo capitão Olympio Mourão Filho, oficial integralista e futuro detonador do golpe militar de 1964, já como general. A farsa foi utilizada para um novo e dramático endurecimento político: na manhã de 1º de outubro, Getúlio Vargas — que desde 1934 era presidente constitucional, eleito pelo Congresso para um mandato que deveria durar até 1938 — decretou novo estado de guerra. E no dia 10 de novembro o Brasil entraria no Estado Novo, que instituiria formalmente a ditadura getulista. Se dona Odette tivesse conseguido impedir por mais alguns dias a lavratura do atestado, o cuidadoso plano de dona Leocádia certamente teria naufragado. Até porque uma das primeiras vítimas da prorrogação do estado de guerra viria a ser o próprio diretor do presídio, Carlos Lassance, que logo no dia 1º de outubro passava da condição de carcereiro à de encarcerado da Casa de Detenção.

O documento chegara à Gestapo, mas ainda restavam alguns meses de sofrimento para dona Leocádia Prestes. Um advogado alemão, social-democrata e amigo do francês Drujon, prontificou-se a servir de intermediário entre a família Prestes, em Paris, e a polícia secreta nazista, em Berlim — o que facilitava muito a vida de Lígia e dona Leocádia, sem condições materiais de viajar a Berlim toda semana. As autoridades alemãs protelaram durante três meses a libertação da menina até que, em meados de janeiro, o advogado Drujon recebeu de seu colega alemão uma informação definitiva: a tia e a avó tinham prazo até o fim do mês para buscar Anita Leocádia, pois o leite da mãe chegara ao fim. Caso contrário, a garota seria entregue a um orfanato nazista. As demais proibições, entretanto, continuavam de pé: só seria libertada a criança, a mãe nem sequer poderia ser visitada. A notícia provocou um choque em Lígia e dona

Leocádia, porque nenhuma das duas podia conceber a ideia de receber Anita sem Olga. Mas não havia outra alternativa: ou deveriam arriscar e deixar a criança por mais tempo nas mãos dos nazistas?

No dia 21 de janeiro de 1938, acompanhadas por Drujon, Lígia e dona Leocádia entraram no presídio feminino de Barnimstrasse, em Berlim. Sem qualquer formalidade, um médico pediu-lhes que assinassem um recibo ao pé de um atestado de saúde que ele redigira e onde as duas puderam, pela primeira vez, ver duas fotografias da menina, grampeadas no papel:

> Atestado médico de prisão
>
> A filha Anita, de O. Benario Prestes, foi hoje, outra vez, cuidadosamente examinada por mim. Trata-se de uma menina de quase catorze meses de idade, que apresenta um desenvolvimento físico excepcionalmente bom. Tem 78 centímetros de altura e pesa 11,9 kg. Anda desde o décimo terceiro mês. Tem todos os incisivos, os superiores e os inferiores. As mucosas apresentam uma coloração rosada. Os órgãos internos e as funções corporais estão completamente normais.
>
> Berlim, 19 de janeiro de 1938

A enfermeira-chefe da prisão entregou-lhes, então, a menina. Anita estava vestida com um capotinho branco de lã, uma das únicas peças de roupa que restavam da produção de Carmen Ghioldi, ainda no presídio brasileiro. Lígia e dona Leocádia, auxiliadas pelo advogado parisiense, pediram encarecidamente para ver Olga, mas os oficiais da Gestapo foram irredutíveis. O máximo que permitiram foi que dona Leocádia escrevesse um rápido bilhete para a nora que, evidentemente, foi atirado à cesta de lixo assim que os quatro cruzaram a porta de saída. Quando entravam no táxi parado à porta do presídio, os três adultos puderam perceber que Anita tinha se tornado uma prisioneira popular em Barnimstrasse. Das janelas do prédio, dezenas de funcionários acenavam e se despediam da menina:

— *Auf Wiedersehen, Anita! Auf Wiedersehen!*

A emoção de resgatar a garotinha e o medo de que pudessem criar novos problemas para a saída deles do país se confundiram na cabeça de Lígia e dona Leocádia. Trêmulas, recusaram o convite de Drujon para que todos fossem comemorar a libertação de Anita: da porta da prisão seguiram direto para a estação de trens de Berlim.

18. COM SABO, NA FORTALEZA NAZI

OLGA BRINCAVA DE ESCONDE-ESCONDE com Anita sob os lençóis da cama quando a carcereira abriu a porta da cela, acompanhada de três guardas armados. A policial não fez rodeios:

— Vista a garota com um agasalho grosso e entregue as roupas dela aos policiais. Viemos buscá-la.

De um salto, Olga atirou-se sobre a filha, prendeu-a com as mãos contra o próprio peito e buscou com os olhos, em vão, um lugar onde pudesse proteger-se. Correu para um canto da cela, comprimindo a criança contra a parede. Assustada, Anita começou a chorar alto. Tomada de desespero, Olga gritava:

— Jamais! Vocês não podem fazer isto! O que vocês querem fazer é um crime inominável! Saiam já daqui! Só se me matarem levarão minha filha!

Indiferente, a carcereira dava ordens aos guardas:

— Recolham as roupas da criança. Vamos tirá-la daqui imediatamente. Se precisar, podem usar a força.

Ao berreiro da criança juntou-se o choro da mãe, acocorada sobre a filha no canto do cubículo:

— Um crime! Vocês estão cometendo um crime contra um bebê inocente! Não! Vocês não podem separá-la de mim! Minha filha não tem culpa de nada e não pode ser punida! Não façam isso!

A policial ordenou que os guardas tomassem Anita dos braços da mãe:

— Levem a criança daqui. Essa idiota está encenando. Há um ano ela já sabia: quando a amamentação chegasse ao fim, a menina seria transferida para um orfanato.

Dois guardas agarraram violentamente os braços de Olga por trás, imobilizando-a, enquanto o terceiro recolhia Anita, que berrava cada vez mais alto. Olga tentava resistir e livrar-se dos homens chutando-lhes as pernas e ameaçando morder-lhes as mãos. Um deles aplicou-lhe um soco na cabeça, por trás, e atirou-a sobre a cama. O grupo saiu apressado, trancou a porta e enveredou pelo corredor com a menina nos braços de um dos policiais. Os gritos de Olga, pendurada à porta de madeira, ressoavam pelas galerias do presídio:

— Assassinos! Cães nazistas! Monstros! Minha filha, minha filhinha! Hitler vai matar minha filhinha de um ano! Assassinos! Assassinos!

Olga Benario esmurrou a porta, gritou e xingou por muito tempo. Quando de sua garganta não saía mais voz alguma, mas apenas um chiado rouco, desabou no chão de cimento e ali ficou, imóvel, com os olhos arregalados, como em transe. E só no fim da madrugada recobrou a consciência da tragédia que acabara de viver. Ela despertara com o corpo dolorido, como se tivesse sido surrada com porretes. Arrastou-se até a cama, deitou de costas e permaneceu de olhos abertos até que a claridade do dia se infiltrasse pela janela gradeada da cela.

Ela ainda passaria algumas semanas em Berlim. A comida que as carcereiras traziam uma vez por dia voltava intacta no dia seguinte. Por três vezes foi levada, nesse período, à sede da Gestapo, na rua Prinz Albrecht, para interrogatórios. Os policiais não lhe perguntavam mais sobre Neukölln nem sobre a ação que arrancara Otto Braun da cadeia. A fuzilaria de perguntas mirava a imaginária "conexão judaico-soviética" que pretendia enfraquecer o Reich, a origem dos fundos que financiaram a frustrada revolução no Brasil, as supostas ligações entre o Iwria Bank e a "corja de judeus comunistas que corria o mundo pregando a revolução". Mas Olga não lhes ofereceu uma sílaba de informação que pudesse ajudar a decifrar aquela diabólica conjura contra Hitler.

Na cela, Olga ia aos poucos se recuperando. Voltou a comer e a arranjar atividade para evitar que fosse tomada pela loucura.

Com o passar dos dias convenceu-se de que não poderia se debilitar física ou emocionalmente. "Não posso desistir", repetia para si mesma dezenas de vezes, caminhando pela cela. "Ainda tenho que ajudar a libertar meu país, minha filha e meu marido. Não posso desistir." Mantida separada das outras presas, como punição pelo "escândalo histérico" do dia em que levaram Anita, Olga esculpiu em miolo de pão um minúsculo jogo de xadrez. As pedras pretas eram identificadas pela cor do centeio e as brancas foram marcadas com uma pitada de pasta de dentes no alto. Um estranho que ali chegasse não saberia distinguir entre um peão e um rei, uma torre e um cavalo, mas ela conseguia passar horas e horas tentando aplicar xeques-mates em si mesma. O "tabuleiro" eram alguns riscos feitos no chão de cimento com a asa de uma caneca, e as casas pretas tinham sido pintadas com cascas de laranja.

Durante aproximadamente um mês ela conviveu sozinha com essa requintada forma de tortura — a certeza martirizante e brutal de que Anita estava em uma creche nazista, se é que ainda estivesse viva. Esse inferno pelo menos teve fim quando Olga recebeu uma carta da sogra, escrita de Paris. Anita estava viva e a salvo, com dona Leocádia! O curto bilhete da mãe de Prestes fez Olga ressuscitar. Ela reanimou-se, voltou a fazer ginástica, a sonhar com a liberdade. No dia em que lhe deram autorização para voltar a escrever cartas, redigiu um pequeno bilhete a dona Leocádia e à filha. Lembrando de seus dias de agitação política em Paris, sugeriu à sogra que levasse Anita para passear nos lugares onde tinha estado.

> [...] Acho bom que façam um passeio ao Jardim Botânico, que é bonito em todas as estações do ano. A viagem até lá é algo demorada, mas muito interessante, de modo que vale a pena gastar 25 *pfennigs* na passagem, sobretudo se conseguirem um bom assento. Quando, há alguns anos, visitei pela primeira vez esse lindo lugar, gostei muito da disposição das numerosas espécies de plantas. As estufas onde estão alojadas as plantas tropicais e semitropicais sempre foram uma grande atração. Dificilmente, no entanto,

aguenta-se por muito tempo o calor úmido e sufocante lá de dentro. E se vocês quiserem conhecer uma maravilha, visitem a planta aquática chamada vitória-régia [...]

Como o número de linhas escritas era racionado pela direção do presídio, ela economizou palavras para escrever uma carta mais longa ao marido, no Brasil — a primeira desde a separação da filha.

Berlim, fevereiro de 1938

Carlos:

Posso dizer-lhe que, junto com o 5 de março de 1936, o 21 de janeiro de 1938 foi o dia mais negro da minha vida. Frente a tais acontecimentos, fica-se diante da alternativa de sucumbir ou tornar-se mais dura. E você sabe que, para mim, só existe a segunda alternativa. Para isto, felizmente, ajuda-me bastante o fato de que sou capaz de distinguir entre a insignificância das questões pessoais e os acontecimentos históricos mundiais do nosso tempo. Mas no meio de tudo isso há algo bom: todo o meu amor e o meu carinho não poderiam substituir, para a pequena, o que ela precisa da vida. Lígia escreveu-me contando que Anita brinca com a bolsa dela, com a caixa de pó de arroz, o telefone e a maçaneta da porta, que anda pela casa, que tomou café da manhã no vagão-restaurante de um trem. Tudo isso soa para mim como um conto de fadas de antigamente...

Pedi a Lígia que fotografasse um sorriso de Anita para você — o que se diz é que o sorriso dela encanta as pessoas. E é esse doce sorriso da nossa pequena que encerra um sopro de felicidade para seus pais.

A tua,

Olga

Nem mesmo Olga havia sido informada de que seria transferida do presídio feminino de Barnimstrasse e a notícia da mudança já havia chegado ao seu novo endereço: o campo de concentração de Lichtenburg, situado nas imediações da cidade de Prettin, cem quilômetros ao sul de Berlim, a meio caminho da Tchecoslováquia. A portadora da novidade tinha sido Elise Ewert, que passara três meses presa em Barnimstrasse e ali ouvira que sua companheira de desventura no Brasil seria, como ela, enviada para Lichtenburg. A notícia logo correu as celas do campo de concentração de mulheres. A libertação de Otto Braun, a militância em Moscou, a frustrada revolução no Brasil e a separação da filha tinham feito de Olga Benario Prestes uma heroína. Não havia presídio ou movimento de resistência, na Alemanha, ou movimento antifascista em outros países da Europa, que não conhecesse a sua saga em detalhes — e para receber prisioneira tão famosa as mulheres de Lichtenburg decidiram organizar uma festa clandestina. Acumularam às escondidas, dias a fio, o que havia de melhor nos pacotes de alimentos que os parentes das detentas traziam de fora, para comemorar o dia de sua chegada. "Temos que dar a Olga um pouco de alegria e satisfação quando vier para cá", dizia Charlotte Henschel, uma das organizadoras da recepção.

A festa, no entanto, não iria acontecer. Nos primeiros dias de março, Olga foi retirada de Barnimstrasse e colocada num carro de presos da polícia secreta, sem saber para onde estava sendo levada. Na sua ficha de transporte, além do nome, filiação e data de nascimento, ia datilografada a recomendação: "Comunista. Prisioneira de alta periculosidade, detida à disposição do comando da Gestapo". No alto, escrita à mão com lápis vermelho, a advertência indispensável: *judin*. Além de comunista perigosa, judia. Quatro horas depois de deixar Berlim, ela era desembarcada sob forte vigilância diante das muralhas da fortaleza de Lichtenburg, um conjunto monumental construído pelas tropas de Napoleão às margens do rio Elba. A aparência do lugar era assustadora: o enorme portão principal, em forma de arco, era emoldurado por leões rompantes em alto-relevo. Sob as janelas fechadas por grades, garras de ferro pontiagudo saíam dos tijolos como uma advertência permanente aos que se aventurassem a fugir dali. Em cima dos muros, rolos de arame farpado eletrificado.

Conduzida por corredores de chão de pedra e teto baixo e abobadado, Olga tinha a impressão de estar sendo introduzida numa catacumba. A cada dez passos um novo portão de ferro era aberto à sua passagem e ruidosamente fechado em seguida, até que chegaram a um túnel longo e escuro, com duas dúzias de portas simetricamente distribuídas por ambos os lados. Pararam diante de uma das portas de madeira maciça, sem janelas. Um soldado ordenou:

— Entre.

Era uma solitária de três metros de comprimento por um e meio de largura, protegida por porta dupla, a externa de madeira e a interna de ferro. Lá dentro, quase nada: uma pequena janela, a dois metros de altura, dava para um estreito corredor lateral, de onde vinha uma pálida claridade. Uma grade de ferro quadriculado cobria a abertura em toda a extensão. A cama era um bloco de cimento de meio metro de altura. Um palmo abaixo da janela havia um buraco retangular na parede, como se tivesse faltado um tijolo à construção. Por ali Olga receberia a ração diária de água e comida. No chão, um buraco com as bordas cimentadas servia de latrina. Sobre a cama, duas mantas de tecido leve completavam as acomodações de que ela disporia a partir de então.

Sem pronunciar uma só palavra, os soldados trancaram as duas portas e se retiraram. Olga passou a primeira meia hora vistoriando calmamente o cômodo e escolhendo o lugar onde iria desenhar seu tabuleiro de xadrez. Concluiu que o ideal seria a cama, para não ter que passar o dia com as costas curvadas no chão. Com a fivela da sandália passou a riscar os 64 quadrinhos na laje de cimento sob as mantas. Sem cascas de laranja para escurecer as casas pretas, marcou a diferença com um xis sobre elas e retirou cuidadosamente da sacola que levara consigo as minúsculas peças moldadas em miolo de pão. Os primeiros dias na solitária foram terríveis: ela não sabia se poderia continuar a corresponder-se com o marido e a sogra e não tinha a menor ideia de que tipo de prisão era Lichtenburg — um campo de concentração de judias, um presídio político ou uma penitenciária de delinquentes comuns? Para atenuar o desespero e a saudade da filha e do marido, fazia ginástica e jogava xadrez, uma partida após a outra. E para que o isolamento absoluto não a fizesse perder a noção do tempo, Olga assinalava todos os dias, ao acordar, uma pequenina marca na parede, com a fivela da sandália, indicando mais um dia.

Após o sexto dia na solitária ela recebeu uma surpreendente visita. No meio da manhã, à hora em que normalmente entregavam a ração de sopa e o pedaço de pão, as portas da cela foram silenciosamente abertas e Olga viu entrar sorrateiramente, para seu espanto, uma velha amiga de Neukölln, Gertrud Früschulz, que ela não via desde 1928. A porta foi trancada por fora e Gertrud explicou à companheira a razão de tão inusitado encontro. A comida vinda de fora para a "festa" de recepção que pretendiam organizar fora utilizada no suborno de uma das carcereiras, em troca de permitir a entrada clandestina de uma prisioneira na solitária. Por se conhecerem, Gertrud fora escolhida para passar alguns minutos ali, trazendo-lhe informações sobre a prisão. Embora fosse impossível ouvir dos corredores qualquer ruído produzido dentro da cela, o medo de ser apanhada obrigava a visitante a sussurrar no ouvido de Olga. Além da visita, ela trazia parte dos presentes reservados para a festa: torradas, um pedaço de queijo, um pouco de geleia e duas barras de chocolate. E uma folha de papel com dezenas de minúsculos bilhetes escritos por várias prisioneiras. Olga queria informações sobre a Alemanha e o que ouviu não foi muito animador: Hitler avançava cada vez mais as fronteiras do Reich e, internamente, a polícia caçava judeus e comunistas sem parar. Alarmada, Gertrud temia que a indiferença dos governos da França e da Inglaterra com o fenômeno nazista acabaria por transformar aqueles dois países em presas fáceis do apetite de Adolf Hitler. Uma notícia deixou Olga em pânico: o apoio da maioria do povo alemão ao Führer, no poder desde 1933, era indiscutível. Seus comícios atraíam multidões nunca vistas às praças públicas. Gertrud falou-lhe também da fortaleza de Lichtenburg: ali estavam mais de quinhentas mulheres, indistintamente judias, comunistas e social-democratas. Sua amiga Elise Ewert também estava ali — passara algumas semanas na solitária e agora trabalhava como empilhadora de carvão no fogão do refeitório central.

Olga contou que sua filha Anita havia sido recuperada pela avó paterna e estava em segurança com dona Leocádia, em Paris. Resumiu os interrogatórios a que fora submetida em Berlim, falou sobre a situação de Prestes e Ewert no Brasil, reclamou que só recebia comida quente a cada três dias e que desde que chegara à fortaleza ainda não pudera ver a luz do sol. No meio do cochicho, Olga assustou-se ao ouvir três batidas na porta da cela. A amiga tranquilizou-a:

— É a maldita carcereira avisando que acabou nosso tempo. Tenho que sair.

— Obrigada pela visita e pelos presentes. Diga às companheiras para não se preocuparem: agora que minha filha está salva, está tudo bem comigo. Ainda posso aguentar muito tempo aqui.

A porta foi aberta e, tão silenciosamente quanto entrou, Gertrud Früschulz sumiu no corredor escuro. Embora morta de fome, Olga estava mais interessada nos bilhetes vindos de fora do que nos chocolates e na geleia. Havia quase vinte caligrafias diferentes enchendo a folha de papel em toda a extensão. Nas mensagens não havia nada de muito especial, além de saudações, palavras de estímulo e conforto. O que preocupou Olga, porém, foram as assinaturas, que davam uma medida cabal da devastação que a polícia nazista promovera entre as forças de esquerda do país. Ela conhecia a maioria das mulheres que subscreviam os bilhetes — e eram *todas* militantes destacadas do movimento popular em Berlim ou em outras cidades alemãs e muitas delas tinham sido suas companheiras de agitação e propaganda na década anterior, em Neukölln. Chocada com a dura constatação, Olga perdeu o apetite e simplesmente deixou num canto do cubículo o embrulho feito às pressas com papel celofane.

As duas semanas seguintes Olga passou-as sem receber qualquer notícia de fora da solitária. Diariamente ela aguardava, ansiosa, a hora da ração, torcendo para que Gertrud voltasse, mas logo perdia a esperança de rever a amiga tão cedo. Passava os dias jogando xadrez, fazendo ginástica ou simplesmente caminhando pela cela. Andar e fazer ginástica, além de manter o corpo em movimento, diminuía o risco de apanhar um reumatismo naquele lugar gelado, servia para aumentar o cansaço físico e, com isso, ter sono mais cedo. O sono passou a ser o grande alívio para ela até que, nos primeiros dias de abril, decidiram libertá-la da solitária e permitir que ficasse junto com as outras prisioneiras, em celas coletivas. Olga saiu do cubículo assim como entrou: sem qualquer explicação sobre por que tinha sido punida com o isolamento. Seu primeiro desejo foi rever Sabo. No pátio da fortaleza, onde as presas se encontravam todas as manhãs para ouvir um intragável sermão político do diretor da prisão, foi recebida pelas companheiras com as festas permitidas pelas circunstâncias. Todas queriam vê-la, abraçá-la, ouvir detalhes sobre a revolução frustrada do Brasil e sobre sua filhinha. Quando disse que queria ver a amiga Elise, a pessoa que lhe trouxeram tinha pouco a ver com a Sabo do passado: tuberculosa, pesava menos de quarenta quilos e tinha um olhar opaco, distante, doentio. A moléstia não a poupara dos trabalhos forçados, e a delicada mulher de Arthur Ewert tinha nas mãos finas e frágeis de outrora uma crosta de pele grossa, gretada pelo frio.

A tristeza de ver a amiga naquele estado só se dissipou na hora do almoço, quando foi chamada à sala do comando da prisão para receber um pequeno envelope contendo duas cartas da sogra e uma de Luís Carlos Prestes. A do marido era curta e trazia trechos de dois poemas brasileiros, para que ela matasse as saudades do Brasil. As de dona Leocádia, entretanto, revelavam que ela agora estava ainda mais longe da filha. Preocupadas com o avanço do nazismo, após a anexação da Áustria e da região dos Sudetos da Tchecoslováquia por Hitler (ocorrida durante o confinamento de Olga), dona Leocádia e Lígia tinham sido aconselhadas a deixar a Europa e decidiram mudar-se com Anita para o México. Visadas pela direita de todos os países por onde haviam passado, durante a campanha pela libertação de Olga e Anita, a mãe e a irmã de Prestes temiam ser apanhadas na Europa pela guerra que parecia inevitável. Junto com as cartas ela recebeu autorização para respondê-las. Escreveu uma para a sogra e um pequeno bilhete para o marido.

Prettin, abril de 1938

Querido Carlos:

[...] Quero confessar-lhe que me custa muito, um grande esforço, pensar menos em nossa pequena filha — este é, porém, o único caminho para suportar a minha dor. A saudade é tão grande que chego a ficar com raiva dos meus próprios braços que a transportaram e de minhas mãos, que a afagaram.

Que maravilhosas são as duas poesias que você me mandou e o que você, com elas, deseja dizer-me. Sou muito feliz por saber que os melhores sentimentos humanos são iguais em todos os povos da terra, e que esses povos só os expressam de forma diferente por causa de suas culturas e de suas características próprias.

Traduzi as duas poesias para o alemão. A poesia "As velhas árvores" enquadra-se perfeitamente em muitos dos pensamentos que tenho tido nos últimos meses. Alcança-se uma grande maturidade íntima, que permite dizer: "Desejamos envelhecer sorrindo, como envelhecem as árvores fortes"...

A tua,

Olga

Durante o ano e pouco que passou em Lichtenburg ela seria levada meia dúzia de vezes a Berlim, para novos interrogatórios. Cada vez que a Gestapo precisava conferir informações sobre a ação do Comintern na América, Olga era transportada ao casarão da rua Prinz Albrecht. Como não soubesse ou não pretendesse dizer absolutamente nada a seus algozes, as torturas eram frequentes. Mas nem os pontapés, açoites ou ameaças de fuzilamento produziam o efeito esperado. Além do silêncio, os policiais da Gestapo irritavam-se com o permanente ar de superioridade que Olga mantinha durante os interrogatórios. "Vaca judia" era o tratamento mais brando que lhe dedicavam. Embora o extermínio em massa ainda não tivesse começado, o antissemitismo era política oficial no país e as prisões e perseguições de judeus aumentavam a cada dia. As proibições de casamentos inter-raciais estavam em vigor havia três anos, e nenhum judeu podia ocupar cargos públicos ou dar aulas em escolas de qualquer grau, entre outras coisas. Se judeus eram as vítimas preferenciais do nazismo, muito pior era alguém ser, na Alemanha de Hitler, além de judeu, comunista. Olga acumulava os dois delitos e somava a eles o fato de ser mulher, condição de que se orgulhava pública e permanentemente.

No segundo semestre de 1938, depois de passar três meses sem nenhuma notícia de Prestes ou da filha, Olga chegou a temer que algo de ruim pudesse ter-lhes ocorrido. Ela sabia que o Brasil continuava sob estado de guerra e que naquelas circunstâncias não seria difícil a Filinto Müller concretizar o frustrado plano de matar Prestes. Seus receios se dissiparam em meados de setembro, ao receber um pacote de quatro cartas do marido e uma da sogra, que a direção da fortaleza, por pura crueldade, tinha deixado jogadas num arquivo. Dona Leocádia, além de novidades, mandara um verdadeiro tesouro — o que talvez explicasse a decisão dos guardas de reter a carta: uma fotografia de Anita, sorridente, com um enorme laçarote de fita na cabeça. Olga responderia ao marido no mesmo dia.

Prettin, 15/9/38

Meu querido Carlos:

Finalmente recebi tuas queridas linhas de 30 de maio, de 14 e 27 de junho e de 27 de julho, além de uma carta de 31 de agosto da nossa mamãe. Pouco a pouco começo a reviver, após a pressão que pesava sobre mim pela falta de notícias durante os últimos três meses. E que força e que calor exalam tuas cartas! Certamente o fato de existirmos e estarmos unidos é para nós uma fonte inexaurível de força e de esperança, todos os dias. E, assim, algumas poucas linhas acabam significando muito e removem um pouco da blindagem com que o instinto de conservação envolve o coração.

Mamãe escreveu contando que você falou com o doutor Sobral Pinto. Fico feliz por isto e por saber que você está com boa saúde, mas o que me deixou realmente feliz é que você mostrou a ele a foto de Anita.

Muitas vezes, aqui, penso em seu desejo de viver de novo na mata virgem. Devo dizer-lhe que os anos me ensinaram que não há nada impossível, e acho que continuarei assim por muito tempo. São fatos, e estamos acostumados a contar com eles e conviver com eles. Você escreveu-me também sobre o *enfant gâté*. Olhe, que bom que eu nunca mudei tanto quanto você pretendia, pois de outro modo tudo teria sido muito mais difícil para mim. As observações sobre suas leituras deixaram-me muito feliz, mas não posso entrar mais nesse assunto para evitar que esta carta acabe sendo retida por exceder o número permitido de linhas. Quanto à minha saúde, não estou mal. De resto, tenho estudado bastante francês e inglês com uma ótima parceira.

No dia 2 de setembro permitiram-me, finalmente, mandar para a nossa mamãe uma gravata que fiz para você. Espero que você a receba, pois ela poderá te contar de todo o amor que não quero e não posso expressar nestas cartas. Por fim, confesso-lhe que, como você, afixei a sua fotografia e a de Anita na minha porta — e fico muito tempo contemplando-as. Mas ter só isso, e por tanto tempo, é muito pouco.

Meu querido Karli, eu te beijo com todo amor.

A tua,

Olga

Os meses em Lichtenburg foram passados intermitentemente entre jornadas de trabalhos forçados e recolhimentos à solitária. A insistência de Olga em organizar politicamente as prisioneiras levou a carceragem a mudá-la constantemente de cela, transferindo-a de um pavilhão para outro. Mal ela completava algumas semanas no alojamento das "judias indesejáveis" — ladras, mendigas e prostitutas —, era levada para o das "judias burguesas", como eram tratadas pelos policiais as mulheres de comerciantes e pequenos empresários judeus cujos bens tinham sido confiscados pelo Reich por infringirem as leis raciais. Mas, no pavilhão em que se concentravam as prisioneiras políticas, indistintamente judias ou não judias, Olga nunca teve oportunidade de passar um dia sequer. De certa feita, quando tomou coragem e pediu que a transferissem para lá, recebeu como resposta uma gargalhada da chefe de carceragem de plantão:

— Você está aqui para ser punida, e não para ser premiada!

O inverno em Lichtenburg era uma punição a mais. Situada às margens do rio Elba, poucos quilômetros antes da cidade de Torgau, numa região de topografia baixa e plana, a fortaleza teve seus porões invadidos pelas águas geladas do rio e o número de casos de pneumonia e tuberculose multiplicou-se. A saúde de Elise piorava, mas os guardas, sabendo da antiga amizade entre as duas, insistiam em mantê-las separadas, de modo a que Olga passasse meses sem ver a amiga. E foi poucas semanas após o fim desse inverno de 1938 que novas prisioneiras trouxeram a terrível notícia: Hitler havia ocupado a Tchecoslováquia. Cada nova investida das tropas nazistas deixava um previsível rastro de violência e perseguição contra judeus, comunistas, socialistas e social-democratas, superlotando as prisões e os campos de concentração. A fortaleza de Lichtenburg, que tinha capacidade para no máximo mil pessoas, estava ocupada por quase 4 mil prisioneiras. Nessa época surgiram as primeiras informações entre as presas, trazidas pelas que vinham de fora, de que parte da população carcerária seria transferida para 250 quilômetros ao norte. Nas imediações da cidadezinha de Fürstenberg, à beira do lago Schwedt, o Reich estava terminando a construção de um campo de concentração feminino em Ravensbrück. As dimensões do novo campo davam a medida aterradora dos planos repressivos de Hitler: lá haveria acomodações para 45 mil mulheres.

19. ESCRAVIDÃO EM RAVENSBRÜCK

O COMBOIO DE QUINZE ÔNIBUS pintados de azul-marinho, com as janelas protegidas por grades de ferro, saiu de Lichtenburg depois da distribuição da ração noturna e só chegou a Ravensbrück na manhã seguinte. Guardada por carros de combate e caminhões militares, a caravana atravessou metade do território alemão, rumo ao norte, rodeou Berlim e seguiu em frente sem nenhuma parada. Sentadas nos bancos de madeira, carregando pequenas trouxas de pano em que levavam seus parcos pertences pessoais, iam junto com Olga Benario outras 859 prisioneiras alemãs e sete austríacas. Dias depois, os lugares que haviam deixado em Lichtenburg seriam ocupados pelas tchecas aprisionadas após a invasão nazista. O barulho dos veículos despertou a população de Fürstenberg, pequenina e pacata cidade do século XVI, seguiu mais alguns quilômetros, contornou o lago Schwedt por uma estrada de terra e chegou ao novo campo de concentração de mulheres.

Desde 1936, como parte dos projetos de preparação para a guerra, os nazistas haviam decidido mudar o sistema penitenciário do país. O governo fechara os campos de prisioneiros existentes — mantendo em funcionamento apenas o de Dachau, perto de Munique, e o de Lichtenburg —, e iniciou a construção dos novos *Konzentrationslager*, os campos de concentração para judeus, inimigos políticos e outros "indesejáveis" do regime. Os KZ, como eram chamados, foram construídos segundo concepções mais "modernas", onde os presos pudessem ser utilizados de forma produtiva para a economia do Reich. Assim, surgiram primeiro os campos de concentração de Sachsenhausen, em agosto de 1936; Buchenwald, em julho de 1937; Flossenburg, em maio de 1938; e Neuengamme, construído nas imediações de Hamburgo em dezembro de 1938. Nessa época, poucas semanas após o paroxismo de violência antissemita que ficou conhecido como a Noite dos Cristais, o número de judeus e comunistas presos na Alemanha subiu para 60 mil. A construção do campo de Ravensbrück fora iniciada alguns meses antes, em fins de 1938, por quinhentos prisioneiros, homens e mulheres, vindos do campo de Sachsenhausen. Utilizando uma espécie de projeto padrão adotado inicialmente na construção de Buchenwald, os presos trabalharam ali até abril de 1939, quando dois comboios chegaram para ocupar o campo: o primeiro veio de Burgenland, na Áustria, trazendo quase mil mulheres judias, ciganas e membros da seita Testemunhas de Jeová. O segundo vinha do campo de mulheres de Lichtenburg.

Depois de passar um ano num lugar de aspecto tão aterrador como a fortaleza de Lichtenburg, Olga surpreendeu-se, ao descer do ônibus, com a aparência bucólica de Ravensbrück. A entrada do campo ficava espremida entre um bosque de choupos e uma ponta do lago Schwedt que parecia querer invadir a área construída. À esquerda, sobre uma elevação do terreno, ficavam as casas e os alojamentos, feitos de alvenaria, destinados ao comandante do campo, ao chefe de segurança, ao chefe de administração, aos oficiais da Gestapo, aos médicos e às enfermeiras da SS e, enfileirados lado a lado, os seis blocos onde se encontrava acantonado um batalhão de seiscentos soldados da SS, divididos em quatro companhias de combate e dezesseis pelotões de choque. Do mesmo lado, pouco depois dos alojamentos da tropa, havia doze barracões para o arsenal e o almoxarifado dos soldados. Quinhentos metros além, à direita da entrada, na parte plana do terreno, estava o campo de concentração propriamente dito: sessenta enormes pavilhões de madeira construídos simetricamente um ao lado do outro e, ao fundo, cinco barracões menores, também de madeira, onde ficariam os prisioneiros do sexo masculino que eventualmente passassem por Ravensbrück. Mais à direita do campo, protegidos pelo lago e sob um pequeno arvoredo, vinte barracões de alvenaria onde as indústrias Siemens começavam a assentar as máquinas de uma de suas unidades industriais para nelas utilizar o trabalho das prisioneiras na produção de bens destinados ao esforço de guerra nazista. O campo terminava, ao fundo, em treze blocos de madeira destinados às crianças presas pela polícia nazista. No caminho entre o portão principal e os pavilhões de mulheres estava o *bunker*, a única edificação de dois pavimentos, construída em alvenaria, onde ficavam as celas-fortes e as solitárias.

Do lugar onde estava ao chegar, Olga podia ver, além da curva do lago e acima da copa das árvores que circundavam os prédios da Siemens, as pontas dos telhados e as chaminés das casas da aldeia de Ravensbrück, na qual viviam pouco mais de cinquenta famílias. Em volta de toda a extensão do campo, das margens do lago às árvores que cercavam os alojamentos da SS, rolos de arame farpado ligados a fios elétricos exibiam, a cada cem metros, uma placa de madeira com uma caveira pintada e a advertência: "Não se aproxime! Alta-tensão!". Como a maioria dos outros campos de concentração, Ravensbrück também tinha sido construído num lugar ermo, distante dez quilômetros da cidade mais próxima, Fürstenberg, que tinha então pouco mais de 5 mil habitantes. E, como nos outros casos, o lugar foi escolhido por causa do fácil acesso a estradas e ferrovias que o ligassem aos grandes centros do país. Para escoar a produção gerada pela fábrica da Siemens dentro do campo, os presos de Sachsenhausen construíram um pequeno ramal ferroviário que atravessava todo o local e se ligava à linha de trens Oranienburg—Neustrelitz, cujos trilhos corriam bem atrás das casas de alvenaria da oficialidade.

As quase novecentas prisioneiras foram levadas para o pátio principal do campo, guardadas por soldados armados de fuzis e colocadas em ordem, como uma tropa. Uma oficial da SS fazia a chamada nome por nome, e cada mulher ia recebendo o uniforme adotado em todo o país para os campos de concentração — saia, casaco e turbante listrados de cinza e azul — e uma braçadeira com um triângulo numerado. Pela cor do triângulo a pessoa estava classificada, e pelo número, identificada. Os triângulos vermelhos para as que haviam sido presas por medida de segurança — na maior parte dos casos, por razões políticas; triângulos azuis, para as estrangeiras, imigrantes e apátridas; triângulos roxos para as adeptas do culto das Testemunhas de Jeová, freiras e religiosas em geral; verdes para as ladras e criminosas comuns; e pretos para as "indesejáveis" ou "antissociais": ciganas, homossexuais e doentes mentais. As judias recebiam, além do triângulo que as classificava segundo uma dessas categorias, um outro, amarelo e com um dos vértices voltado para baixo, ao contrário dos demais, que tinham a ponta para cima. Assim, justapostos na manga do casaco, os dois triângulos formavam a estrela de davi. Sem surpresa, Olga recebeu o triângulo amarelo, das judias, e o preto, das "antissociais". Seria ilusão supor que ali em Ravensbrück, onde a disciplina e o rigor eram ainda muito maiores que nas prisões anteriores, permitiriam que ficasse junto com as comunistas.

Horas depois ela era instalada no bloco número 11, onde se encontravam pouco mais de cem austríacas e cerca de trinta alemãs. Dentro do pavilhão, o cheiro nauseante que pairava no ar mostrava que a primeira providência era impor rigorosa disciplina quanto aos hábitos de higiene: o lugar fedia a fezes e urina. Designada pela Gestapo como responsável pelo bloco das judias "antissociais", Olga entendeu que ou colocava ordem ali imediatamente ou não o faria nunca mais. Às seis da tarde, depois que uma sirene anunciou o toque de recolher, ela reuniu as prisioneiras para uma conversa. Das centenas de beliches de madeira tosca colocados lado a lado, ao longo do corredor, começaram a surgir cabeças e corpos. A aparência das mulheres era péssima: cabelos desgrenhados, seminuas, a maioria parecia não ver água havia muito tempo. Olga falou duro:

— Se não cuidarmos do nosso próprio corpo, os nazistas farão de nós o que quiserem. Estamos todas no mesmo barco e se quisermos ser tratadas com dignidade, temos primeiro que nos comportar como seres humanos e não como animais.

Fui escolhida para ser a responsável por este bloco e a partir de amanhã cedo as coisas vão mudar aqui.

Do fundo do corredor uma voz protestou com um palavrão:

— Vá se esfregar na merda, comunista!

O pavilhão explodiu em gargalhadas. Mesmo sabendo que muitas daquelas mulheres eram delinquentes e criminosas, Olga não se intimidou. Avançou pelo corredor entre os beliches até o lugar de onde tinha vindo o grito e desafiou:

— Enquanto eu estiver aqui ninguém será denunciado à SS. Nossos problemas terão que ser resolvidos entre nós. Agora quero saber quem foi que gritou: aquela que disse o palavrão tem que aparecer e discutir suas objeções aqui, cara a cara, na frente de todas.

Havia um silêncio tenso no bloco. Uma senhora ruiva, de cabelos tosquiados quase a zero, saiu de debaixo dos cobertores:

— Fui eu quem gritou. Desculpe-me, mas era apenas uma molecagem, não tenho nada contra você. Pode dizer o que teremos que fazer amanhã cedo, que serei a primeira a saltar da cama.

Olga não respondeu ao pedido de desculpas, e voltou para o seu lugar e retomou o sermão:

— Amanhã cedo faremos uma faxina geral no pavilhão. Acordaremos uma hora antes da chamada para ter tempo de limpar tudo. Depois da limpeza, todas terão que iniciar um novo hábito: banho diário obrigatório, faça frio ou calor.

Pela reação geral, Olga percebeu que as mulheres aceitavam sua liderança. Conversaram animadamente por mais alguns minutos até que tocou a segunda sirene, que impunha silêncio obrigatório no campo de concentração: eram oito e meia da noite. Duas semanas depois, o bloco 11 estava transformado. Ao contrário do fedor que a sufocara no dia da chegada, ela podia sentir até o cheiro das toras do eucalipto ainda verde utilizadas na construção. Como os protestos contra a imposição do banho e da limpeza diária fossem poucos, Olga decidiu avançar um pouco mais e propôs que o pavilhão levantasse todos os dias meia hora mais cedo para que todas pudessem fazer ginástica. E instigou um sentimento comum a todas aquelas mulheres, das adolescentes às sexagenárias — a vaidade:

— Nenhuma de nós tem um grande espelho aqui, mas podemos nos ver umas às outras para saber que estamos feias e flácidas. Já que não vamos ter ruge ou batom tão cedo, temos que nos preparar para a liberdade. Quando sairmos daqui, teremos que estar esbeltas para nossos namorados e maridos. E, num campo de concentração, a única maneira de conseguir isto é fazendo ginástica.

Apesar da argumentação convincente, muitas rejeitaram a proposta, alegando que os nazistas já as obrigavam à ginástica de trabalhar o dia inteiro. Para evitar problemas, ficou acertado que apenas as que quisessem fariam ginástica — as que preferissem dormir um pouco mais que ficassem na cama. As que optaram pela ginástica, porém, eram tão ruidosas que as outras não conseguiam dormir, e dias depois os exercícios matinais acabaram ganhando todas as mulheres do pavilhão.

Com o passar das semanas Olga voltou a se preocupar com a falta de notícias da família. Nem dona Leocádia nem Prestes haviam escrito uma só linha nos últimos tempos e ela voltou a temer pela segurança do marido. No final de julho, dois soldados apareceram no bloco 11 para acompanhá-la até a casa do comandante do campo e Olga supôs que pudesse ser a chegada de alguma correspondência do exterior. Não era: ela estava sendo convocada para uma nova e demorada rodada de interrogatórios em Berlim. Entregaram-lhe sua trouxinha de roupas e ordenaram que se preparasse para viajar dali a instantes. A advertência constante de sua ficha, de que se tratava de "prisioneira de alta periculosidade", obrigou o comando de Ravensbrück a preparar escolta especial de seis soldados e dois agentes da Gestapo para acompanhá-la a Berlim, onde Olga passou seis semanas sem descobrir um único motivo que justificasse sua vinda de tão longe: os agentes da polícia secreta nazista repetiram as mesmas perguntas de antes, e dela obtiveram a mesma resposta — nada. De novo, em tudo aquilo, apenas algumas fotografias de presos ou de pessoas procuradas que os policiais lhe exibiram sem que ela oferecesse qualquer informação valiosa. A permanência nas celas de Barnimstrasse, onde passara um ano em companhia de Anita, aumentou-lhe a saudade da filha e do marido, mas ela acabou obtendo permissão para escrever um pequeno bilhete para a sogra, no México.

Berlim, agosto de 1939

Querida mamãe, querida Lígia:

Quando vocês me escreverem, por favor mandem as cartas para o velho endereço — Polícia Secreta do Estado, Berlim, rua Prinz-Albrecht, colocando sempre ao pé "Divisão II A I".

Estou de novo apenas com meus pensamentos e minha imensa saudade de todos vocês. De novo os dias parecem não ter fim. Mas não se preocupem, que eu não deixo o ânimo baixar. Que notícias me dão de Carlos? Já faz seis meses que ele me escreveu pela última vez, e isto me inquieta muito: por que ele não escreve mais? Ele está doente ou está bem de saúde? Mamãe querida, você não pode esconder-me nada, caso esteja acontecendo alguma coisa com ele.

À minha querida Anita digam que a mãe pensa muito nela e que toda noite, ao dormir, imagina como seria bom pegar em suas mãozinhas e beijar seu delicado rosto.

Abraço-as com todo o meu amor.

Olga

De volta a Ravensbrück ela ainda seria retida por mais alguns dias em Potsdam, à saída de Berlim, para novos interrogatórios, e acabou retornando apenas nos primeiros dias de outubro. O campo de concentração estava transformado. Pouco depois de sua partida para a capital tinha chegado uma leva de quatrocentas novas prisioneiras alemãs, vindas de outros campos ou presas primárias — e entre elas estava sua amiga Elise Ewert, a Sabo, cuja saúde piorara ainda mais. Nos últimos dias o Exército nazista tinha invadido a Polônia, realizando no território ocupado a mais brutal razia contra os judeus já vista desde a ascensão de Hitler ao poder. Era o começo do que seria a Segunda Guerra Mundial. As primeiras consequências da violência podiam ser vistas em Ravensbrück, para onde tinham sido levadas mais de mil mulheres feitas prisioneiras na tomada da Polônia. A prolongada ausência de Olga e a chegada de novas detentas "antissociais" haviam transformado o bloco 11 de novo em completa balbúrdia. Após algumas semanas e muitas brigas, no entanto, ela conseguiria restabelecer o banho diário e a faxina obrigatória; atrair as mulheres para a ginástica levaria mais tempo, por uma forte razão: a Siemens terminara a implantação de sua fábrica dentro do campo, e as mulheres, obrigadas a trabalhar como operárias por até doze horas diárias, naturalmente não sentiam ânimo para flexões e saltos matutinos.

O trabalho na unidade da Siemens era obrigatório para todas as prisioneiras, independentemente da classificação que tivessem, da idade ou do estado de saúde. Mediante acordo celebrado com o governo, a indústria pagaria ao comando do campo trinta centavos de marco por mulher-dia, sem que isso implicasse qualquer forma de remuneração às prisioneiras. As indústrias que, para preservar sua imagem internacional, preferissem não instalar fábricas dentro dos campos de concentração, não tinham por que se preocupar: a SS se encarregava de transportar os prisioneiros até a sede da empresa. Foi mediante contratos como o da Siemens que a fábrica da Bayrischen Motorenwerke, que produzia os veículos BMW, utilizava 220 presos alugados pelo campo de concentração de Buchenwald; a indústria de lentes Zeiss-Ikon alugava novecentos homens do campo de Flossenburg; a siderúrgica Krupp, quinhentos presos de Buchenwald; a indústria de veículos Daimler-Benz, fabricante dos luxuosos automóveis Mercedes-Benz, 110 presos de Sachsenhausen; a Volkswagen, 650 prisioneiros do campo de concentração de Neuengamme; havia até uma misteriosa indústria Silva GmbH Poltewerke, que chegou a alugar 2 mil mulheres de Ravensbrück. O campo onde esteve Olga, aliás, foi o que forneceu o maior volume de mão de obra escrava. Ao todo, 37 500 mulheres — judias, comunistas, socialistas, social-democratas, ciganas e testemunhas de Jeová — saíram de Ravensbrück entre 1938 e 1945 para trabalhar de graça para grandes indústrias alemãs.

Em 1946, convocada a depor no tribunal montado em Nüremberg para apurar crimes de guerra, a direção da Siemens, com fria ironia, justificaria a sua presença em campos de concentração como um ato benemérito. "Afinal, nunca se fez qualquer restrição a que os prisioneiros, nas épocas mais frias do ano, complementassem sua insuficiente roupa com materiais existentes na indústria, tais como papel para isolamento e panos de limpeza", dizia o relatório da empresa apresentado ao Tribunal de Nüremberg. A unidade da Siemens de Ravensbrück destinava-se quase que exclusivamente à produção para o esforço de guerra que mobilizava a Alemanha. Uma indústria têxtil média fabricava e vendia à SS os uniformes que eram utilizados por todos os presos espalhados em campos de concentração alemães ou de países ocupados. A maioria das prisioneiras de Ravensbrück, porém, era utilizada como mão de obra na fábrica de equipamentos bélicos montada no campo, que produzia desde relés para componentes de armas, disparadores especiais e dispositivos eletrônicos para submarinos, telefones de campanha e espoletas de disparo retardado para bombas, até componentes para os mortais foguetes V-2, concebidos pelo engenheiro Werner von Braun.

Mesmo sabendo que o trabalho escravo que a Siemens impunha às presas deixava-as extenuadas, Olga insistia em manter a ginástica, ainda que muitas das "antissociais" se recusassem terminantemente a trocar alguns minutos do sono da manhã pelas acrobacias que ela organizava todos os dias. Clandestinamente, pois tal ousadia poderia custar-lhe duras punições, Olga reunia-se com pequenos grupos de prisioneiras para tentar transmitir-lhes algumas noções básicas sobre as questões políticas que tinham levado o mundo à guerra. E foi em um desses encontros furtivos que ela recebeu de uma jovem polonesa a triste notícia: Elise Ewert, a sua querida Sabo, morrera três dias antes. Com o inverno a tuberculose voltara com violência redobrada e seu corpo não resistira à doença e aos trabalhos forçados. As amigas que tentaram socorrê-la puderam ouvir as últimas palavras de Elise, agonizante e em delírio. "Arthur, Arthur", ela balbuciava, "eles estão chegando e vão nos torturar mais uma vez... Os choques elétricos vão começar de novo, Arthur." As marcas deixadas pela polícia de Filinto Müller tinham desaparecido do corpo de Sabo, mas a tragédia de seus dias no Rio lhe ficara gravada na memória até o último instante de vida.

Nos primeiros dias de janeiro de 1940, a população de Ravensbrück, que era de quase 3 mil mulheres, dobrou inesperadamente. Da Polônia, Áustria, Tchecoslováquia e de várias cidades da Alemanha chegaram ao campo mais de 2940 mulheres. E foi poucas semanas após a chegada dessa nova leva que se anunciou que Ravensbrück receberia a visita de uma das mais ilustres personalidades do Reich: Heinrich Himmler. Os oficiais da SS prepararam-se para receber com toda a pompa seu chefe maior — acima dele, apenas Adolf Hitler. Os três dias que antecederam a chegada de Himmler foram estafantes para as prisioneiras, obrigadas a tirar a neve das estradas internas do campo, pintar paredes de alojamentos onde havia manchas, varrer os pátios. Um grupo de oficiais passava o dia procurando um toco de carvão que fosse, perdido num canto de muro, e exigia, de rebenque na mão, que as mulheres varressem de novo aquele lugar. Para azar das presas, na madrugada que antecedeu a chegada de Himmler caiu uma tempestade de neve e quando o dia amanheceu o próprio Fritz Suhren, comandante do campo, exigiu que se organizasse um mutirão com todas elas para limpar outra vez os pátios e corredores entre os pavilhões. Finalmente o homem apareceu.

Cercado de veículos militares e precedido de batedores em motocicletas, Himmler chegou a bordo de um reluzente Daimler--Benz conversível, de capota fechada. Por razões de segurança, todas as 6 mil prisioneiras foram mantidas em seus alojamentos, com as portas trancadas a chave e ordens de não fazerem barulho durante a visita. Himmler foi recebido à entrada do campo pela alta oficialidade da SS e levado até o pátio central, em frente aos pavilhões das presas, onde passaria em revista a tropa formada em sua honra. A um grito de "Sentido!" os soldados se perfilaram diante do chefe. Vestido com farda de gala, um sobretudo cinza até o tornozelo, segurando as luvas de couro na mão esquerda, ele deu os primeiros passos diante do batalhão em formação impecável. O silêncio era tal que, de qualquer ponto do campo, só se ouvia o barulho do vento assoviando entre as árvores e o ruído do salto da bota do comandante nazista batendo forte sobre as pedras do chão. Quando faltavam dois pelotões para terminar a revista, de um pavilhão que ninguém soube identificar surgiu o berro, em voz fortíssima, vindo do fundo do peito, em sonoro alemão:

— Heinrich Himmler, você é apenas um pederasta assassino!

Gargalhadas incontroláveis arrebentaram dos quinze pavilhões onde as prisioneiras estavam trancadas. Tenso, Himmler continuou a caminhada até o final da tropa, enquanto dois pelotões de choque da SS saíam de forma e corriam desorientados entre os blocos, batendo com as coronhas dos fuzis nas paredes de madeira, aos gritos de "Silêncio, vacas judias!", "Nós vamos fuzilá-las, bando de estrume!", "Silêncio! Silêncio! Quem der um pio vai ser fuzilada na hora!".

O comando da SS em Ravensbrück foi tomado de verdadeira histeria. Ninguém, muito menos uma judia, "um ser biologicamente inferior", poderia insultar impunemente o Reichsführer SS Heinrich Himmler, comissário do Reich para a integração das regiões anexadas, comandante de todos os campos de concentração e chefe máximo da temida Schutzstaffeln, a SS. Furioso, Himmler retirou-se de Ravensbrück antes da hora prevista, deixando ordens expressas para que as mulheres fossem duramente castigadas: açoites, punições coletivas, suspensão do fornecimento de comida, não importava — a insolência tinha que ser punida com rigor. A determinação começou a ser cumprida no mesmo dia. O prédio de alvenaria onde ficavam as oitenta solitárias foi aberto — até então elas só haviam sido utilizadas em casos raros e extremos, como agressões aos oficiais da SS —, e o comandante do campo ordenou que fossem escolhidas oitenta mulheres para a punição exemplar, a critério dos soldados do pelotão de choque incumbidos de retirá-las das celas. Uma das escolhidas do bloco 11, o das "antissociais", foi, naturalmente, Olga Benario. A ela caberia uma das celas da ala leste do pavimento térreo do *bunker*, construída junto a um desnível do terreno e, por isso, sujeita a umidade permanente. Para as outras mulheres do acampamento, a pena era comparativamente mais branda: três dias sem comida. Na hora das refeições, cada uma delas receberia uma caneca de água.

Foram trinta dias terríveis para Olga. Aquele era um inverno duríssimo, com a temperatura descendo frequentemente a alguns graus abaixo de zero. Para se proteger na solitária ela tinha umas poucas mantas de algodão e algumas folhas do *Völkischer Beobachter*, o jornal do Partido Nazista, que enrolava nos pés. Semissubterrâneo, o lado leste do prédio era tão úmido que uma das paredes estava coberta por uma gosma verde, como se nem o limo pudesse crescer naquele lugar lúgubre. Olga não sabia se era apenas mais uma vingança da SS contra si ou se desconfiavam de que ela pudesse ter sido a inspiradora do grito contra Himmler — o que era falso. Por uma ou outra razão, porém, ela passou a ser açoitada regularmente durante o período de confinamento. A qualquer momento, os SS entravam na cela trazendo o *Prügelbock* — um cavalete de madeira com o tampo côncavo e correias de couro com fivelas nos quatro pés. Ela era deitada de bruços sobre o cavalete, com o ventre sobre a parte abaulada e tinha os pulsos e os tornozelos amarrados às correias presas nos pés. Imobilizada, era submetida a infindáveis sessões de chicotadas nas costas, nádegas, pernas, até ficar semi-inconsciente. Por vezes, depois das surras, era deixada ali, amarrada naquela banqueta, o dia inteiro. Quando os soldados voltavam para retirá-la, aproveitavam para aplicar novas chibatadas.

Libertada do *bunker*, debilitada fisicamente e mais magra,

ainda assim Olga foi obrigada a reiniciar o trabalho nas oficinas da Siemens. À noite, ao retornar ao bloco 11, agora superlotado, observou que metade das presas que estavam ali eram desconhecidas, provavelmente vindas com as tchecas, polonesas e austríacas que chegaram ao campo pouco antes do insulto a Himmler. Corria o mês de maio de 1940 e o avanço das tropas nazistas nos últimos meses provocava a temível sensação de que o controle total da Europa seria irresistível. Desde o começo do ano, tinham capitulado e estavam sob controle do Reich nazista, além da Polônia, os territórios da Dinamarca, Noruega, Luxemburgo, Holanda e Bélgica. Hitler se preparava para atacar o próximo e mais valioso de todos os objetivos, a França. Em suas conversas com as companheiras do pavilhão, na maioria mulheres rústicas, simples e sem qualquer formação política, Olga insistia em injetar-lhes ânimo, repetindo sempre que havia na Europa um país que iria barrar o avanço alemão: a União Soviética. Suas "aulas" começaram a interessar às prisioneiras "indesejáveis", nem tanto por razões políticas, mas sobretudo porque a maioria tinha clara noção de que estava ali como vítima daquele regime que pretendia dominar o mundo. A liberdade delas dependia da derrota do nazismo — então era preciso entender o que era o nazismo e de que forma ele poderia ser sepultado, como prometia aquela incansável alemã que tinha sido presa, torturada, separada da filha e do marido, tinha perdido a melhor amiga, e continuava ativa e determinada.

Olga resolveu ilustrar as lições de política internacional que dava às colegas do bloco. Com um lápis roubado nos escritórios da Siemens por uma prisioneira holandesa e utilizando pedaços de cartolina arrancados das tabelas de produção da fábrica, aplicou toda a sua habilidade em desenhar mapas das regiões conflagradas. Valendo-se apenas da memória, traçou primeiro um mapa-múndi, que levou vários dias até ser completado. Para conseguir luz suficiente para o trabalho, Olga precisava acordar mais cedo e aproveitar o tempo disponível caprichando no traço junto a uma das janelas do bloco, usando como mesa um pedaço de tábua apoiado sobre os joelhos. Pronto o primeiro, ela passou a trabalhar nos outros mapas, em que detalharia país por país, região por região. Algumas semanas depois de iniciado o trabalho — todo feito às escondidas, naturalmente —, ela exibiu, orgulhosa, às companheiras de prisão, não apenas um mapa, mas um atlas completo, com quinze mapas, capa dura de papelão e até índice. Havia apenas um problema: para que pudesse circular entre as mulheres e ser ocultado facilmente debaixo de um travesseiro ou sob a roupa, foi preciso fazer o atlas quase em miniatura, um pouco maior que uma carteira de cigarros, onde cada centímetro equivalia a centenas de quilômetros reais, nos mapas mais detalhados. Com aquela preciosidade na mão, Olga dava aulas diárias às presas, explicando o lado político da guerra. Sobre a União Soviética ela desenhou vários círculos, partindo de Moscou e, utilizando o conhecimento que tinha da URSS, assegurou às companheiras que a tomada da capital era um sonho que os nazistas jamais realizariam.

De certa feita, Olga foi delatada por uma das presas, que não chegou a ser identificada. A delação não era incomum nos campos. Em troca de uma ração a mais de comida, ou de um cobertor extra, muitos prisioneiros se prontificavam a denunciar colegas que tivessem infringido os regulamentos. Olga foi chamada ao comando da SS para que entregasse o atlas, que permanecia em segurança sob a blusa da prisioneira Tilde Klose, no pavilhão das comunistas. O atlas foi salvo, mas Olga penou mais três semanas na solitária e sofreu várias sessões de açoites.

Os riscos do confinamento e de repetidas surras não a intimidavam. Ao contrário, quanto maior fosse a brutalidade dos SS, mais ela parecia decidida a continuar agitando o campo de concentração. Semanas após a punição por causa do atlas, ela resolveu montar uma peça de teatro dentro do pavilhão, às escondidas. O enredo foi criado pelas próprias presas, orientadas por Olga, e depois de alguns ensaios decidiram encenar a história. Quando o "espetáculo" estava para terminar, o pavilhão foi invadido por um pelotão de soldados da SS. "Atrizes" e espectadoras foram arrastadas para fora a socos e deixadas toda a noite sem dormir, de pé, no meio do pátio central do campo. Na manhã seguinte tiveram que seguir direto para o trabalho na Siemens. Quando encontrou algumas mulheres do seu bloco que tinham conseguido esconder-se e escapar das punições, Olga ainda encontrou ânimo para brincar:

— Da próxima vez temos que criar uma peça mais dramática. Assim, talvez a SS nos deixe encená-la em paz.

20. A CAMINHO DA MORTE

As prisioneiras de Ravensbrück chegavam a passar meses sem notícias do mundo. Por isso, só no final de 1940 Olga ficou sabendo que as tropas de Hitler haviam marchado sobre Paris, e meses depois tomado a Hungria e a Romênia. As péssimas notícias, trazidas por um grupo de prisioneiras recém-chegadas, pareciam desmentir o otimismo que ela tentava transmitir às companheiras do campo: em uma reunião clandestina para atualizar o atlas da guerra, Olga foi obrigada a reconhecer que os nazistas já dominavam onze países, mantendo sob seu poder quase 2 milhões de quilômetros quadrados de território invadido. A propagação da guerra trazia-lhe um problema adicional: a falta de informações sobre o marido e a filha. Nos últimos meses ela recebera apenas uma carta da sogra, com nova fotografia da filha, uma carta de Prestes e nada mais.

No final da primavera de 1941, Ravensbrück deixaria de ser um campo de concentração exclusivamente feminino. Além das quase 8 mil prisioneiras que lá viviam, foram transferidos do campo de Dachau, no Sul do país, trezentos homens que imediatamente ocuparam os dois blocos construídos ao fundo dos pavilhões das mulheres e que permaneciam desocupados até então. A eles se juntaria, semanas depois, uma centena de judeus poloneses vindos das prisões de Zamik, em Lublin, e Pawiak, em Varsóvia. Foi nessa época que Olga contraiu um vírus não identificado que quase a derruba. E, como continuasse trabalhando como carregadora de toras de madeira, na parte externa do campo, foi preciso montar a chamada "operação termômetro" para que ela fosse transferida de novo para a fábrica da Siemens, onde, pelo menos, poderia trabalhar sentada. A SS tinha baixado uma norma determinando que qualquer mudança de local de trabalho por razões de saúde só poderia ser feita com autorização por escrito da médica-chefe do campo, Herta Oberheuser. Emmy Handke, velha amiga de Olga dos tempos de Neukölln, encontrou a solução: pediu auxílio à tcheca Ilsa Jolansky, que era especialista em falsificação de assinaturas, para que "fabricasse" um atestado médico da dra. Oberheuser. Mesmo sabendo que a "operação termômetro", assim apelidada porque o atestado dizia que Olga tinha febre alta durante todo o dia, poderia custar-lhes semanas de solitária e surras no Prügelbock, as três levaram o plano avante. Olga circulou várias semanas pelo campo levando no bolso o atestado falso, até que a virose passou e ela retornou às toras de madeira.

Durante os dias que passou na fábrica, Olga ficou conhecendo a militante comunista alemã Margarete Buber-Neumann, que por pouco teria sido sua companheira de aventura e infortúnio no Brasil, e que se encontrava em Ravensbrück desde o ano anterior. Casada com o também comunista Heinz Neumann, Margarete lembrava-se vagamente de ter visto Olga no saguão do Hotel Lux, em Moscou, alguns meses após a ação de Moabit, em 1928. Em 1935, ela e o marido haviam sido convocados pelo Comintern para, junto com os Ghioldi, os Ewert, os Vallée, os Gruber, Victor Barron e a própria Olga, mudar-se para o Brasil e participar da preparação da revolta comunista. O casal Buber-Neumann, segundo revelou Margarete a Olga, chegou a passar algumas semanas num campo de treinamento militar nas imediações de Moscou, recebendo adestramento antes de partir para a América do Sul. Mas, às vésperas da viagem, os dois receberam ordens para permanecer em Moscou. As divergências dos Neumann com alguns dirigentes do Comintern, explicou Margarete, impediram que eles embarcassem, o que provavelmente acabou por lhes salvar a vida.

Tanto Olga quanto Margarete perceberam a enormidade que haviam dito naquele instante: como é que alguém em Ravensbrück poderia dizer que estava com a vida salva? Pelo contrário, a situação das prisioneiras parecia cada dia mais grave. Um corredor de muros altos junto ao arsenal das tropas da SS, na entrada do campo, tinha sido transformado em paredão de fuzilamento, e um belo dia cinco mulheres foram executadas a tiros por um pelotão militar, por motivos absolutamente fúteis, como roubar uma garrafa de leite na enfermaria ou responder a admoestações. As cinco eram judias e comunistas. O terror que começava a tomar conta do campo aumentou ainda mais quando circularam notícias de que os novos médicos que haviam chegado estavam ali para realizar experiências genéticas com as prisioneiras. Os médicos Otto Grawitz, Karl Gebhardt, Martin Schuhmann e o casal de médicos Klaus e Gerda Weyand-Sonntag estavam havia vários dias ocupando o salão de uma das casas do comando do campo em intermináveis conferências. Além disso, dizia-se que os dois prédios de alvenaria que os presos vindos de Dachau estavam construindo ao lado da solitária seriam destinados à instalação de uma câmara de gás e um forno crematório. Hitler teria decidido e anunciaria em breve, comentava-se, a "solução final" para o que ele considerava o "problema" judaico: a eliminação pura e simples de todos os judeus dos territórios tomados pela Alemanha. O mês de outubro chegou com o campo de Ravensbrück mergulhado no mais absoluto pânico.

Foi nesse outono de pavor que a prisioneira alemã Charlotte Henschel, que havia estado com Olga em Lichtenburg, foi levada à enfermaria do campo com suspeita de tuberculose. Dias depois chegava à enfermaria a presa Lina Bertam com a mesma doença e uma semana depois a terceira. O número de tuberculosas crescia, assim como a suspeita de que o bacilo da terrível moléstia estivesse sendo deliberadamente disseminado pelos médicos como parte das tais experiências de que se falara antes. Correndo o risco de fuzilamento sumário, Olga e Kate Leichner, militante social-democrata austríaca presa em Viena durante a ocupação nazista, se esgueiravam todas as noites entre os blocos de madeira para ir até a janela da enfermaria municiar as doentes com pedaços de pão e margarina, roubados do refeitório da Siemens, e às vezes até com poemas clássicos rabiscados em pedaços de papel. Em poucas semanas havia cerca de vinte mulheres tuberculosas. Quando o surto tomou grandes proporções, as doentes simplesmente começaram a desaparecer da enfermaria, para desespero das que ficavam. Foi aí que a direção do presídio anunciou oficialmente que as mulheres tiradas das enfermarias estavam acometidas de "doença incurável" e que os médicos, por clemência, tinham decidido abreviar-lhes o sofrimento "praticando a eutanásia". Para justificar a decisão, o comandante do campo mandou afixar numa das paredes a decisão do Reich, segundo a qual "alguns médicos, previamente autorizados para tal finalidade, podem conceder a um doente incurável, após uma análise clínica, a morte por clemência". Era a legalização do extermínio.

Charlotte Henschel, que sobreviveria milagrosamente a Ravensbrück e ao nazismo, pôde ver de perto o ritual macabro que envolvia a "morte por clemência" das tuberculosas retiradas da enfermaria do campo. Um dia levaram a polonesa Anne-Marie Zadek, que estava na cama ao lado da sua. Quando saía, Anne-Marie pediu a Charlotte que escrevesse uma carta a sua mãe, em Varsóvia, relatando-lhe o seu fim. No final da tarde, com a carta nas mãos, Charlotte decidiu caminhar até a sala para onde a amiga tinha sido levada para ler o que havia rabiscado no papel. Não havia ninguém vigiando a porta e ela quase desmaiou com o que viu: Anne-Marie tinha sido morta com a aplicação de alguma substância em sua veia, tinha a cabeça raspada e os dentes de ouro haviam sido arrancados à força. Seu rosto sem vida exibia uma máscara de terror.

As experiências passaram a ser feitas abertamente com mulheres e homens do campo de Ravensbrück. Karl Gebhardt, amigo íntimo e médico particular de Heinrich Himmler, foi destacado pelo comandante-geral da SS para executar ali uma experiência de "acompanhamento do desenvolvimento de bacilos de tétano, de estafilococos e de doenças venéreas em mulheres". As injeções eram aplicadas nas partes inferiores das pernas das mulheres, escolhidas ao acaso, provocando feridas que iam até os ossos. Muitas vezes a infecção era induzida por assistentes do dr. Gebhardt — ele próprio só aparecia no dia da aplicação das injeções e de tempos em tempos para "acompanhar a experiência" — por meio da introdução de estilhaços de vidro ou de madeira nas feridas. Como a aplicação de anestésicos poderia, segundo os médicos, "comprometer o caráter científico das experiências", tudo era feito a frio, submetendo as pacientes a sofrimentos ainda mais brutais. Em todos os casos, sem exceção, o acompanhamento da evolução da doença era feito apenas "para observação", nunca para tratamento. As mulheres escolhidas como cobaias eram executadas ao final dos experimentos.

Aos homens estava reservada outra contribuição às "experiências genéticas" dos médicos nazistas: alguns presos tinham os testículos expostos aos efeitos de raios X durante vinte a trinta minutos e depois retornavam ao trabalho. Duas semanas depois eram chamados de volta à enfermaria, onde lhes extraíam os testículos para observação. Depois, um dos médicos "concedia-lhe a morte por clemência", conforme mandava a lei de Hitler. A insânia não tinha limites. Um grupo de ortopedistas de Berlim viajou a Ravensbrück especialmente para escolher entre as mulheres do campo algumas cobaias para experiências de transplantes de membros ou de ossos: uma perna, um braço ou uma clavícula era retirada do corpo de uma mulher e implantada em outra, com a mera finalidade de se observar o grau de rejeição acusado. A doadora compulsória era eliminada imediatamente após a cirurgia. A receptora, se tivesse sorte, sobreviveria mais alguns dias ou semanas. Ravensbrück tinha sido transformado num laboratório de monstruosidades semelhante ao campo de Auschwitz, na Polônia, onde as experiências eram conduzidas pelo dr. Josef Mengele.

Mas as perversões anunciadas como pesquisas médicas não seriam o fim da loucura nazista. Até então as execuções praticadas em Ravensbrück vinham sendo feitas individualmente. No começo do inverno de 1942 começaria a eliminação sistemática de judeus e comunistas. Nos primeiros dias do ano mudou-se para o campo o médico Fritz Mennecke. Segundo notícia que correu entre os presos, ele teria a função de selecionar, a seu juízo, as prisioneiras que ainda poderiam ser utilizadas como mão de obra no esforço bélico do Reich — Hitler preparava o "ataque final" à União Soviética — e as que deveriam ser enviadas à câmara de gás e aos fornos crematórios. A partir daquele momento, o médico disporia da vida e da morte de 8 mil mulheres e quinhentos homens. Para auxiliá-lo na escolha dos que viveriam e dos que iriam morrer, ficaram à disposição do comando do campo as médicas Gerda Weyand-Sonntag e Herta Oberheuser.

Os primeiros lotes de mulheres retiradas de Ravensbrück depois da chegada do dr. Mennecke deixaram em dúvida as que lá permaneceram: afinal, elas estariam sendo levadas para câmaras de gás ou para outros campos de trabalho? A indagação continuou sem resposta uma semana depois da partida da primeira leva, quando um caminhão trouxe de volta ao campo apenas as roupas das escolhidas pelo médico. Na segunda viagem, combinou-se uma forma de saber para onde elas estavam sendo levadas: algumas das que fossem selecionadas pelo médico Mennecke levariam consigo um toco de lápis e minúsculos pedaços de papel. Cada localidade que pudessem identificar, no caminho, deveria ter seu nome escrito num papel, que seria enfiado na costura da barra da saia. Assim, quando as roupas retornassem para reaproveitamento no campo, seria possível identificar com precisão o destino que vinha sendo dado a elas. A volta do caminhão trazendo as roupas usadas a Ravensbrück não elucidou as dúvidas sobre a sorte das mulheres transferidas do campo. Os pedacinhos de papel retirados da barra de várias saias repetiam o mesmo nome: Bernburg. O que significaria aquilo?

Situada a pouco mais de cem quilômetros a sudoeste de Berlim, Bernburg era uma cidadezinha de 40 mil habitantes, cortada ao meio pelo rio Saale. Em 1942, quase toda a população da cidade vivia em função da Solvay, indústria belga de potássio, e de mais duas ou três fábricas de cimento, álcalis e pequenas máquinas agrícolas. Na época, o prédio mais imponente do lugar, depois da centenária igreja luterana, era uma grande construção de tijolos vermelho-escuros que abrigava desde o começo do século o Landes-Heil-Und Pfleg-ansalt, um hospital provincial para tratamento de doenças mentais, para onde se dirigiam os pacientes da microrregião compreendida entre as grandes cidades de Leipzig e Magdeburg. A partir do outono de 1939, entretanto, a placidez da cidade foi quebrada por uma decisão tomada em Berlim. Seis dos quinze prédios de cinco pavimentos do hospital psiquiátrico foram ocupados por determinação de Himmler e transformados em "Propriedade do Reich", uma camuflagem pouco convincente para esconder as atividades que a SS passaria a exercer ali. Um paredão de cimento, construído às pressas, separava o resto do hospital da parte ocupada, que logo foi tomada por 150 soldados e oficiais da SS, sob a direção do médico Irmfried Eberl e de sua enfermeira-chefe Käthe Hackbarth.

Experimentalmente e em segredo, o dr. Eberl mandou construir, no subsolo do hospital, amplos cômodos com as paredes e o chão revestidos de azulejos brancos e de cujo teto pendiam chuveiros. À primeira vista, o lugar dava a impressão de ser uma sala de banhos coletivos, mas de fato ali seria testada mais uma invenção macabra do nazismo: a primeira câmara de execução em massa de prisioneiros, que seriam asfixiados por gás venenoso. E o primeiro ensaio da câmara de gás seria feito com um grupo de alemães não judeus. Quando o hospital foi tomado pelo Reich encontrava-se preso em Berlim, havia alguns meses, um grupo de vinte pilotos da Legião Condor, que Hitler enviara à Espanha para lutar ao lado das forças fascistas do general Francisco Franco. Os pilotos se recusaram a bombardear posições republicanas, pousaram seus aviões Junker e se entregaram ao general Hugo Sperrle, comandante-geral da Legião, que os devolveu à Alemanha como desertores. Quando Irmfried Eberl informou ao comando da SS que a câmara de gás de Bernburg estava pronta para ser testada, Himmler não hesitou em propor que as primeiras cobaias fossem "os covardes da Legião Condor". A experiência funcionou a contento. Sem tiros, sem sangue e sem gritos, os pilotos alemães foram executados. Nem mesmo o destino a ser dado aos corpos tinha escapado ao imaginoso dr. Eberl: ao lado da câmara e com acesso pelo subsolo, sem que fosse necessário sair à luz do dia, tinha sido construído um forno crematório alimentado a óleo. Naquela tarde um macabro rolo de fumaça negra saiu das chaminés do hospital e cobriu Bernburg. Quando a guerra terminasse, em 1945, teriam sido executados nos porões do dr. Irmfried Eberl nada menos que 30 mil cidadãos judeus, comunistas, socialistas e social-democratas. E foi o "sucesso" do experimento em Bernburg que levou o Reich a montar na Alemanha campos de extermínio idênticos em Grafeneck, Brandenburg, Harteim, Sonnenstein e Hadamar, que passaram a receber presos egressos de Buchenwald, Flossenburg, Mauthausen-Gusen, Dachau, Sachsenhausen e Gross-Rosen.

Logo no começo de fevereiro de 1942, pouco antes do dia em que Olga completaria 34 anos, as mulheres foram reunidas no pátio central de Ravensbrück para ouvir nos alto-falantes do campo a relação das duzentas prisioneiras que na manhã seguinte seriam "transferidas para outros campos de concentração". As mulheres eram chamadas em ordem alfabética e não pelos números — e as que tivessem sido selecionadas deveriam afastar-se do grupo e formar novamente um outro bloco, ao lado. Já haviam sido chamadas mais de 150 quando o nome ecoou:

— Olga Benario Prestes!

Junto com ela iriam suas amigas Tilde Klose, Ruth Grünspun, Irene Langer e Rosa Menzer. Ao entrar no bloco 11 para pegar sua trouxa, Olga encontrou duas velhinhas judias em prantos, curvadas e rezando em iídiche. Agachou-se ao lado das duas, que conhecera logo ao chegar em Ravensbrück, e tranquilizou-as:

— Não chorem, nós vamos apenas mudar para outro campo, onde a vida certamente será melhor. A guerra vai chegar logo ao fim, os nazistas serão derrotados, nós vamos ter paz dentro de pouco tempo. Fiquem tranquilas e firmes, nós vamos comemorar a paz juntas.

Acomodou-as num beliche e ao passar por uma das janelas do bloco viu que estacionavam no pátio os quatro ônibus azul-marinho da Gekrat, uma sociedade beneficente de Berlim, especializada em transportar indigentes e que nos últimos anos prestava serviços à SS e à Gestapo. Eram oito horas da noite quando os alto-falantes do campo deram o último aviso:

— As prisioneiras relacionadas na chamada de hoje têm trinta minutos para recolher seus pertences e se apresentar à oficial, junto aos ônibus.

Meia hora: tempo suficiente para escrever uma carta à filha e ao marido.

Dez dias depois, quando o caminhão voltou a Ravensbrück com as roupas das mulheres embarcadas naquela noite, Emmy Handke correu a procurar o vestido de Olga. Apalpou sofregamente a barra e dela tirou um pequenino pedaço de papel onde estava escrita apenas uma palavra: Bernburg.

SÃO PAULO, BRASIL
JULHO DE 1945

Depois do almoço na casa de Tuba e Hirsch Schor, um jovem casal de militantes do partido, a alta direção do Partido Comunista brasileiro se reuniu naquela tarde de 15 de julho para um balanço rápido dos preparativos do comício que começaria dentro de minutos no estádio de futebol do Pacaembu. Esta seria a primeira manifestação de massas dos comunistas em São Paulo desde o fechamento, em 1935, da Aliança Nacional Libertadora. De terno escuro, barbeado e bem-disposto, Luís Carlos Prestes é o secretário-geral do partido, cargo para o qual tinha sido escolhido em 1943 na clandestina Conferência da Mantiqueira, a Segunda Conferência Nacional do Partido Comunista. Ele chama seus camaradas para uma pequena sala e ouve de Milton Cayres de Brito e de Diógenes de Arruda Câmara alguns informes sobre outra manifestação de rua, ocorrida na véspera em São Paulo. Como advertência ao Partido Comunista, a Igreja católica organizara na noite anterior, um sábado, uma "novena de Nossa Senhora", levando milhares de fiéis às ruas para venerar a imagem de Nossa Senhora Aparecida, a padroeira do Brasil, e "jurar de joelhos o repúdio ao comunismo ateu". Ao final da manifestação, mobilizada pelo cardeal Carlos Carmelo de Vasconcellos Motta, o público juntou-se em frente à Catedral da Sé e repetiu em coro as palavras que eram pronunciadas por um bispo:

— Juro ser fiel à Igreja, repudiar e combater o comunismo!

Para a direção comunista reunida na modesta casa da rua Arapuã, no bairro da Bela Vista, era natural que os setores mais conservadores da Igreja reagissem assim. Afinal, em três meses o Brasil vivera uma verdadeira voragem de transformações políticas. Nos primeiros dias de abril, enquanto os marechais soviéticos Tobulkhin e Malinovsky retomavam Viena e Bratislava das mãos dos alemães, e 150 mil soldados nazistas eram cercados pelo Primeiro e Nono Exércitos americanos na bacia industrial do vale do Ruhr, os efeitos do fim da guerra começavam a chegar ao Brasil.

O embaixador Carlos Martins Pereira de Souza, representante do Brasil em Washington, entrega ao embaixador soviético nos Estados Unidos, Andrei Gromyko, uma curta nota de dez linhas em que o governo brasileiro solicita o reatamento de relações diplomáticas com a União Soviética. No plano interno, a reviravolta é ainda mais dinâmica. Enquanto o governo informa ter decidido extinguir a censura telefônica que durava dez anos, mulheres, estudantes, trabalhadores e profissionais liberais organizam comícios em todo o país exigindo a concessão imediata de anistia política aos presos e exilados. Em todas as manifestações, as bandeiras do Brasil são vistas tremulando ao lado de bandeiras vermelhas com a foice e o martelo, sem que a polícia importune ninguém. Os políticos Armando de Salles Oliveira, Paulo Nogueira Filho e Luiz de Toledo Piza decidem não esperar a decretação da anistia, voltam do exílio na Argentina e desembarcam livremente no Brasil. Da prisão, Prestes telegrafa ao presidente Getúlio Vargas cumprimentando-o pelo restabelecimento de relações "com o heroico povo soviético", e exige a decretação da anistia, "ainda que, se necessário, com a exclusão do meu caso pessoal". Começa o degelo.

O retorno ao Brasil dos primeiros expedicionários de um contingente de 25 mil soldados que o país mandara para lutar na Itália contra o nazifascismo traz um novo fermento à campanha pela redemocratização nacional. Quinhentos praças e oficiais haviam morrido combatendo em defesa da liberdade e a população exige, "em respeito à memória dos nossos mártires", que o Brasil rompa de uma vez por todas seus traços autoritários. O operário Veriano Jelén, ferido na frente italiana, volta ao Brasil antes da tropa e, em entrevista coletiva concedida ainda no cais do porto do Rio de Janeiro, exige eleições diretas para presidente da República:

— Os soldados americanos que estavam na Itália participaram das eleições presidenciais dos Estados Unidos votando junto dos tanques e das trincheiras. Os nossos soldados viram isto de perto e não compreendem, não aceitam que lhes seja negado o direito de voto. Não podemos manter aqui no Brasil um regime igual ao que combatemos na Itália com o nosso sangue.

Getúlio Vargas promete convocar eleições para a sua sucessão ainda naquele ano. Seu ministro da Guerra, o mesmo general Eurico Gaspar Dutra que havia chefiado o cerco aos rebeldes de Agildo Barata no 3º Regimento de Infantaria, dez anos antes, apresenta-se como candidato governista à Presidência e inclui em sua plataforma uma inacreditável bandeira: a legalização do Partido Comunista. Ao perceber que Getúlio Vargas começa a ceder, a oposição avança mais e passa a lutar não apenas pelo direito de eleger o presidente. Agora a reivindicação das ruas é pela anistia e pela convocação de uma Assembleia Nacional Constituinte.

Em 18 de abril, Getúlio Vargas assina o decreto que concede anistia aos presos políticos. Antes mesmo que o ato fosse publicado no *Diário Oficial*, os cinco primeiros beneficiários da medida deixam as prisões. Da Casa de Detenção do Rio de Janeiro saem Luís Carlos Prestes, o capitão Trifino Correia e o tenente Ivan Ribeiro. Do presídio da ilha Grande vão de barco, até o Rio de Janeiro, Carlos Marighella, o capitão Agildo Barata e o tenente Antônio Bento Tourinho. Como o mais importante preso político do país, Prestes recebe atenções especiais: quem lhe dá a notícia da assinatura da anistia é o seu antigo comandado Orlando Leite Ribeiro, com quem vivera em Buenos Aires, e que agora servia ao governo Vargas como diplomata no Itamaraty. Prestes é levado de carro por Ribeiro para a casa do escritor Leôncio Basbaum, e no caminho pede informações sobre o destino de Olga e sobre seu amigo Arthur Ewert, que tinha sido beneficiado pela anistia, mas que talvez não tivesse condições de desfrutar a liberdade: arrebentado pelas torturas, Ewert estava internado num manicômio no Rio de Janeiro. Quanto a Olga, não havia nenhuma informação a respeito. Prestes pede que as agências internacionais de notícias sejam mobilizadas para tentar localizá-la nos campos de concentração libertados pelos aliados na Europa. Um dos comandantes das tropas brasileiras na Itália, o major Emygdio Miranda, ex-oficial da Coluna Prestes, recebe a incumbência de tentar localizar Olga Benario e trazê-la de volta ao Brasil. Em sua primeira declaração à imprensa, Prestes expressa sua gratidão ao general Lázaro Cárdenas, ex-presidente do México, pelo tratamento dedicado a Anita e a dona Leocádia, que falecera dois anos antes, enquanto o filho estava preso. Nessa ocasião, Cárdenas, então ministro da Guerra de seu país, se oferece a Getúlio Vargas como refém para que Luís Carlos Prestes pudesse deixar a prisão e ir ao México assistir aos funerais da mãe, mas a proposta nem sequer é considerada pelo governo brasileiro. Quando um repórter pergunta sobre suas relações com Vargas, Prestes oferece o primeiro indício de que colocava a luta política acima das questões pessoais, ao anunciar claramente:

— O senhor Getúlio Vargas tem dado provas de suas boas intenções.

Quem tivesse acompanhado a trajetória do clandestino Partido Comunista nos últimos anos não se surpreenderia com as palavras de Prestes. Nos primeiros meses de 1938, após o frustrado *putsch* integralista materializado na tentativa de tomada do Palácio Guanabara pelos "camisas-verdes" de Plínio Salgado, os comunistas apoiaram formalmente, em seu jornal *A Classe Operária*, a reação do governo de Vargas à tentativa de golpe direitista. A adesão do Brasil às forças que lutavam contra o nazifascismo, em 1942, contribuiria para reduzir a hostilidade do partido a Getúlio. Naquele momento, porém, quem elogiava o presidente da República era Luís Carlos Prestes, que havia sido pessoalmente vitimado pela repressão dirigida por Vargas — não apenas com dez anos de prisão, mas sobretudo pelo martírio a que o ditador submetera sua mulher e sua filha, entregando-as aos nazistas. A primeira reação contra o apoio de Prestes a Vargas parte de seu antigo advogado, Sobral Pinto, que condena "qualquer união nacional com o senhor Getúlio Vargas, nos moldes sugeridos pelo senhor Carlos Prestes". Sobral é duro e pessimista:

— Fortalecer de qualquer forma e sob qualquer pretexto a autoridade governamental do senhor Getúlio Vargas é preparar para os dias de amanhã, em nossa infortunada pátria, uma guerra civil sem precedentes no continente americano.

Poucas semanas depois, falando em seu primeiro comício público para 80 mil pessoas no estádio do Vasco da Gama, no Rio de Janeiro, Prestes é ainda mais preciso no apoio ao governo:

> A oposição exige que o senhor Getúlio Vargas abandone o cargo para que seja mantida a paz interna. Mas será esse realmente o caminho democrático da ordem, da paz e da união nacional? Ao contrário, não terá razão o senhor Getúlio Vargas ao afirmar que o seu dever é manter a ordem para levar o país a eleições livres e honestas e entregar o poder ao eleito da nação? Sua saída do poder neste momento seria uma deserção e uma traição que não contribuiria de forma alguma para a união nacional: pelo contrário, despertaria novas esperanças entre os fascistas e reacionários e aumentaria as dificuldades, tornando mais ameaçador ainda o perigo de golpes de Estado e de guerra civil. Assim como em agosto de 1942 voltou-se o nosso povo para o senhor Getúlio Vargas, na esperança de que o antigo chefe do movimento popular de 1930 quisesse dirigi-lo na luta de morte contra o agressor nazista, o que nosso povo espera agora do senhor Getúlio Vargas, prestigiado como está pela vitória das nossas armas na Itália, são eleições realmente livres e honestas. Este o seu dever de homem e cidadão. Apesar de todas as divergências políticas que já nos separaram de sua excelência, contra cujo governo já lutamos de armas na mão, não temos o direito de duvidar do patriotismo do chefe da nação.

Apesar de publicamente defender a legalização do Partido Comunista, o governo não ocultava o anticomunismo acumulado ao longo dos tempos de ditadura. Assim, dois dias depois o general Dutra demitia da direção do DIP, o Departamento de Imprensa e Propaganda do governo, o major Amilcar Dutra de Menezes por ter emprestado o equipamento de som daquela repartição para que Prestes falasse ao povo. Esta seria, porém, a menor repercussão do comício do Vasco. O apoio a Getúlio Vargas custaria caro a Prestes dentro do próprio partido. Em São Paulo um grupo de intelectuais comunistas se opõe à orientação da direção, liderada no estado por Jorge Amado, a quem chamavam "o Rasputin da linha justa". Em manifesto distribuído à imprensa, os escritores Oswald de Andrade, Rossine Camargo Guarnieri e Afonso Schmidt se insurgem contra a determinação prestista, afirmando que "a ditadura estava em plena decomposição, e ao formular elogios ao senhor Getúlio Vargas, Luís Carlos Prestes abriu-lhe créditos imensos de confiança, de que ele andava mais necessitado do que nunca". O jornal *Vanguarda Socialista*, dirigido pelo intelectual trotskista Mário Pedrosa, fazia cruel ironia com o fato de que Vargas tivesse sido o autor da deportação de Olga para a Gestapo, sugerindo que os militantes do partido deveriam dirigir-se ao presidente da República, indagando: "Getúlio Vargas, que fizestes de Olga Benario Prestes, entregando-a a Hitler?".

Indiferente às acusações e à polêmica, Prestes se preparava para o grande comício do Pacaembu, em São Paulo. A mobilização fora iniciada com várias semanas de antecedência. Havia comitês de engenheiros, professores, dentistas, operários têxteis, metalúrgicos, motoristas, garis. Na semana que antecedeu o dia 15 foram realizados comícios-relâmpagos em vários bairros da cidade, convidando o povo a ir ao Pacaembu. Em cada um deles, o encerramento cabia a um líder político, operário ou intelectual do partido. No bairro da Casa Verde, o último a falar foi o físico Mário Schenberg; no Belém, o líder estudantil João Beline Burza; na Moóca, o escritor Jorge Amado; no Tucuruvi, o dirigente estadual do Partido Comunista, Joaquim Câmara

Ferreira; no Brás, o jornalista José Tavares de Miranda. A organização parecia impecável: a população se encontraria em vários pontos do centro da cidade, de onde partiria para a praça Buenos Aires e dali seguiria em passeata até os portões do estádio. Da casa de Tuba e Hirsch Schor, onde se encontrava, Prestes podia ver o movimento dos grupos que subiam a avenida Nove de Julho, em direção ao Pacaembu.

Pouco depois das três da tarde, Prestes decidiu sair. Levado em carro aberto, ele era aclamado pelos manifestantes que se dirigiam ao comício. Ao chegar ao Pacaembu, foi ovacionado por milhares de pessoas: no estádio com capacidade para 60 mil espectadores nas arquibancadas, calculava-se que havia mais de 100 mil pessoas, que tinham tomado também todo o gramado. Na tribuna oficial, aguardando o chefe comunista, estavam o general Miguel Costa, o jornalista Júlio de Mesquita Filho, representando a UDN, o poeta e senador comunista chileno Pablo Neruda, os capitães Agildo Barata e Trifino Correia, o comandante Roberto Sisson. Durante duas horas desfilaram pela pista de atletismo do estádio delegações de cidades do interior, de outros estados e de várias categorias profissionais. Um grupo percorreu a pista levando uma bandeira do Brasil esticada pelas pontas, pedindo ao povo contribuições para as famílias das vítimas do cruzador brasileiro *Bahia*, afundado em acidente no final da guerra. Das arquibancadas choviam moedas e cédulas amassadas. Aberto o comício, falaram o general Miguel Costa e o secretário estadual do partido, Mário Scott. Doente e impedido de estar no palanque, o escritor Monteiro Lobato enviou uma mensagem gravada. Depois da execução do hino nacional do Chile, foi dada a palavra a Pablo Neruda, que, em lugar de fazer um discurso, declamou um poema que compusera em homenagem a Prestes, comovendo a multidão com seus últimos versos:

Hoy pido un gran silencio de volcanes y rios.
Un gran silencio pido de tierras e varones.
Pido silencio a America, de la nieve a la pampa.

Silencio: la palabra al Capitán del Pueblo.
Silencio: que el Brasil hablará por su boca.

Emocionada, a massa humana não parava de aplaudir. Bem-humorado, Neruda voltou ao microfone e repetiu a última linha do poema:

— *Silencio: que el Brasil hablará por su boca.*

Tocaram o hino nacional brasileiro e Prestes falou durante uma hora e meia. Fez uma longa análise da situação mundial, da derrota do nazifascismo e de suas consequências na vida brasileira. Relembrou que a Aliança Nacional Libertadora mal vivera um trimestre, referiu-se à derrota de 1935 e à "brutalidade infame contra nós empregada pela polícia fascistizante de Filinto Müller", discorreu longamente sobre a crise econômica vivida pelo Brasil e, embora não tivesse citado uma só vez o nome de Getúlio Vargas, voltou a tocar no ponto que tanta polêmica provocava — o apoio dos comunistas ao presidente:

> Lutamos e lutaremos pela união nacional. O governo vem há muito cedendo no sentido da democracia e marcha, por isso, em sentido inverso daquele por que levava o país nos anos anteriores à grande guerra pela independência e libertação dos povos. Se naquela época soubemos empunhar armas em defesa da democracia, agora também a defenderemos, apoiando o governo em defesa da ordem e desmascarando sem vacilações os agentes da desordem, todos aqueles que pregam os golpes salvadores e a guerra civil falando em democracia, mas que não passam, na verdade, de instrumentos da provocação fascista.

Era noite fechada quando Luís Carlos Prestes deixou o Pacaembu em direção à Estação Roosevelt, onde tomaria um trem de volta ao Rio de Janeiro. Cercado de amigos ele se preparava para subir a escada do vagão-leito, quando um jovem chegou correndo, abrindo passagem entre os que se despediam do chefe comunista:

— Capitão Prestes! Capitão Prestes! Um momento, não embarque!

Temeu-se uma tentativa de agressão, mas o rapaz se identificou:

— Sou repórter da agência de notícias United Press. Nós tínhamos pedido às sucursais europeias que buscassem informações sobre Olga Benario, e acabamos de receber este telegrama sobre ela, enviado pelo correspondente em Berlim.

Ansioso, Prestes levou o pedaço de papel aos olhos e leu-o com o rosto crispado, diante do silêncio dos amigos que o fitavam. Levantou a cabeça e disse apenas três palavras:

— Olga está morta.

Era um despacho curto, sem muitos detalhes:

> Berlim — As autoridades aliadas acabam de informar que entre as duzentas mulheres executadas na câmara de gás da cidade alemã de Bernburg, na Páscoa de 1942, estava a sra. Olga Benario Prestes, esposa do dirigente comunista brasileiro Luís Carlos Prestes.

Prestes entrou no trem que já começava a se movimentar rumo ao Rio de Janeiro, caminhou por entre as poltronas em silêncio, sentou-se e leu mais uma vez a notícia, antes de guardar o papel no bolso do paletó.

Só muitos anos depois é que receberia a última carta que Olga escrevera a ele e à filha, ainda em Ravensbrück, na noite da viagem de ônibus para Bernburg.

> Queridos:
>
> Amanhã vou precisar de toda a minha força e de toda a minha vontade. Por isso, não posso pensar nas coisas que me torturam o coração, que são mais caras que a minha própria vida. E por isso me despeço de vocês agora. É totalmente impossível para mim imaginar, filha querida, que não

voltarei a ver-te, que nunca mais voltarei a estreitar-te em meus braços ansiosos. Quisera poder pentear-te, fazer-te as tranças — ah, não, elas foram cortadas. Mas te fica melhor o cabelo solto, um pouco desalinhado. Antes de tudo, vou fazer-te forte. Deves andar de sandálias ou descalça, correr ao ar livre comigo. Sua avó, em princípio, não estará muito de acordo com isso, mas logo nos entenderemos muito bem. Deves respeitá-la e querê-la por toda a tua vida, como o teu pai e eu fazemos. Todas as manhãs faremos ginástica... Vês? Já volto a sonhar, como tantas noites, e esqueço que esta é a minha despedida. E agora, quando penso nisto de novo, a ideia de que nunca mais poderei estreitar teu corpinho cálido é para mim como a morte.

Carlos, querido, amado meu: terei que renunciar para sempre a tudo de bom que me destes? Conformar-me-ia, mesmo que não pudesse ter-te muito próximo, que teus olhos mais uma vez me olhassem. E queria ver teu sorriso. Quero-os a ambos, tanto, tanto. E estou tão agradecida à vida, por ela haver-me dado a ambos. Mas o que eu gostaria era de poder viver um dia feliz, os três juntos, como milhares de vezes imaginei. Será possível que nunca verei o quanto orgulhoso e feliz te sentes por nossa filha?

Querida Anita, meu querido marido, meu Garoto: choro debaixo das mantas para que ninguém me ouça, pois parece que hoje as forças não conseguem alcançar-me para suportar algo tão terrível. É precisamente por isso que esforço-me para despedir-me de vocês agora, para não ter que fazê-lo nas últimas e difíceis horas. Depois desta noite, quero viver para este futuro tão breve que me resta. De ti aprendi, querido, o quanto significa a força de vontade, especialmente se emana de fontes como as nossas. Lutei pelo justo, pelo bom e pelo melhor do mundo. Prometo-te agora, ao despedir-me, que até o último instante não terão por que se envergonhar de mim. Quero que me entendam bem: preparar-me para a morte não significa que me renda, mas sim saber fazer-lhe frente quando ela chegue. Mas, no entanto, podem ainda acontecer tantas coisas... Até o último momento manter-me-ei firme e com vontade de viver. Agora vou dormir para ser mais forte amanhã. Beijo-os pela última vez.

Olga

EPÍLOGO

OLGA BENARIO PRESTES dá nome a ruas de sete cidades e a 91 escolas, fábricas e brigadas operárias na antiga República Democrática Alemã. Em várias cidades brasileiras, inclusive em São Paulo, há ruas, praças e escolas com seu nome.

LUÍS CARLOS PRESTES rompeu com o Comitê Central do Partido Comunista Brasileiro em fevereiro de 1980 e três meses depois foi destituído do cargo de secretário-geral da organização. Morreu em 1990.

ANITA LEOCÁDIA vive com sua tia Lígia Prestes no Rio de Janeiro, onde é professora universitária. Afastou-se do Partido Comunista junto com o pai.

Anistiado em 1945, ARTHUR EWERT foi levado um ano depois à então zona de ocupação soviética na Alemanha. Morreu em 1959 na República Democrática Alemã sem ter recuperado a razão.

OTTO BRAUN retornou à URSS em 1939. Dez anos depois mudou-se para Berlim Oriental, onde morreu como tradutor do Instituto de Marxismo-Leninismo.

RODOLFO GHIOLDI morreu em julho de 1985 em Buenos Aires.

AGILDO BARATA desligou-se do Partido Comunista em 1957. Dez anos depois teve a patente militar cassada pelo governo. Morreu aos 63 anos no Rio de Janeiro, em 1968.

Anistiado em 1945, ANTÔNIO MACIEL BONFIM, o Miranda, caiu na mais completa obscuridade política. Morreu tuberculoso em Alagoinhas, interior da Bahia.

SOBRAL PINTO morreu em novembro de 1991.

MIGUEL COSTA morreu em dezembro de 1959.

FILINTO MÜLLER morreu em julho de 1973, em desastre aéreo no aeroporto de Orly, na França. Na época era senador pela Arena e líder do governo militar no Senado.

O embaixador JOSÉ JOAQUIM MONIZ DE ARAGÃO aposentou-se do serviço diplomático em 1952 e morreu em 1974, aos 87 anos, no Rio de Janeiro.

O médico nazista IRMFRIED EBERL e a enfermeira KÄTHE HACKBARTH foram fuzilados pelas tropas que ocuparam o campo de extermínio de Bernburg.

Há poucas notícias do destino dos militantes da Juventude Comunista que participaram do assalto à prisão de Moabit. RUDI KÖNIG morreu na Espanha, lutando junto às Brigadas Internacionais. MARGOT RING foi executada em uma câmara de gás no campo de concentração de Dachau. Preso pela Gestapo, ERICH JAZOSCH passou vários anos preso e foi executado em uma câmara de gás em 1943. ERIK BOMBACH foi fuzilado por tropas SS. KLARA SELEHEIM morreu na Marcha da Morte, no campo de concentração de Sachsenhausen.

O campo de concentração de mulheres de RAVENSBRÜCK foi libertado pela 49ª Divisão de Infantaria do Exército Vermelho em 30 de abril de 1945, oito dias antes da rendição alemã.

FONTES

DEPOIMENTOS TOMADOS PELO AUTOR

Anna Pikarski
Anni Sindermann
Anita Leocádia Prestes
Beatriz Bandeira Ryff*
Carmen Ghioldi
Celestino Paraventi
Dora Mantay
Emmy Handke
Gabor Lewin
Helmut F. Späte
Herta Lewin
Ilze Hunger
José Gay da Cunha
Klaus Martin
Kurt Seibt
Lígia Prestes
Luís Carlos Prestes
Manoel Batista Cavalcanti
Maria Werneck de Castro
Milton Cayres de Brito
Rodolfo Ghioldi
Tuba Schor
Wilfried Rupert
Zuleika Alambert

INSTITUIÇÕES

L'Amicale des Anciennes Déportées a Ravensbrück (Paris, França)
Archivio Storico del Movimento Operaio Brasiliano — Fondazione Giangiacomo Feltrinelli (Milão, Itália)

* Depoimento concedido a Paulo César de Azevedo.

Arquivo Edgard Leuenroth — Unicamp (Campinas, SP)
Arquivo do Estado de São Paulo (São Paulo, SP)
Arquivo Hermínio Sacchetta (São Paulo, SP)
Arquivo Histórico do Ministério das Relações Exteriores do Brasil (Rio de Janeiro, RJ)
Arquivo Nacional (Rio de Janeiro, RJ)
Arquivos da Penitenciária Lemos de Brito (Rua Frei Caneca, Rio de Janeiro, RJ)
Bernburg Stadtarchiv (Bernburg, República Democrática Alemã)
Biblioteca Municipal Mário de Andrade (São Paulo, SP)
Biblioteca Municipal Presidente Kennedy (São Paulo, SP)
Biblioteca Nacional (Rio de Janeiro, RJ)
British Newspaper Library (Londres, Inglaterra)
Centro de Pesquisa e Documentação de História Contemporânea do Brasil — Fundação Getúlio Vargas — Cpdoc/FGV (Rio de Janeiro, RJ)
Comitê de Resistentes Antifascistas da RDA (Berlim, República Democrática Alemã)
Departamento de Documentação da Editora Abril (São Paulo, SP)
Dokumentationszentrum der DDR (Berlim, República Democrática Alemã)
Iconographia, Pesquisa de Texto, Imagem e Som (São Paulo, SP)
Institut für Marximus-Leninismus — Zentrales Parteiarchiv (Berlim, República Democrática Alemã)
Muséé Air France (Paris, França)
National Archives (Washington, Estados Unidos)
Nationale Mahan- und Gedenkstätte (Ravensbrück, República Democrática Alemã)
Public Record Office (Londres, Inglaterra)
Superior Tribunal Militar (Brasília, DF)
Supremo Tribunal Federal (Brasília, DF)
Yad Vashem — Martyrs and Heroes Remembrance Authority (Jerusalém, Israel)

JORNAIS, REVISTAS E PERIÓDICOS

Amnistia (Argentina)
Berliner Zeitung am Mittag (República Democrática Alemã)
Classe Operária, A
Correio da Manhã
Correio Paulistano
Correspondance Internationale, Le (França)
Cruzeiro, O
Daily Worker (Inglaterra)
Diário de S. Paulo
Em Guarda!

Estado de S. Paulo, O
Folha da Manhã
Folha da Noite
Folha de S.Paulo
Gazeta, A
Gazeta de Notícias
Globo, O
Homem do Povo, O
L'Humanité (França)
IstoÉ
Jornal da Tarde
Jornal do Brasil
Jornal do Commércio
Jornal, O
Libertador, O
Luta Operária, A
Malho, O
Manchete
Manhã, A
Mulher
Mundo, O
Mundo Ilustrado
Neues Deutschland (República Democrática Alemã)
New Statesman and Nation, The (Inglaterra)
New York Times, The (Estados Unidos)
Noite, A
Noite Ilustrada, A
Nosso Século
Pátria, A
Plateia, A
Politische Information (Suécia)
Veja
Vendredi (França)
Voz Operária, A
Washington Star, The (Estados Unidos)

LIVROS

ALMEIDA, Angela Mendes de. *A República de Weimar e a ascensão do nazismo*, São Paulo, Brasiliense, 1982.

_____. *Les rapports entre communistes et social-démocrates à la veille de l'ascension du fascisme: la politique de la "Troisième Période"et la thèse du "social-fascisme".*

Tese de doutoramento apresentada à Universidade de Paris VIII, Paris, 1980.

AMADO, Jorge. *O Cavaleiro da Esperança*, Rio de Janeiro, Record, 1979 (20ª edição).

ANGELUCCI, Ângelo. *Todos os aviões do mundo*, São Paulo, Melhoramentos, 1982 (5ª edição).

BARATA, Agildo. *Vida de um revolucionário*, São Paulo, Alfa-Omega, 1978 (2ª edição).

BASBAUM, Leôncio. *Uma vida em seis tempos*, São Paulo, Alfa-Omega, 1978 (2ª edição revista).

_____. *História sincera da República*: *de 1930 a 1960*, São Paulo, Alfa-Omega, 1981 (4ª edição).

BELOCH, Israel; ABREU, Alzira Alves de. *Dicionário histórico-biográfico brasileiro 1930-1983*, Rio de Janeiro, Fundação Getúlio Vargas-Cpdoc/Forense Universitária, 1985 — Volumes 1, 2, 3 e 4.

BOSI, Ecléa. *Memória e sociedade*: *lembranças de velhos*, São Paulo, T. A. Queiroz Editor, 1983 (1ª reimpressão).

BUBER-NEUMANN, Margarete. *La Révolution Mondiale — L'histoire du Komintern* (*1919-1943*), *racontée par l'un de ses principaux témoins*, Paris, Casterman, 1971.

CAMARGO, Aspásia; GÓES, Walder de. *Meio século de combates*: *diálogo com Cordeiro de Farias*, Rio de Janeiro, Nova Fronteira, 1981.

CAMPOS DA PAZ JÚNIOR, Manuel Venâncio. *Depoimento autobiográfico*. Inédito. Rio de Janeiro, 1959.

CARVALHO, Ferdinando de. *Lembrai-vos de 35*, Rio de Janeiro, Biblioteca do Exército Editora, 1981.

CAVALCANTI, Paulo. *O caso eu conto, como o caso foi* (*Da Coluna Prestes à queda de Arraes*), São Paulo, Editora Alfa-Omega, 1978.

CHAVES NETO, Elias. *Minha vida e as lutas de meu tempo*, São Paulo, Alfa-Omega, 1978.

COSTA, Octávio. *Trinta anos depois da volta*, Rio de Janeiro, Expressão e Cultura, 1975.

DAVIES, R. E. G. *A history of the world's airlines*, Londres, Oxford University Press.

DEAKIN, F. W.; STORRY, G. R. *O Espião Sorge*, São Paulo, Flamboyant.

DEHILLOTTE, Pierre. *Gestapo*, Porto Alegre, Livraria do Globo, 1940 (2ª edição).

DINES, Alberto. *Morte no paraíso*: *a tragédia de Stefan Zweig*, Rio de Janeiro, Nova Fronteira, 1981 (2ª edição).

DULLES, John W. F. *Brazilian communism 1935-1945*, Austin, University of Texas Press, 1983.

_____. *Anarquistas e comunistas no Brasil* (*1900-1935*), Rio de Janeiro, Nova Fronteira, 1977.

EHRT, Adolf. *Revolte armée*, Berlim-Leipzig, Éditions Eckart, 1933.

FEST, Joachin. *Hitler*, Rio de Janeiro, Nova Fronteira, 1976.

FORJAZ, Maria Cecília Spina. *Tenentismo e Aliança Liberal (1927-1930)*, São Paulo, Polis, 1978.

GAMA, A. B. *Columna Prestes: 2 annos de revolução*, Salvador, Officinas Gráphicas de Fonseca Filho, 1927.

GUIMARÃES, Renato Cupertino. *Depoimento tomado a Luís Carlos Prestes, em Moscou*, 1971. Inédito.

HAFERKORN, Katja. *Geschichte der Deutschen Arbeiterbewegung Biographisches Lexikon*, Berlim, Dietz Verlag, 1970.

______. *Kämpfer für das deutsche und das brasilianische Volk — Arthur Ewert*, Berlim, Dietz Verlag, 1968.

HENRIQUES, Affonso. *Vargas, o maquiavélico*, São Paulo, distribuído por Palácio do Livro, 1961.

HERMLIN, Stephan. *Die Erste Reihe*, Berlim, Verlag Neus Leben, 1975.

HERNANDEZ, Leila Maria Gonçalves Leite. *Movimentos político-ideológicos no Brasil: ANL e AIB*, São Paulo, tese de mestrado à Faculdade de Filosofia, Letras e Ciências Humanas da Universidade de São Paulo, 1979.

KOJEVNIKOVA, Tamara; POPOVITCH, Mariana. *A vida: um vôo eterno*, Moscou, Molodaia Gvardia, 1978 (2ª edição).

KONDER, Leandro. *Barão de Itararé*, São Paulo, Brasiliense, 1983.

LABROUSSE, Pierre. *Répertoire des traversées aériennes de l'Atlantique Sud par l'Aéropostale et Air France — 1930/1940*, Paris, Ateliers Jean-Marie Pierre, 1974.

LANDUCCI, Ítalo. *Cenas e episódios da Coluna Prestes*, São Paulo, Brasiliense, 1947.

LAQUEUR, Walter. Weimar. *Une histoire culturelle de l'Allemagne des années 20*, Paris, Éditions Robert Laffont, 1974.

LAZITCH, Branko; DRACHICOVITCH, M. D. *Biographical dictionary of the Comintern*, The Hoover Institution Press, Stanford, 1973.

LIMA, Heitor Ferreira. *Caminhos percorridos*, São Paulo, Brasiliense, 1982.

LIMA, Lourenço Moreira. *A Coluna Prestes: marchas e combates*, São Paulo, Alfa-Omega, 1979 (3ª edição fac-similada e ilustrada).

MACAULAY, Neill. *A Coluna Prestes: revolução no Brasil*, Rio de Janeiro, Difel, 1977 (2ª edição).

MAFFEI, Eduardo. *A morte do sapateiro: a saga dos anos 30*, São Paulo, Brasiliense, 1982.

MOONEY, Michael M. *Zeppelin: A verdadeira história do desastre do Hindenburg*, São Paulo, Melhoramentos, 1974.

MORAES, Dênis de; VIANA, Francisco. *Prestes: lutas e autocríticas*, Petrópolis, Vozes, 1982.

MÜLLER, Charlotte. *Die Klempnerkolonne in Ravensbrück — Erinnerungen des Häftlings Nr. 10787*, Berlim, Dietz Verlag Berlin, 1983.

NASSER, David. *Falta alguém em Nuremberg*, Rio de Janeiro, Edições do Povo, 1947.

NIEMEYER, Oscar, e outros. *Prestes hoje*, Rio de Janeiro, Codecri, 1983.

PACHECO, Eliézer. *O Partido Comunista Brasileiro — 1922-1964*, São Paulo, Alfa-Omega, 1984.

PARRA, Amanda. *Olga Benario e a revolução brasileira*, comunicação apresentada à Asociazione delle Donne, Roma, 1978.

PINCHER, Chapman. *Too secret too long*, Londres, Sidgwick & Jackson, 1984.

PINTO, Herondino Pereira. *Nos subterrâneos do Estado Novo*, Rio de Janeiro, 1950.

PORTO, Eurico Bellens. *A insurreição de 27 de novembro. Relatório*, Rio de Janeiro, Imprensa Nacional, 1936.

QUINTELLA, Ary. *Sobral Pinto: por que defendo os comunistas*, Belo Horizonte, Comunicação, 1979.

RAMOS, Graciliano. *Memórias do cárcere*, Rio de Janeiro, José Olympio, 1953.

RODRIGUES, Leôncio Martins. *O Brasil republicano* (Vol. X da História Geral da Civilização Brasileira), São Paulo, Difel, 1981.

SANTA ROSA, Virgínio. *O sentido do tenentismo*, São Paulo, Alfa-Omega, 1976 (3ª edição).

SCHIESE, Ruddolf. *Olga Benario Prestes 1908-1942*, Berlim, Lichtenburger Lesenefte.

SEGATTO, José Antônio; NETTO, José Paulo; NETO, José Ramos; AZEVEDO, Paulo César de; SACHETTA, Vladimir. *PCB: memória fotográfica — 1922/1982*, São Paulo, Brasiliense, 1982 (2ª edição).

SILVA, Hélio. *1935, a revolta vermelha*, Rio de Janeiro, Civilização Brasileira, 1969.

_____. *1926, a grande marcha*, Rio de Janeiro, Civilização Brasileira, 1971.

_____. *1937, todos os golpes se parecem*, Rio de Janeiro, Civilização Brasileira, 1970.

_____. *Vargas*, Porto Alegre, L&PM, 1980.

SODRÉ, Nelson Werneck. *A Coluna Prestes: análise e depoimentos*, Rio de Janeiro, Civilização Brasileira, 1980 (2ª edição).

_____*Contribuição à história do PCB*, São Paulo, Global, 1984.

STÁLIN, Joseph. *Cuestiones del leninismo*, Moscou, Ediciones en Lenguas Estranjeras, 1941.

STEINER, Jean François. *Treblinka*, Rio de Janeiro, Nova Fronteira, 1967.

VALTIN, Jan. *Do fundo da noite*, Rio de Janeiro, José Olympio, 1942.

VERGOLINO, Honorato Himalaya. *Denúncia dos co-réus da revolução de 27 de novembro de 1935, apresentada ao Tribunal de Segurança Nacional*, Rio de Janeiro, Imprensa Nacional, 1936.

VINHAS, Moisés. *O Partidão: a luta por um partido de massas. 1922-1974*, São Paulo, Hucitec, 1982.

WERNER, Ruth. *Olga Benario*, Berlim, Verlag Neues Leben, 1962.

ZÖRNER, G., como diretor de um coletivo de autores. *Frauen-KZ Ravensbrück*, Berlim, VEB Deutscher Verlag der Wissenschaften, 1977.

ÍNDICE REMISSIVO

Abóbora *ver* Xavier, Eduardo Ribeiro
Abreu, Amanda Alberto, 114
Academia Militar de Yenan, 80
Agostinho, santo, 233
AIB, Ação Integralista Brasileira, 92, 98
Alegre divorciada, A, filme, 94
Aliança Liberal, 28
Aliança no Nordeste, 90
Almeida *ver* Meirelles, Ilvo
Almeida, Demócrito de, 199, 208
Álvaro Alberto, Armanda, 180
Álvaro Moreira, Eugênia, 180
Alves, Francisco, 150
Alves, Júlio, 214, 216
Amado, Jorge, 126, 293
Amaral Peixoto, Ernâni do, 110
Amiguinha, codinome em documentos encontrados na casa de Prestes, 161
Anahory, Israel Abrahão, 65
Anderson, Sherwood, 168
Andrade, Hernani de, 198
Andrade, José Praxedes de, 102
Andrade, Oswald de, 72, 293
ANL, Aliança Nacional Libertadora, 88-92, 98-100, 109, 115, 123, 133, 182, 187; hino, 186
Antonia, codinome da esposa de Honório de Freitas Guimarães, 143
Appen, Heinrich von, 220-1, 223-5
APRA, 197
Arruda Câmara, Diógenes, 288
Arthur, Charles, 167
Arthur, Chester, 167
Asas Vermelhas, 91
Assembleia Nacional Constituinte, 290
Associated Press, 157, 164, 166
Astaire, Fred, 94
Auschwitz, 283

B., codinome em documentos encontrados na casa de Prestes, 161
Babo, Lamartine, 151
Bagé *ver* Campos, Josué Francisco de
Balestre, dr., 138
Bancourt, Annie *ver* Ewert, Elise Saborowski
Bandeira Vermelha, 53
Bandeira, Beatriz, 180, 214, 220
"Bandiera Rossa", 187
Bangu *ver* Rocha, Lauro Reginaldo da
Bannerman, R. C., 129
Barata Ribeiro, Agildo, 90, 104, 109-13, 122, 205, 290, 294, 299
Barbosa Bastos, Adolfo (Bebê Chorão), 189
Barbosa Bastos, Valentina, 180
Barnimstrasse, prisão, 226
Barron, C. N., 83
Barron, Victor Allen, 83, 87, 104, 107, 117, 122, 129, 138-41, 144, 153, 157-8, 164-9, 280
Barros Barreto, juiz, 189, 237
Barros, Hermenegildo de, 204
Barros, Quintino de, 102
Basbaum, Leôncio (Machado), 290
Bastos, Abguar, 90
Bebê Chorão *ver* Barbosa Bastos, Adolfo

Behrendt, Arthur *ver* Braun, Otto
Behrendt, Frieda Wolf *ver* Benario, Olga Gutmann
Beline Burza, João, 293
Bell, Alexandre Graham, 186
Bellens Porto, Eurico, 190, 193
Benario, Eugénie Gutmann, 30, 239-40
Benario, Leo, 29-30, 34, 47, 239
Benario, Olga Gutmann (Frieda Wolf Behrendt, Olga Berger, Maria Bergner, Olga Bergner, Eva Kruger, Maria Meirelles, Olga Meirelles, Maria Prestes, Maria Bergner Prestes, Olga Benario Prestes, Olga Sinek, Maria Bergner Vilar, Olga Vilar, Yvonne Vilar), 34, 82; a prisão de, Brasil, 151-2, 155-6, 162, 164, 166; a prisão do casal Ewert, 116; avisa Prestes de sua gravidez, 199; carta-fantasma para disfarce em Paris, 67; cerco para prisão de, 150-2, 154; cursos, 53, 57; deportação de, 171, 173, 190-2, 198-201, 203, 206, 211, 213-4, 216, 219-24, 226, 245; deportação de, 211; descoberta da casa e dos documentos de, Brasil, 119-23; descoberta sua identidade, Brasil, 175-6; e a Juventude Comunista de Neukölln, 36-7, 39, 45, 50; a Juventude Comunista francesa, 55; e a Juventude Comunista Internacional, 52-3, 57; e as insurreições de Pernambuco e Rio Grande do Norte, 103; e Celestino Paraventi, 73, 85; e Leocádia Prestes, 232; e Luís Carlos Prestes, 60, 68, 208; e o estado de sítio, 105-6, 108; e o Grupo Schwabing, 29, 31, 33, 64; e Otto Braun, 17-8, 20-1, 32-5, 37-8, 42-3, 45-7, 49-55, 64, 176; em Berlim, 34-7, 39-40, 42, 44-7, 226, 240, 251; em Londres, 56; em Moscou, 21, 51, 53-4, 56-7; em Nova York, 68-9; em São Paulo, 72-4; fracasso da Revolução Nacional Libertadora, 109-10; genealogia de, 29-30; identificada por Rodolfo Ghioldi, 144-5, 150; movimento europeu para sua libertação e de Anita, 209-10, 227-8, 232, 240; mudanças no Rio de Janeiro, 105, 108, 115-6, 127-8; na América Latina, 61-5, 67-8, 70; na Casa de Detenção, rua Frei Caneca, 156, 179-91, 193-7, 201, 205-6, 210, 214-7; na Divisão Internacional da Universidade dos Povos, Moscou, 76; na França, 56; na prisão de Berlim (Barnimstrasse), 226-8, 230, 232-33, 235, 237, 239-41, 243-4, 248, 250-1, 253; na Representação Comercial Soviética, 36; no grupo de Agitação e Propaganda do Partido Comunista alemão, 35-6, 40; no Rio de Janeiro, 85-6, 91, 93-6, 99-100, 102-3; nos campos de concentração, 253, 255, 257, 259-60, 262, 264-277; reuniões políticas em sua casa, 94-6; sabe sobre a Coluna Prestes, 58; sobre a feminilidade, 38; sobre a morte de Barron, 158; sobre a morte de Elvira, 164; sobre Miranda, 98; sua situação judicial na Alemanha em 1928, 55; tentativa de provar a paternidade brasileira de Anita Leocádia,

191, 198-9, 201, 203, 205, 242-4; troca de cartas no cárcere, 238, 253, 259; última carta a Prestes e Anita, 287, 296
Benario, Otto, 240
Benjamin, Schneider, 144
Berger, Harry *ver* Ewert, Arthur Ernst
Berger, Machla *ver* Ewert, Elise Saborowski
Berger, Olga *ver* Benario, Olga Gutmann
Bergner, Maria *ver* Benario, Olga Gutmann
Bergner, Olga *ver* Benario, Olga Gutmann
Berliner Zeitung am Mittag, 18
Bernardes, Artur da Silva, 22-3, 25
Bernburg, 10, 284
Bertam, Lina, 281
Besouchet, Augusto, (Carlos, Júlio), 143
Besouchet, Catarina, 180
Bevilácqua, Clóvis, 199
Bezerra, Gregório, 90
Birô Latino-Americano da Terceira Internacional do Partido Comunista argentino, 81
Birô Latino-Americano, Montevidéu, 105
Blaiser, Edith *ver* Ewert, Elise Saborowski
Blemke, Gunnar, 17
BMW, Bayrischen Motorenwerke, 271
Bombach, Erik, 20, 300
Bonfim, Antônio Maciel (Adalberto de Andrade Fernandes, Miranda), 74, 83, 85, 95, 98, 103-5, 109, 126-7, 129, 134, 136, 138, 142-3, 162-3, 183, 193, 299
Borges de Mendonça, 158
Brandão, Otávio, 82
Brandes, Carlos, 214-6, 219
Brasil, Paulo, 153
Braun, Otto (Arthur Behrendt, Hua Fu, Hans Landeburg, Li Teh, Albert List, Erwin Resch, Oscar Schumann, Karl Wagner), 35, 46-7, 80, 176-8, 251, 254, 299
Braun, Werner von, 272
Brinton, Crane, 168
Brito *ver* Lago Molares, José
Browder, Earl, 77, 131
Brown, Arthur *ver* Ewert, Arthur Ernst
Buber-Neumann, Margarete, 280
Buchenwald, 264, 271, 286
Bukharin, Nikolay, 78
Burdett, William, C., 121
Burgenland, 265
Busteros, Luciano *ver* Ghioldi, Rodolfo

Cabeção *ver* Lyra, Francisco Natividade
Cabeças deTomate *ver* Polícia Especial
Cabello, Benjamin, 89-90
Câmara Ferreira, Joaquim, 294
Camargo Guarnieri, Rossine, 293
Camargo, Laudo de, 204
Camisas-verdes, 291
Campbell, Maria Cameron, 170
Campos da Paz Júnior, Manuel Venâncio, 182-3, 215, 218, 219
Campos, Josué Francisco de (Bagé), 118
Canavarro Pereira, Antônio, 145, 158, 193
Candu, Leonardo, 92
Capitólio *ver* Marcantonio, Vito
Cárdenas, Lázaro, 291
Carlos *ver* Besouchet, Augusto
Carlos *ver* Costa Leite, Carlos
Carmo, Orlando, 199
Carpenter, Luís, 114
Carter, Albert, 166
Carvalho e Souza, Odette de, 244, 246

Carvalho Mourão, 204
Casado, Plínio, 204
Cascardo, Hercolino, 88, 90, 122, 205-6
Castro Rebelo, 114
Cavalcante, Ilcon, 91
Cavalcanti Filho, Luís, 246
Cavalcanti, Alcedo, 205
Cavalcanti, Manoel Severino (Gaguinho), 164
Cayres de Brito, Milton, 288
Chá no Ar, programa de rádio, 73
Chermont, Abel, 170
Chiang Kai-shek, 80
Chilles, Ethel *ver* Ewert, Elise Saborowski
Chu Teh, 80
CIA, 129
Classe Operária, A, 291
Cleto, codinome em documentos encontrados na casa de Prestes, 161
Clube da Cultura Moderna, 90
Coletivo, instância máxima da Casa de Detenção, rua Frei Caneca, 181, 185-7, 205-6, 214, 216-7
Colônio Cupelo, Elvira (Elza Fernandes, Garota), 127, 137, 162, 193
Coluna Prestes, 22, 57, 75, 98, 147, 151, 159, 291
Comintern, 27-8, 42, 51, 56-7, 60-2, 65, 70, 75-83, 87, 96, 99, 104, 107, 119-20, 122, 139-41, 177, 208, 245, 259, 280
Comissão Parlamentar de Inquérito do caso Barron, 168
Confederação Latino-Americana de Sindicatos, 82
Copland, Aaron, 168
Cordeiro de Farias, Oswaldo, 148
Correio da Manhã, 179, 207
Correio Paulistano, 179, 316, 327
Correspondance Internationale, 26
Costa *ver* Costa Leite, Carlos
Costa, Lineu, 152
Costa, Miguel, 22-4, 90, 99-100, 122, 147-9, 294, 299
Costa, Oswaldo (Ramalho), 143
Costa Leite, Carlos (Carlos, Costa, Firmo), 143
Costa Manso, 204
Coutinho, Lamartine, 102
Cowley, Malcolm, 168
CPOR, Centro de Preparação de Oficiais da Reserva, 91
Cruz Vermelha, 228, 230, 236
Cunha Cruz, 115
Cunha Cruz, Paulo Kruger da, 94
Cunha Cruz, Vítor César da, 107

Dachau, 264, 279, 281, 286, 300
Daimler-Benz, 271, 273
Daladier, 142
Davis, Monnet, 124
Delegacia Comercial dos Sovietes, 176
"Dezoito do Forte", 23
Diário da Noite, 207
Diário Oficial, 290
Dias Leite, Américo, 183
Dias Lopes, Isidoro, 23
Dimitrov, Georgi, 96
DIP, Departamento de Imprensa e Propaganda, 293
Divisão Internacional da Universidade dos Povos, Moscou, 76
Dora, colega de militância de Olga Benario, 49
Dreiser, Theodore, 168
Drujon, François, 240, 247-9
Dutra, 112
Dutra de Menezes, Amilcar, 293
Dutra, Eurico Gaspar, 110-2, 290, 293

"É bom parar", música, 150
Eberl, Irmfried, 285, 300

Eisler, Gerhardt, 78
Elias, Deolinda, 95
Emma, codinome da esposa de Honório de Freitas Guimarães, 143
Eneida de Moraes (Nat), 143, 180
Engels, Friedrich, 26, 37
Erika, 76, 83, 87, 107, 121
Erxleben, Gunter, 40
Espínola, Eduardo, 204
Estado de S. Paulo, O, 173
Estado Novo, 247
Estevão, cabo, 102
Estrela Vermelha, 76
Ewert, Arthur Ernst (Harry Berger, Arthur Brown, Negro), 12, 75-81, 84, 86-7, 91, 94-6, 103, 105, 115-9, 123-7, 129-36, 140-4, 153, 158, 170-2, 193, 232-3, 237, 243-4, 258, 280, 290, 299
Ewert, Elise Saborowski (Annie Bancourt, Machla Berger, Edith Blaiser, Ethel Chilles, Kath Gussfeld, Machla Lenczycki, Sabo, Elise Saborowski), 76, 132-3, 210, 213, 220, 254, 257, 270, 273
Ewert, Minna, 171, 232
Exército Vermelho, 11, 54, 185, 300

Faria, Bento de, 203
FBI, 123
Fernandes, Adalberto de Andrade *ver* Bonfim, Antônio Maciel
Fernandes, Elza *ver* Colônio Cupelo, Elvira
Fernandes, Rafael, 102
Fernández, Pedro *ver* Prestes, Luís Carlos
Ferreira, Afonso, 111
Firmo *ver* Costa Leite, Carlos
Flossenburg, 264, 271, 286
Folha da Manhã, 179
Folha do Povo, 90
Fontoura, Lauro, 91
Foster, William, 77
Franco, Francisco, 185, 285
Frank, Waldo, 168
Freeman, Richard Gavin, 171
Frieda, amiga de Olga Benario em Berlim, 45
Frota, Sílvio, 91
Früschulz, Gertrud, 256-7
Fu, Hua *ver* Braun, Otto

G., codinome em documentos encontrados na casa de Prestes, 161
Gaguinho *ver* Cavalcante, Manoel Severino
Galvão, João, 102
Galvão, Patrícia, 72
GAR, codinome em documentos encontrados na casa de Prestes, 161
Garibaldi, Anita, 229
Garibaldi, Giuseppe, 229
Garota *ver* Colônio Cupelo, Elvira
Garoto *ver* Prestes, Luís Carlos
Gay da Cunha, José, 188, 215
Gebhardt, Karl, 281-2
Geist, Raymond, 124
Gekrat, sociedade beneficente de Berlim, 287
George, Harrison, 82-3, 141
Gestapo, Geheime Staalipolizu, 13, 115, 118, 126, 136, 174-5, 177, 220-1, 223, 226, 228, 231, 236, 239-48, 251, 254, 259-60, 265, 267, 269, 287, 293, 300
Ghioldi, Carmen, 180, 183, 188, 210, 248
Ghioldi, Rodolfo, 14, 27, 75, 81, 91, 95-6, 98, 102, 109, 137, 143, 145, 173, 185, 189, 196, 216, 299
Gibson, Hugh, 123, 129, 139, 168-9
GIN (Garoto, Luís Carlos Prestes; In-

dio, Rodolfo Ghioldi; Negro, Arthur Ernst Ewert), 136, 161
Givon, comandante francês, 71
Gleizer, Genny, 191-2
Globo, O, 189
Goethe, Johann Wolfgang von, 151
Gomes, Eduardo, 110, 113
Gomes, João, 194
Gonçalves da Silva, Sócrates, 112
Governo Popular Revolucionário, 102, 105, 107
Grande Marcha, China, 119
Grawitz, Otto, 281
Gromyko, Andrei, 289
Gruber, Franz Paul, 15, 76, 83, 87, 95, 107, 116, 120-1, 280
Grünspun, Ruth, 286
Grupo Schwabing, 29, 64, 324
Guilhem, Aristides, 194
Guimarães, Honório de Freitas (Martins, Milionário, Nico), 143, 163
Guralsky, Augusto (Kleiner, Rústico), 27, 79
Gurgel *ver* Leite, Josias
Gusmão *ver* Medina, José
Gussfeld, Kath *ver* Ewert, Elise Saborowski

Hackbarth, Käthe, 285, 300
Handke, Emmy, 19, 280, 287
Harper's, 131
Hastings, Christine, 170
Hastings, viscondessa de, 209
Hellman, Lilian, 168
Henriques, Dinis, 101
Henschel, Charlotte, 254, 281-2
Hill, Edna, 82, 165-7
Himmler, Heinrich, 273-5, 282, 285
Hitler, Adolf, 9, 61, 78, 86, 185, 191, 201, 212, 217, 219, 229, 251, 256, 258, 260, 262-3, 271, 273, 276, 279, 281, 283-5, 293
Hollis, Roger, 81
Homem do Povo, O, 72
Hoover, J. Edgard, 123
Hora, Sebastião da, 205
Hull, Cordel, 123, 129, 139, 141, 165-6, 169

Ibarruri, Dolores, dita La Pasionaria, 209
Imprecorr, 79
Índio *ver* Ghioldi, Rodolfo
Instituto dos Advogados, 198
Instituto Marx-Engels, 55
Intelligence Service, 136, 161, 214
Intentona Comunista, 194
Internacional Comunista, 26-8, 41, 51, 55, 57-9, 61, 65, 67-8, 75-83, 87, 96, 106-7, 143, 174, 176-7, 207; hino, 182, 185, 187, 196
Internacional Sindical Vermelha, 82
Ismar *ver* Meirelles, Ilvo
Itamaraty, 174, 179, 214, 244, 290
Itararé, Barão de *ver* Torelli, Aparício
Iwria Bank, 178, 251

Jazosch, Erich, 20
Jelén, Veriano, 289
João Alberto, tenente, 151
Johnson, Alexander, 169
Jolansky, Ilsa, 280
Jornal do Brasil, 86, 128
Júlio *ver* Besouchet, Augusto
Jullien, Francisco, 120, 130, 134-7, 142, 153, 155
Junghans, Heinz, 47
Juventude Comunista brasileira, 177
Juventude Comunista de Neukölln, 18, 33, 38, 42
Juventude Comunista Internacional, 51-2, 57, 60, 64
Juventude Comunista russa, 19-20, 29, 42, 55, 300

Karan, Mansur, 233

Kelly, Otávio, 204
Kemprad, Raphael, 196
KIM, Kommunisti Internationali Molodoi, 51
Kimber, Kathleen, 239
King Kong, ex-carcereiro da Casa de Detenção, 218-9
Kleiner *ver* Guralsky, Augusto
Kling, comissário, 45
Klose, Tilde, 277, 286
Kojevnikova, Tamara, 57
Konder, Valério, 216
König, Rudi, 20, 300
Konzentrationslager, campo de concentração, 264
Kruel, Riograndino, 159
Kruger, Eva *ver* Benario, Olga Gutmann
Krupp, siderurgia, 271
Kuhn, Bela, 96
Kuomintang, partido chinês, 80

Lacerda, Carlos, 89
Lago Molares, José (Brito), 163
Lago, Lauro, 102
Landeberg, Catharina, 114
Landeburg, Hans *ver* Braun, Otto
Landes- Heil- und Pfleg-ansalt, hospital psiquiátrico, 285
Langer, Irene, 286
Lassance, Carlos, 245
Lavai, 142
Legação Comercial Soviética (Yuamtorg), 79, 133
Legação Soviética, em Montevidéu, 177
Lei de Proteção dos Animais, 233
Lei de Segurança Nacional, 93
"Lei Infame", 23
Leichner, Kate, 281
Leite Ribeiro, Orlando, 73, 290
Leite, Josias (Gurgel), 143
Leivas Otero, Francisco, 110
Lenczycki, Machla *ver* Ewert, Elise Saborowski
Lênin, Wladimir Ilitch Ulianov, dito, 26, 37-8, 53, 60
Lewin, Gabor, 11, 19, 44, 54
Li Teh *ver* Braun, Otto
Liberdade, jornal, 102
Lichtenburg, campo de concentração, 254, 256-7, 259, 262, 264
Liebknecht, Karl, 36, 37, 44
Liga de Defesa da Cultura Popular, 90
Lima, Heitor, 199, 201-4, 211, 213
Lima, Hermes, 197
Lin Piao, 80
Lins, Edmundo, 203
List, Albert *ver* Braun, Otto
Listowell, lorde, 209
Lolotti, Carlos, 153
Lovestone, Jay, 77
Luís Pereira de Sousa, Washington, 27
Luxemburgo, Rosa, 36
Lyra, Francisco Natividade (Cabeção), 164

Macedo Soares, José Carlos de, 171-2, 174, 179, 244
Macedo, José, 102
Machado *ver* Basbaum, Leôncio
Machado, Dyonélio, 90
Malinovsky, marechal soviético, 289
Malraux, André, 210
Mangabeira, Francisco, 90
Manhã, A, 90, 143
Mantay, Dora, 40
Manuilski, Dmitri, 60-2, 64, 83, 96, 208
Mao Tsé-tung, 80, 96, 119
Marcantonio, Vito (Capitólio), 168
Marcha da Morte, 300
Marcha, A, 90
"Marchinha do grande galo", 150
Marighella, Carlos, 290
Mariz, Dinarte, 105

Martins *ver* Guimarães, Honório de Freitas,
Marx, Karl, 26, 37
Maximiliano, Carlos, 204
Máximo, Luís, 110
McReynolds, Sam, 169
Medeiros, Maurício de, 114
Medina, José (Gusmão), 143
Meirelles *ver* Benario, Olga Gutmann
Meirelles, Francisco, 163
Meirelles, Ilvo (Almeida, Ismar), 143, 152
Meirelles, Maria *ver* Benario, Olga Gutmann
Meirelles, Rosa, 188
Meirelles, Sylo, 90, 102, 173
Meissner Júnior, Carlos, 178
Mel, codinome em documentos encontrados na casa de Prestes, 161
Melo Franco, Virgílio de, 152
Mengele, Josef, 283
Mennecke, Fritz, 283
Menzer, Rosa, 286
Mesquita Filho, Júlio de, 294
MI-5, 81
Miles, May, 239
Milionário *ver* Guimarães, Honório de Freitas
Militant, The, 77
Miranda Correia, Afonso de, 99, 123, 126, 130, 134-5, 137, 145-6, 156, 158-9, 194, 200
Miranda, Carmen, 10, 150
Miranda, Emygdio, 291
Moniz de Aragão, José Joaquim, 174, 179, 226, 242-3, 300
Monteiro Lobato, José Bento, 294
Moreira Lima, Lourenço, 26, 148
Moura, Francisca, 180
Mourão Filho, Olympio, 247
Müller, Filinto Strümbling, 9, 96-7, 99, 114-5, 117-9, 121-4, 126, 136-41, 147-52, 154, 156-7, 159-60, 162-3, 170, 180, 185, 190, 193-4, 198-9, 201, 205-6, 208, 211, 213-4, 217, 220, 223, 236, 260, 273, 295, 299
Müller, Wilhelm, 36
Mussolini, Benito, 185

Napoleão Bonaparte, 254
Nascimento, padre, 195-6
Nat *ver* Eneida de Moraes
Nava, Pedro, 115
Negro *ver* Ewert, Arthur Ernst
Neiva, Aloysio, 206, 213, 216-7
Nekien, Rudolph, 17, 20
Neruda, Pablo, 294-5
Neuengamme, 264, 271
Neumann, Heinz, 280
Neumann, João Guilherme, 220-6
Neumann, procurador, 47-8
New Statesman and Nation, The, 171
New York Times, The, 165
Nico *ver* Guimarães, Honório de Freitas
Nicolucci, Haidée, 180, 190
Nogueira Filho, Paulo, 289
Noite dos Cristais, 265
Noite, A, jornal, 175

Oberheuser, Herta, 280, 284
Oliveira, Régis de, 171
"operação termômetro", 279

Paiva, Ataulpho de, 204
Palácio da Lei, 203-4
Pandarsky, Olga Jazikoff, 173
Paranhos, Manuel, 69
Paraventi, Celestino, 13, 72-4, 85, 146
Partido Comunista alemão, 35-7, 41, 44, 53, 56, 77-9, 117, 120, 177
Partido Comunista argentino, 14, 27, 81
Partido Comunista brasileiro, 12, 26-8, 60, 84, 90, 98-9, 106-7,

109, 115, 119, 122-3, 126-7, 134, 143, 151, 162, 189, 193, 197, 288, 290-1, 293, 299
Partido Comunista chinês, 79-80
Partido Comunista da Turíngia, 177
Partido Comunista norte-americano, 77, 83
Partido Comunista russo, 60
Partido Comunista soviético, 78
Partido Nacional Socialista Alemão dos Trabalhadores, 41
Partido Social-democrata, 30, 42-3, 78
Pasionaria, La *ver* Ibarrurri, Dolores
Passos, John dos, 168
Pedro Ernesto, 122, 144, 152, 193
Pedrosa, Mário, 293
Pedroso Horta, Oscar, 58
Peixoto, Luiz Felipe, 220, 226
Pereira de Souza, Carlos Martins, 289
Pereira, Astrojildo, 26
Pereira, Astrojildo Pereira, 28, 82
Piccinini, Arthur, 192
Pimentel Brandão, Mário de, 243
Plano Cohen, 247
Plateia, A, 90, 93, 101, 192
Polícia Especial (Cabeças de Tomate), 114, 117, 139, 153, 160, 171, 184, 189, 198, 207, 217, 246
PR ANL, a "Voz da Liberdade", 182, 187, 198, 205
Prado Júnior, Caio, 88, 90, 99
Prado, Edawr, 91
Pravda, 96-7
Prestes, Anita Leocádia, 242, 245-50, 252-3, 257-8, 260-1, 270, 291, 297, 299
Prestes, Clotilde, 58
Prestes, Heloísa, 58
Prestes, Júlio, 27
Prestes, Leocádia, 23, 58-60, 63, 65, 208-9, 227-8, 230, 232-3, 235-7, 239-41, 243, 245, 247-9, 252, 257-8, 260, 269, 291
Prestes, Lígia, 58, 227-8, 232, 241, 247-8, 299
Prestes, Lúcia, 58
Prestes, Luís Carlos (Pedro Fernández, Garoto, Antônio Vilar), 58, 79, 82, 133, 135, 173-6, 183, 193, 198, 202, 217, 239, 242, 252, 260, 269, 279; acirramento da polícia em 1938, 75; anistia de, 289-90; cerco para prisão de, 136, 140, 144, 147, 149, 151-3, 155; condenação de, 237; descoberta da casa e dos documentos de, 119-23; e a ANL, 88-9, 91-2, 98-100; e a Coluna, 22-5, 73, 75, 148; e a Revolução Nacional Libertadora, 109-11, 113-4; e Anita Leocádia, nascimento de, 234, 236, 241-2, 244-5, 247; e as insurreições de Pernambuco e Rio Grande do Norte, 103; e Celestino Paraventi, 85; e Miranda, 98; e o estado de sítio de Getúlio Vargas, 104, 106-7, 113; e o levante da Marinha no Rio de Janeiro, 104; e o Partido Comunista brasileiro, 26-8, 60, 299; e o Partido Comunista russo, 60; e Olga Benário, 60, 68, 156, 187, 207-8, 235-6, 258-60, 291, 296, 298; e Sobral Pinto de advogado, 233-4; em Nova York, 68-9; em São Paulo, 72-4; identificado por Rodolfo Ghioldi, 143; morte de, 299; movimento europeu para a libertação de, 208, 210, 232; mudanças dentro do Rio de Janeiro, 105-6, 115, 117, 127-8; na América Latina, 62-6, 68-9, 71; no Rio de Janeiro, 85-6, 94, 96, 101-2; prisão de, 152-3, 155-8, 165-6, 174; processado como chefe da rebe-

lião, 193; proclama a insurreição, 106-7; retorna ao Brasil, 1938, 71-2, 105, 107; reuniões políticas em sua casa, 94-6; sobre a morte de Barron, 157-8, 164-5; sobre a morte de Elvira, 163; sobre Ewert no manicômio, 290; sobre Getúlio Vargas, 292-4, 296; sua família em Moscou, 58-60, 63; trabalha na Tzentralnij Soiuzstroy, 58
Prestes, Maria Bergner *ver* Benario, Olga Gutmann
Prestes, Maria *ver* Benario, Olga Gutmann
Prestes, Olga Benario *ver* Benario, Olga Gutmann

Queiroz Filho, Eusébio de, 139, 149, 157, 189, 207
"Querido Adão", música, 150

Rádio Difusora, 73
"Rádio Liberdade", 183
Rádio Moscou, 196
Rádio Republicana da Espanha, 196
Ramalho *ver* Costa, Oswaldo
Ramos, Graciliano, 1856, 194, 216
Rankin, Jeanette, 167
Rao, Vicente, 123, 147, 159, 194, 201, 212
Ravensbrück, 10-1, 15, 263-6, 269--74, 279-84, 286-7, 296, 300
Reichstag, 78, 119, 131, 171, 201, 251, 256, 262-4, 273, 276, 282, 284-6
Reis, Dinarco, 112
Resch, Erwin *ver* Braun, Otto
Resende, Leônidas, 114
Revolution and War, 80
Ribeiro da Silva, Thimóteo, 88
Ribeiro, Ivan, 112, 290
Ring, Margot, 20
Rocha, Lauro Reginaldo da (Bangu), 129, 142, 163
Rodó, Carmona, 22, 26
Rogers, Ginger, 94
Rolland, Romain, 210
Romano, Emílio, 114
Roosevelt, Franklin, 166-7, 232
Rosa, Noel, 150
Rotary Club, 194
Rústico *ver* Guralsky, Augusto
Ruth, membro da Juventude Comunista de Neukölln, 38

Sabo *ver* Ewert, Elise Saborowski
Saborowski, Elise *ver* Ewert, Elise Saborowski
Sachsenhausen, 264-6, 271, 286, 300
Salazar, Antônio de Oliveira, 65
Salgado, Plínio, 92, 291
Salles Gomes, Paulo Emílio, 192
Salles Oliveira, Armando de, 289
Santos, Adelino Deícola do (Tampinha), 163-4
Santos, Júlia dos, 128, 151, 154-6
Santos, Manoel dos, 128, 150, 152
Sapir, Eduard, 168
Sarrault, primeiro-ministro francês, 142
Schenberg, Mário, 293
Schiller, Friedrich, 151
Schmidt, Afonso, 293
Schmidt, Ernst, 17
Schor, Hirsch, 288, 294
Schor, Tuba, 13, 288, 294
Schuhmann, Martin, 281
Schumman, Oscar *ver* Braun, Otto
Scott, Mário, 294
Segunda Conferência de Trabalhadores Portuários do Hemisfério Ocidental, 82
Seibt, Kurt, 38
Seleheim, Klara, 20, 300
Shor, Hirsch, 288

Siemens, 266, 271-2, 276, 278-9, 281
Silva GmbH Poltewerke, 271
Silveira, Dyonisio da, 198
Silveira, Nise da, 163, 180, 187
Silveira, Otávio da, 93, 170
Sinclair, Upton, 168
Sinek, Olga *ver* Benario, Olga Gutmann
Siqueira Campos, tenente, 73
Sisson, Roberto, 90, 105, 114, 122, 294
Sobral Pinto, Heráclito Fontoura, 233, 236-7, 241, 244-6, 261, 291, 299
Sociedade das Nações, 228
Socorro Vermelho, 193
Socorro Vermelho Internacional, 127, 192, 211
Sommer, Eurisch, 86
Sorge, Richard, 80
Souza Leão, embaixador brasileiro em Londres, 121
Souza, Álvaro Francisco de, 112
Souza, codinome em documentos encontrados na casa de Prestes, 161
Sperrle, Hugo, 285
SS, Schutzstaffeln, 274-5, 277, 279-80, 282, 285, 287, 300
Stálin, Joseph, 77-80, 84, 96, 170, 185, 245
Stasova, Elena, 60, 64
Suhren, Fritz, 273

Tampinha *ver* Santos, Adelino Deícola dos
Tavares de Miranda, José, 294
Teixeira, Anísio, 114
Thälmann, Ernst, 78
Tobulkhin, marechal soviético, 289
Togliatti, Palmiro, 96
Toledo Piza, Luiz de, 289
Torelli, Aparício, dito Barão de Itararé, 182, 195
Torres Galvão, José, 130, 154, 160, 198
Tourinho, Antônio Bento, 290
Triângulo Vermelho, 91
Trifino Correia, André, 104, 109, 290, 294
Tuma, Nicolau, 73
Twardowski, von, 55

UDN, União Democrática Nacional, 294
Ulbricht, Walter, 56
Unger, Ilze, 56
União de Ferro, 91
União Feminina Brasileira, 114
United Press, 296

Vallée, Alphonsine, 76, 83, 87, 120, 135, 138, 280
Vallée, Léon-Jules, 99, 120, 135, 138, 144, 163, 280
Vanguarda Socialista, 293
Vargas, Darcy, 212
Vargas, Getúlio, 28, 75, 92-3, 104-6, 110, 113, 123, 136, 146-7, 149, 152, 156, 159, 168, 170, 173-4, 191, 199, 201, 204, 208-12, 221, 244, 247, 289-92, 295
Vasconcellos Motta, cardeal Carlos Carmelo de, 288
Venegas, Antonia, 180
Vianna, Oduvaldo, 94
Vieira de Azevedo, Agliberto, 90, 112
Vilar, Angela Glória, 66
Vilar, Antonio *ver* Prestes, Luís Carlos
Vilar, José, 66
Vilar, Maria Bergner *ver* Benario, Olga Gutmann
Vilar, Olga *ver* Benario, Olga Gutmann
Vilar, Yvonne *ver* Benario, Olga Gutmann
Virgolino, Honorato Hymalaia, 158

Vogt, Franz, 21, 42, 45-6, 48
Völkischer Beobachter, 229, 275
Volkswagen, 271
"Voz da Liberdade" *ver* PR ANL

Wager, Karl *ver* Braun, Otto
Washington Star, The, 166
Weiser, Martin, 38
Werneck de Castro, Luiz, 183, 211
Werneck de Castro, Maria, 114, 162, 180, 183, 214, 218
Weyand-Sonntag, Gerda, 281, 284
Weyand-Sonntag, Klaus, 281

Xanthaky, Theodore, 129-35, 139-41, 153
Xavier, Eduardo Ribeiro (Abóbora), 138, 164

Yuamtorg *ver* Legação Comercial Soviética

Zadek, Anne-Marie, 282
Zeiss-Ikon, 271

SOBRE *OLGA*

"Fernando Morais recria o amor, a coragem, a integridade e a devoção de uma mulher."

Booklist, Chicago

"A história proporcionou a Fernando Morais cenários e incidentes saídos de filme de Hollywood..."

Los Angeles Times

"A vida de Olga ilumina o escuro subterrâneo da história contemporânea e foi contada com o impacto de um livro de suspense."

Standard, Londres

"Este romance-documentário é uma obra jornalística de mestre, que prende o leitor da primeira à última palavra."

Süddeutsche Zeitung, Alemanha

"Mais que o caloroso retrato de uma mulher, *Olga* nos revela a coragem, o sectarismo, a solidariedade e o otimismo que levaram ao sacrifício militantes comunistas nos anos que precederam a Segunda Guerra Mundial."

Le Monde, Paris

"*Olga* é o retrato de uma época de obscurantismo e terror, a era de Hitler e Mussolini, de Franco e Stálin..."

Dagens Nyheter, Suécia

"Um personagem, que com tão escassa biografia comoveu gerações de brasileiros, deixa finalmente de ser um mistério total."

MIRIAM PAGLIA COSTA, *Veja*

"Uma fascinante história de amor."

RICARDO SETTI, *Playboy*

"É extremamente emocionante e bem escrito. Se não fosse uma história real, poderia ser lido como um romance."

RUY CASTRO, *Folha de S.Paulo*

"Francamente, com tanta coisa interessante para ler, como *Olga*, não sei por que e para que há gente que precisa de drogas. Li *Olga* de uma sentada, com prazer."

PAULO FRANCIS

Fernando Morais é jornalista e nasceu em 1946. Mineiro de Mariana, trabalhou no *Jornal da Tarde*, na *Veja* e em várias outras publicações da imprensa brasileira. Recebeu três vezes o prêmio Esso e quatro vezes o prêmio Abril de jornalismo. Foi deputado estadual e secretário da Cultura e da Educação do estado de São Paulo. Dele a Companhia das Letras publicou também *A ilha*; *Chatô*: *o rei do Brasil*; *Corações sujos*: *a história da Shindo Renmei*, *Cem quilos de ouro* e *Os últimos soldados da Guerra Fria*.

COMPANHIA DE BOLSO

Jorge AMADO
Capitães da Areia
Mar morto
Carlos Drummond de ANDRADE
Sentimento do mundo
Hannah ARENDT
Homens em tempos sombrios
Origens do totalitarismo
Philippe ARIÈS, Roger CHARTIER (Orgs.)
História da vida privada 3 — Da Renascença ao Século das Luzes
Karen ARMSTRONG
Em nome de Deus
Uma história de Deus
Jerusalém
Paul AUSTER
O caderno vermelho
Ishmael BEAH
Muito longe de casa
Jurek BECKER
Jakob, o mentiroso
Marshall BERMAN
Tudo que é sólido desmancha no ar
Jean-Claude BERNARDET
Cinema brasileiro: propostas para uma história
Harold BLOOM
Abaixo as verdades sagradas
David Eliot BRODY, Arnold R. BRODY
As sete maiores descobertas científicas da história
Bill BUFORD
Entre os vândalos
Jacob BURCKHARDT
A cultura do Renascimento na Itália
Peter BURKE
Cultura popular na Idade Moderna
Italo CALVINO
Os amores difíceis
O barão nas árvores
O cavaleiro inexistente
Fábulas italianas
Um general na biblioteca
Os nossos antepassados
Por que ler os clássicos
O visconde partido ao meio
Elias CANETTI
A consciência das palavras
O jogo dos olhos
A língua absolvida
Uma luz em meu ouvido
Bernardo CARVALHO
Nove noites
Jorge G. CASTAÑEDA
Che Guevara: a vida em vermelho
Ruy CASTRO
Chega de saudade
Mau humor
Louis-Ferdinand CÉLINE
Viagem ao fim da noite
Sidney CHALHOUB
Visões da liberdade
Jung CHANG
Cisnes selvagens
John CHEEVER
A crônica dos Wapshot
Catherine CLÉMENT
A viagem de Théo
J. M. COETZEE
Infância
Juventude
Joseph CONRAD
Coração das trevas
Nostromo
Mia COUTO
Terra sonâmbula
Alfred W. CROSBY
Imperialismo ecológico
Robert DARNTON
O beijo de Lamourette
Charles DARWIN
A expressão das emoções no homem e nos animais
Jean DELUMEAU
História do medo no Ocidente
Georges DUBY
Damas do século XII
História da vida privada 2 — Da Europa feudal à Renascença (Org.)
Idade Média, idade dos homens
Mário FAUSTINO
O homem e sua hora
Meyer FRIEDMAN,
Gerald W. FRIEDLAND
As dez maiores descobertas da medicina
Jostein GAARDER
O dia do Curinga
Maya
Vita brevis
Jostein GAARDER, Victor HELLERN,
Henry NOTAKER
O livro das religiões

Fernando GABEIRA
O que é isso, companheiro?
Luiz Alfredo GARCIA-ROZA
O silêncio da chuva
Eduardo GIANNETTI
Auto-engano
Vícios privados, benefícios públicos?
Edward GIBBON
Declínio e queda do Império Romano
Carlo GINZBURG
Os andarilhos do bem
História noturna
O queijo e os vermes
Marcelo GLEISER
A dança do Universo
O fim da Terra e do Céu
Tomás Antônio GONZAGA
Cartas chilenas
Philip GOUREVITCH
Gostaríamos de informá-lo de que amanhã seremos mortos com nossas famílias
Milton HATOUM
A cidade ilhada
Cinzas do Norte
Dois irmãos
Relato de um certo Oriente
Um solitário à espreita
Patricia HIGHSMITH
Ripley debaixo d'água
O talentoso Ripley
Eric HOBSBAWM
O novo século
Sobre história
Albert HOURANI
Uma história dos povos árabes
Henry JAMES
Os espólios de Poynton
Retrato de uma senhora
P. D. JAMES
Uma certa justiça
Ismail KADARÉ
Abril despedaçado
Franz KAFKA
O castelo
O processo
John KEEGAN
Uma história da guerra
Amyr KLINK
Cem dias entre céu e mar
Jon KRAKAUER
No ar rarefeito
Milan KUNDERA
A arte do romance
A brincadeira
A identidade
A ignorância
A insustentável leveza do ser
A lentidão
O livro do riso e do esquecimento
Risíveis amores
A valsa dos adeuses
A vida está em outro lugar
Danuza LEÃO
Na sala com Danuza
Primo LEVI
A trégua
Alan LIGHTMAN
Sonhos de Einstein
Gilles LIPOVETSKY
O império do efêmero
Claudio MAGRIS
Danúbio
Naguib MAHFOUZ
Noites das mil e uma noites
Norman MAILER (JORNALISMO LITERÁRIO)
A luta
Janet MALCOLM (JORNALISMO LITERÁRIO)
O jornalista e o assassino
A mulher calada
Javier MARÍAS
Coração tão branco
Ian McEWAN
O jardim de cimento
Sábado
Heitor MEGALE (Org.)
A demanda do Santo Graal
Evaldo Cabral de MELLO
O negócio do Brasil
O nome e o sangue
Luiz Alberto MENDES
Memórias de um sobrevivente
Jack MILES
Deus: uma biografia
Vinicius de MORAES
Antologia poética
Livro de sonetos
Nova antologia poética
Orfeu da Conceição
Fernando MORAIS
Olga
Toni MORRISON
Jazz
V. S. NAIPAUL
Uma casa para o sr. Biswas

Friedrich NIETZSCHE
Além do bem e do mal
Ecce homo
A gaia ciência
Genealogia da moral
Humano, demasiado humano
O nascimento da tragédia
Adauto NOVAES (Org.)
Ética
Os sentidos da paixão
Michael ONDAATJE
O paciente inglês
Malika OUFKIR, Michèle FITOUSSI
Eu, Malika Oufkir, prisioneira do rei
Amós OZ
A caixa-preta
O mesmo mar
José Paulo PAES (Org.)
Poesia erótica em tradução
Orhan PAMUK
Meu nome é Vermelho
Georges PEREC
A vida: modo de usar
Michelle PERROT (Org.)
História da vida privada 4 — Da Revolução Francesa à Primeira Guerra
Fernando PESSOA
Livro do desassossego
Poesia completa de Alberto Caeiro
Poesia completa de Alvaro de Campos
Poesia completa de Ricardo Reis
Ricardo PIGLIA
Respiração artificial
Décio PIGNATARI (Org.)
Retrato do amor quando jovem
Edgar Allan POE
Histórias extraordinárias
Antoine PROST, Gérard VINCENT (Orgs.)
História da vida privada 5 — Da Primeira Guerra a nossos dias
David REMNICK (JORNALISMO LITERÁRIO)
O rei do mundo
Darcy RIBEIRO
Confissões
O povo brasileiro
Edward RICE
Sir Richard Francis Burton
João do RIO
A alma encantadora das ruas
Philip ROTH
Adeus, Columbus
O avesso da vida
Casei com um comunista
O complexo de Portnoy
Complô contra a América
A marca humana
Pastoral americana
Elizabeth ROUDINESCO
Jacques Lacan
Arundhati ROY
O deus das pequenas coisas
Murilo RUBIÃO
Murilo Rubião — Obra completa
Salman RUSHDIE
Haroun e o Mar de histórias
Oriente, Ocidente
O último suspiro do mouro
Os versos satânicos
Oliver SACKS
Um antropólogo em Marte
Enxaqueca
Tio Tungstênio
Vendo vozes
Carl SAGAN
Bilhões e bilhões
Contato
O mundo assombrado pelos demônios
Edward *W.* SAID
Cultura e imperialismo
Orientalismo
José SARAMAGO
O Evangelho segundo Jesus Cristo
História do cerco de Lisboa
O homem duplicado
A jangada de pedra
Arthur SCHNITZLER
Breve romance de sonho
Moacyr SCLIAR
O centauro no jardim
A majestade do Xingu
A mulher que escreveu a Bíblia
Amartya SEN
Desenvolvimento como liberdade
Dava SOBEL
Longitude
Susan SONTAG
Doença como metáfora / AIDS e suas metáforas
A vontade radical
Jean STAROBINSKI
Jean-Jacques Rousseau
I. F. STONE
O julgamento de Sócrates

Keith THOMAS
O homem e o mundo natural
Drauzio VARELLA
Estação Carandiru
John UPDIKE
As bruxas de Eastwick
Caetano VELOSO
Verdade tropical
Erico VERISSIMO
Caminhos cruzados
Clarissa
Incidente em Antares
Paul VEYNE (Org.)
História da vida privada 1 — Do Império Romano ao ano mil

XINRAN
As boas mulheres da China
Ian WATT
A ascensão do romance
Raymond WILLIAMS
O campo e a cidade
Edmund WILSON
Os manuscritos do mar Morto
Rumo à estação Finlândia
Edward O. WILSON
Diversidade da vida
Simon WINCHESTER
O professor e o louco

19ª edição Companhia das Letras [2022]
1ª edição Companhia de Bolso [2008] 9 reimpressões

Esta obra foi composta pela Verba Editorial em Janson Text
e impressa em ofsete pela Gráfica Bartira sobre papel Pólen da
Suzano S.A. para a Editora Schwarcz em junho de 2025

FSC
www.fsc.org
MISTO
Papel | Apoiando o manejo florestal responsável
FSC® C105484

A marca FSC® é a garantia de que a madeira utilizada na fabricação do papel deste livro provém de florestas que foram gerenciadas de maneira ambientalmente correta, socialmente justa e economicamente viável, além de outras fontes de origem controlada.